주파수를 조율하라

주파수를 조율하라

이 책에 제공된 정보는 전문적인 의학적 조언이 아닙니다. 의학적 조언은 의사와 상담하시기 바랍니다. 이 책에 있는 정보의 사용은 독자의 재량과 책임에 달려 있으며, 저자와 출판사는 제시된 제안의 사용 또는 오용, 의학적 조언을 따르지 않음으로 인해 발생하는 손실, 청구 또는 손해에 대해 책임을 지지 않습니다.

주파수를 조율하라

: 세계적인 채널러 사라 랜던의 채널링 수업

2026년 3월 13일 초판 1쇄 발행. 사라 랜던이 쓰고, 채수은이 옮겼으며, 도서출판 샨티에서 박정은이 펴냅니다. 편집은 이홍용이 하고, 표지 및 본문 디자인은 황혜연이 하였으며, 이강혜가 마케팅을 합니다. 인쇄 및 제본은 상지사에서 하였습니다. 출판사 등록일 및 등록번호는 2003. 2. 11. 제2017-000092호이고, 주소는 서울시 은평구 은평로3길 34-2, 전화는 (02) 3143-6360, 팩스는 (02) 6455-6367, 이메일은 shantibooks@naver.com입니다. 이 책의 ISBN은 979-11-92604-41-1 03180이고, 정가는 18,000원입니다.

주파수를 조율하라

사라 랜던 지음 | 채수은 옮김

세계적인 채널러 사라 랜던의
채널링 수업

【산티】

자신의 영혼, 상위 자아, 영적 가이드들, 천사들,

그리고 저쪽 세상에 있는 사랑하는 이들과

다시 연결될 준비가 된 모든 이에게

이 책을 바칩니다.

✦

당신 안의 상위 지혜에 연결하기

"나는 전 세계 수백만 명의 사람들이 이제 '위원회The Council'의 지혜를 통해 삶을 변화시키고 자신의 가장 높은 잠재력을 발휘하며 살아갈 수 있게 되었다는 것을 안다. 하지만 내가 진심으로 바라는 것은, 준비된 모든 이들이 자기 안에 존재하는 근원Source과 직접 연결되어 채널링할 수 있는 능력을 발견하고, 우리 모두를 위해 존재하는 더 크고 확장된 관점에 접근할 수 있도록 그 방법을 유산으로 남기는 것이다."

—사라 랜던

누구나 한 번쯤은 자신의 천사, 영적 가이드, 그리고 저쪽 세상에 있는 사랑하는 이들과 소통해 보고 싶다는 생각을 해보았을 것입니다.

이 책을 통해 당신은—그래요, 바로 당신이요—어떻게 상위 지혜 higher wisdom에 접근해서 당신의 영혼soul, 영spirit, 영적 가이드guide, 그리고 영혼 팀soul team의 안내를 받을 수 있는지 그 방법을 발견하게 될 거예요. 나는 누구나 상위 지혜에 조율해서 우리 안과 주변에 항상 존재하는 무한한 의식의 장場에 연결할 수 있는 능력을 지니고 있다고 믿습니다. 당신이 상위 자아와 소통하고 싶든, 저쪽 세상에 있는 사랑하는 이와 연결하고 싶든, 아니면 당신의 영적 가이드들의 집단 의식과 연결하고 싶든, 이 모든 것이 가능하다고 나는 확신해요. 그리고 이 책이 그 방법을 보여줄 겁니다.

채널링channeling을 처음 시작했을 당시 내 주변에는 나에게 일어나고 있는 일을 설명해 줄 수 있는 사람이 아무도 없었습니다. 나는 내가 미쳐가고 있는 건 아닐까 의심했지만, 마음 한 구석에서는 그렇지 않다는 걸 분명히 알고 있었어요. 스스로 지어낸 것이라고 생각되기도 했지만, 그때 내가 채널링을 통해 받아들이고 있던 진실과 사랑은 부정할 수 없는 것이었습니다. 이 여정이 아주 힘든 때들도 있었어요. 스스로를 의심하고, 주저하고, 두려움에 사로잡히면서 많은 스트레스를 받고 혼란을 겪기도 했고요. 나는 당신이 이 책을 통해 처음의 나보다 훨씬 더 부드럽고 조화롭게, 무엇보다 더 즐겁게 이 여정을 경험하기를 바랍니다.

나는 이 책에 여러 해 전 내가 채널링 여정을 시작했을 때 알고 있었더라면 좋았을 정보들을 담았습니다. 나는 1999년에 상위 지혜와 처음으로 의식적으로 소통한 경험에서부터 현재 전 세계 수천 명의 사람들을 위해 '위원회The Council'를 채널링하는 전문적 활동을 하는 데 이르기까지 내가 찾아낸 가장 효과적인 실천 방법들을 이 책에서 안내하고자 합니다. 이 능력은 누구에게나 있습니다. 이것은 소수만이 지닌 특별한 능력이 아니라, 우리 모두에게 자연스럽게 내재되어 있는 그리고 결코 잊으려 하지 않았던 본질적인 능력입니다.

이 책에는 무한한 지성intelligence과 연결되고 그 연결을 발전시켜 가는 데 도움을 줄 체험 중심의 실습과 시각화 과정도 함께 담겨 있습니다. 또한 이 책에는 위원회로부터 채널링한 고무적인 메시지들도 담고 있어, 당신 안에 있는 진정한 힘을 활성화하고 인식awareness을 한 차원 더 고양시킬 수 있도록 도와줄 겁니다. 만약 당신이 채널링이나 채널링을 통해 나온 정보에 어떤 형태로든 끌린다면, 그것은 곧 당신 자신의 상위 지혜와 의식의 기억에 다시 연결되고 있다는 신호입니다.

몇 년 전 나는 높은 수준의 의식을 가진 존재들과 소통하는 방법을 다른 사람들에게도 가르쳐야겠다는 영감을 받았습니다. 그 이후 지금까지 전 세계 5천 명 이상의 사람들에게 채널링을 가르쳐왔어요. 이 책에는 그들이 채널링을 배우며 경험한 감동적인 이야기들, 놀라운 체험들이 함께 담겨 있습니다.

당신은 채널입니다. 이것은 의문의 여지가 없는 사실이에요. 우리 모두는 신성한 사랑과 빛을 이 세상에 전하는 통로이며 매개체이고 채널입니다. 이 능력은 각자 저마다의 방식으로 고유하게 표현되며 다르게 드러납니다. 누구의 여정도 똑같지 않아요.

한번 근원 에너지와 연결이 되면, 당신 앞에는 완전히 새롭고 놀라운 세계가 펼쳐질 것이고, 그곳에서 당신은 자신만의 고유한 능력과 소질, 재능을 발견하게 될 겁니다. 당신의 영혼과 영적 가이드들은, 상위 지혜와 연결될 수 있는 순수한 가능성의 새로운 영역으로 당신을 초대하고 있습니다. 그 여정에서 당신이 가장 사랑하는 상승한 마스터나 대천사를 만나게 될 수도 있습니다. 그리고 그들이 이 멋진 모험에서 당신을 안내하고 돕기 위해 그동안 간절히 기다리고 있었다는 사실도 깨닫게 될 거예요.

이 과정을 신뢰하세요. 자신에게 너그러워지세요. 그리고 이 여정을 즐기세요! 모든 사람은 더 높은 의식, 무한한 가능성, 그리고 근원 에너지와 연결될 수 있는 능력을 본래부터 가지고 있습니다. 이 책은 당신 안에 이미 존재하고 있는, 그러나 잠시 잊고 있는 그 능력을 기억해 내도록 이끄는 안내서가 될 것입니다. 나의 삶이 그랬던 것처럼, 당신의 채널링 여정 또한 가장 놀랍고 경이로운 방식으로 당신의 삶을 변화시키기를 진심으로 바랍니다. 우리는 한 사람 한 사람이 다 상위 지혜의 채널입니다. 그리고 나는 지금 이 시대야말로 그 어느 때보다도 당신의 빛과 사랑이 세상에 절실히 필요한 때라고 믿습니다.

지혜를 살아내며: 나의 채널링 여정

"이 지혜를 삶으로 살아내세요. 그러면 상상조차 못했던 삶이 펼쳐질 겁니다."

—위원회The Council

나는 한 번도 채널러가 되겠다고 꿈꾼 적이 없었습니다. 하지만 이제는 다른 방식의 삶은 상상할 수 없을 만큼 이 길은 내 삶의 일부가 되었습니다. 나는 작은 시골 마을의 사랑 가득한 기독교 가정에서 어린 시절을 보냈습니다. 우리 가족은 루터교 신앙을 따랐고, 매주 일요일과 명절 때마다 교회에 나갔어요. 어릴 적부터 나는 하나님God을 사랑하고 하나님과 영적으로 연결되었다는 자각이 있었던 것으로 기억합니다. 내가 일곱 살 때 부모님은 이혼하셨고, 어머니와 나는 써니Sunnie 이모를 비롯해 외가 쪽 식구들이 있는 다른 주州로 이사하게 되었죠.

처음 써니 이모를 만났던 순간부터, 나는 이모에게 강한 끌림과 호기심을 느꼈습니다. 이모는 영혼, 마음의 힘, 형이상학, 초자연적 현상, 그리고 자신의 스승인 마푸Mafu에 대해 이야기하곤 했어요. 이모는 마푸가 페니Penny라는 젊은 여성을 통해 채널링되는 고도로 진화한 존재라고 설명해 주었죠. 이모는 여러 전생의 기억, 소울메이트, 기적, 그리고 마푸의 가르침에 대해 몇 시간이고 이야기를 들려주곤 했어요.

내가 처음으로 마푸의 목소리를 들은 것은 써니 이모와 함께 비디오를 보던 중이었어요. 나는 그 즉시 완전히 마음을 뺏기고 말았죠. 그 목소리에, 그리고 흘러나오는 말에 전율이 일면서 강한 연결감이 들더군요. 그 말들은 마치 이미 내가 알고 있던 진실처럼 느껴졌어요. 온몸을 울리며 진동이 퍼져나가는 걸 분명히 느낄 수 있었습니다.

하지만 '그런 것'을 믿는다고 가족들이 이모를 조롱하는 말을 처음 들었을 때, 나는 큰 충격을 받고 가슴이 무너지는 것 같았어요. 가족들은 "완전 가짜에 사기지"라고 말하곤 했죠. 내가 열 살 무렵일 때, 한 번은 가족 가운데 한 사람이 내게 이런 말을 하기도 했어요. "그런 걸 믿으면 지옥에 간다. 너도 그런 걸 믿으면 똑같이 지옥에 가게 돼."

그 말은 내 마음 깊은 곳에 연결되어 있던 어떤 끈을 끊어버린 듯한 느낌이었어요. 어떻게 이모에 대해 그런 말을 할 수 있지? 그리고 대체 어떤 하나님이 그런 일을 한다는 거지? 그날, 내 안의 빛이 꺼지는 것을 느꼈습니다.

그 후로도 수년간 나는 마푸의 오디오와 비디오 테이프를 꾸준히 듣고, 영성과 전생, 그리고 다양한 형이상학적 가르침에 관한 책들을 읽어나갔습니다. 하지만 그날 이후로는 써니 이모 말고는 다른 누구와도 그런 이야기를 거의 나누지 않게 되었습니다. 나는 오랜 세월 동안 찬송을 바쳤던 '사랑의 하나님'이, 이모나 나 같은 사람을 지옥에 보낼 수 있다는 사실을 도무지 믿을 수 없었습니다.

또 다른 기억 하나는 예수님을 마음에 받아들이지 않으면 지옥에 간다는 말을 들은 일이었어요. 내가 물었죠. "그럼 예수님에 대해 들어본 적도 없는 원수민 부속이나 외딴 지역 사람들은요? 그 사람들도 지옥에 가나요?" 그러자 돌아온 대답은 이랬습니다. "응, 성경에 그렇게 써 있어."

이러한 말들과 내가 어릴 적부터 배워온 '사랑의 하나님'에 대한 가르침 사이에서 갈등과 혼란이 깊어졌고, 나는 종교에 관심을 잃게 되었습니다. 이후 나는 '자기 계발'이라는 세계를 접하게 되었고, 무언가를 이루고 성공하는 삶을 살고 싶다는 열정을 키우게 되었어요. 그때부터 나의 관심은 목표를 설정하고 커리어를 쌓고 조직에서 승진하는 데 집중되었고요. 나는 성공하고 풍요로운 삶을 이루고 싶다는 강한 열망에 이끌려 살기 시작했습니다.

그럼에도 나는 계속해서 영성과 형이상학에 관한 책들을 집어 들곤 했습니다. 삶과 신, 천국과 지옥, 진실, 그리고 이 모든 것의 의미에 대한 답을 나는 여전히 찾고 있었던 겁니다. 삶이 단지 태어나고 죽는 것 이상의 의미를 가진다는 것을 알고 있었지만, 그 시기 나는 스스로를 무신론자라고 여겼습니다.

그러던 중 2001년 11월, 살을 에는 듯 추운 어느 겨울날 내 삶의 흐름을 영원히 바꿔놓게 될 순간이 찾아왔습니다. 그날, 나는 전날 교통사고로 세상을 떠난 오빠 팀Tim의 시신을 보기 위해 방 안으로 들어섰어요. 그때 방 안을 가득 채우고 있던 무거운 공기가 지금도 기억납니다. 사고 소식을 듣고 우리 가족은 오빠가 살고 있던 알래스카로 급히 비행기를 타고 날아온 상태였어요. 나는 한 번도 죽은 사람의 시신을 본 적이 없었고, 오빠가 떠났다는 사실도 받아들일 수 없었죠. 오빠 몸에 손을 대자, 생명이 떠난 몸의 차갑고 딱딱한 감촉이 충격적으로 다가왔습니다. 나는 즉시 그 자리를 피하고 싶어 방 한쪽 끝에 놓인 의자로 자리를 옮겼어요.

나는 아무 감정도 느끼지 못한 채 멍하게 앉아 있었고, 어머니와 가족들이 조용히 흐느끼는 소리만 들려왔어요. 얼마나 오랫동안 그 자리에 앉아 있었는지는 정확히 기억나지 않습니다. 몇 시간이 지난 듯 느껴졌지만, 실제로는 아마 몇 분에 불과했을 거예요. 그러고 있는데 갑작스럽게 뜻밖의 평온함이 나를 감쌌어요. 머리끝 정수리에서부터 따뜻한 에너지가 마치 액체로 된 사랑처럼 온몸으로 흘러 내려오는 느낌이 들기 시작했죠. 나는 완전한 평화 속에 잠겼고, 사랑으로 감싸인 듯한 느낌이 들었습니다.

그리고 그 순간, 내 오른쪽 어깨 너머에서 오빠의 목소리가 들려왔습니다. "나 아직 여기 있어. 그저 저 안에 있지 않을 뿐이야." 오빠가 자기 몸을 가리키며 그렇게 말했어요. 나는 마음속으로 물었죠. "그럼 지금 어디에 있어?" 그러자 오빠가 이렇게 대답했습니다. "나는 예전과 다름없이 여기에 있어. 그저 육체라는 밀도에서 벗어났을 뿐이야. 지금 나는 네 몸의 감각으로는 해석할 수 없는 주파수에 머물고 있어."

오빠의 말이 다소 낯설게 들리긴 했지만 나는 이해할 수 있었어요. 그리고 곧장 마음속으로 다시 물었죠. "지금 천국에 있는 거야?" 그러자 오빠가 대답했어요. "천국과 지옥은 그런 식의 것이 아니야. 그건 지구에서 인간이 겪는 경험일 뿐이야. 여기에는 오직 사랑만 있어."

그러더니 처음 연결되었을 때처럼 갑작스럽게 그 에너지가 사라지고 소통이 끊어졌어요. 나는 다시 차갑고 무거운 방 안으로 돌아와 있었고요. 주변을 둘러보니 오빠의 말을 들은 사람은 나뿐이라는 걸 알 수 있었죠. 그 순간 오빠의 죽음 앞에서 나는 완전한 평온을 느꼈습니다. 그러나 동시에 오빠와 다시 이야기하고 싶다는 간절한 바람이 일더군요.

나는 그런 대화를 나눴다는 사실을 아무에게도 말하지 않았어요. 며칠이 지나자 그런 일이 정말로 있었던 건지 의심이 들기 시작했고, 혹시 내가 전부 만들어낸 건 아닐까 하는 생각마저 들었습니다. 그러나 그때 느꼈던 감각과 오빠가 했던 말은 도무지 부정할 수도, 잊을 수도 없었어요.

그 이후 나는 여러 차례 오빠와 다시 연결해서 그 따뜻하고 사랑으로 가득 찬 액체 같은 에너지 감각을 다시 느껴보려고 시도했습니다. 하지만 몇 주가 지나도록 아무 일도 일어나지 않았죠. 그러던 어느 날, 점심을 먹고 사무실로 올라가려고 엘리베이터에 탔을 때였어요. 전신에 따뜻한 기운이 퍼지기 시작하더니 손끝이 찌릿찌릿하게 저려왔습니다. 엘리베이터 안에는 나와 처음 보는 남자 한 명뿐이었어요. 그 순간 내 오른쪽 어깨 너머에서 오빠의 목소리가 들려왔어요. "이 사람에게 이름을 물어봐."

나는 마음속으로 "이 사람 이름을 물어볼 생각이 없어"라고 대답했습니다. 하지만 오빠는 계속해서 고집스럽게 그 남자에게 이름을 물어보라고 했어요. 조금 어색하고 우스꽝스럽게 느껴졌지만, 나는 오빠의 말대로 결국 그 남자에게 이름을 물었죠. 그 남자는 "팀Tim"이라고 대답하더군요. 그러고는 엘리베이터 문이 열리자 아무렇지 않게 걸어 나갔어요. 팀은 우리 오빠 이름인데? 그 순간, 나는 깨달았죠. 이건 정말 '진짜'구나!

그 뒤로도 수년 동안 비슷한 경험이 계속되었습니다. 오빠는 예고 없이 찾아와 오른쪽 어깨 너머로 메시지를 건네곤 했어요. 항상 그보다 먼저 찾아오는 건 깊은 평화와 사랑의 느낌이었고요. 그래서 어느 순간부터는 오빠가 가까이 오면 알아차릴 수 있게 되었습니다. 그 당시에는 (지금처럼) 그와 의도적으로 연결되는 방법을 알지는 못했지만, 그가 내 곁에 있다는 사실만으로도 큰 위안을 받을 수 있었어요.

몇 년이 지난 후 내가 직업적으로 최고점을 찍고 있을 무렵, 한밤중에 기이한 경험을 하기 시작했습니다. 한밤중에 문득 잠에서 깨어나, 무언가를 써야겠다는 강한 충동에 사로잡히곤 했죠. 하지만 내가 무엇을 쓰고 있는지에 대한 기억도 전혀 없었고, 그 글들이 어디서 오는 것인지도 알 수 없었어요. 다음날 아침 나는 내가 써놓은 글을 읽어보곤 했어요. 그것은 내가 알고 있는 정보도 아니었고, 내가 평소에 말하거나 글을 쓰는 방식과도 확연히 달랐죠. 심지어 필체조차도 분명히 내 글씨가 아니었어요. 그 글에는 내가 오랫동안 품어온 삶과 존재, 신, 우주에 관한 깊은 질문들에 대한 답이 담겨 있었습니다. 글은 너무나 아름다웠고, 사랑이 가득했으며, 지혜로 충만했어요. 내가 원할 때마다 그런 글을 쓸 수는 없었지만, 그 경험은 몇 달 동안 계속 내 의지와 상관없이 자연스럽게 반복되었습니다. 지금에 와서야 나는 이것이 '자동쓰기automatic writing'라 불리는 경험이라는 것을 알게 되었죠.

그 무렵부터 또 다른 이상한 일들이 일어나기 시작했어요. 시계를 보면 항상 1:11, 11:11, 2:22, 3:33, 4:44, 5:55 같은 숫자들이 눈에 띄었고, 산책을 하다 보면 자주 깃털을 발견하곤 했어요. 꽃과 새, 동물에게 깊은 애정을 느끼기 시작했고, 겉으로는 아무 이유도 없어 보이는 순간에도 더할 수 없는 행복감과 사랑의 감정이 벅차오르곤 했습니다. 나는 모든 것, 모든 존재와 하나가 된 듯한 느낌을 받았어요. 사람들이 말을 꺼내기 전에 무엇을 말하려는지 아는 경우도 많아졌고요. 어떤 친구나 사랑하는 사람이 문득 떠오르면, 몇 분 뒤에 그 사람에게서 전화가 오기도 했어요.

이처럼 깊은 사랑과 '하나임oneness'을 느끼는 동시에, 나는 인간의 삶과 세상 곳곳의 고통을 바라보며 말로 표현하기 힘든 슬픔 또한 함께 느꼈습니다. 한 순간에는 사랑과 평화, 기쁨, 하나임 속에 완전히 잠기다가도, 다음 순간에는 이유 없이 절망과 상실감 속에 빠지곤 했어요. 마치 세상의 모든 지혜가 내 안에 있는 것 같으면서도, 정작 내가 왜 이곳에 있는지, 그 목적이 무엇이며 어떻게 살아야 할지 전혀 모르는 듯한 기분이었죠.

몇 달 후, 나는 핫요가 수업에서 한 여성을 만나게 되었어요. 며칠 연속으로 수업에서 그녀를 보았고, 세 번째 보는 날 나는 그녀에게 먼저 인사를 건넸습니다. "요가 어때요?" 하고 묻자, 그녀가 "한 번쯤 해봐야겠다 싶어서 왔는데, 다시는 안 올 거예요"라고 대답하더군요.

그 대답이 그리 놀랍지만은 않아서 웃으며 그녀에게 무슨 일을 하는지 물었죠. 그녀는 자기가 양자 치유 최면 기법Quantum Healing Hypnosis Technique(QHHT) 치유사라고 했어요. "그게 뭐죠?"라고 내가 묻자, 그녀는 사람들이 자신의 상위 자아와 소통하고 저쪽 세상으로부터 오는 정보와 연결될 수 있도록 돕는 일이라고 하더군요. 호기심이 생긴 나는 그녀가 지금 내 삶에서 일어나고 있는 일들을 이해하는 데 도움을 주기를 바라는 마음으로 바로 세션 예약을 잡았습니다.

며칠 뒤, QHHT 세션을 하기 위해 그녀가 우리 집으로 왔습니다. 먼저 안내 명상을 이끈 뒤에 그녀가 나에게 묻더군요. "사라의 상위 자아와 대화할 수 있도록 허락해 주시겠어요?" 내가 "네"라고 대답하자 그녀가 질문하기 시작했어요. 그렇게 세션이 진행되던 중 갑자기 내 온몸 가득히 에너지가 밀려들더군요. 이전의 그 따뜻한 액체 같은 사랑의 감각을 넘어서는 것이었어요. 태어나서 한 번도 느껴본 적 없는 감각이었죠. 그것은 마치 사랑과 지복bliss, 그리고 황홀경의 전류에 감전된 듯한 느낌이었습니다.

손과 발이 저릿저릿하고 몸이 가벼워지면서 붕 떠오르는 듯한 느낌이 들었어요. 그리고 곧 내 목소리가 변하기 시작했습니다. 어조에 강한 억양이 실렸고, 말도 매우 빠르게 쏟아져 나왔죠. 나중에 나는 그 목소리가 동유럽 남성의 말투에 가까웠다고 설명하곤 했는데, 그 낯선 목소리는 한 시간 넘게 계속해서 말을 이어갔습니다. 나는 여전히 나 자신을 인지하고 있었지만, 말하고 있는 이가 '나'는 아니라는 것도 분명히 알고 있었어요. 정확히 어떤 말을 했는지는 기억나지 않았지만, 그 말 속에 담긴 진실과 사랑은 느낄 수 있었습니다. 다행히도, 그 세션은 녹음이 되어 있었어요.

세션이 끝난 뒤 나는 말로 표현할 수 없을 만큼 황홀한 기분이 들었습니다. 그날 밤, 나는 거의 잠을 이룰 수 없을 정도로 에너지가 넘쳤고, 어서 빨리 녹음된 내용을 듣고 싶어 안달이 났죠. 그 낯선 목소리를 다시 들으며, 나는 그 내용들이 몇 달 전부터 자동 쓰기를 통해 내게 전해지던 것과 동일하다는 사실을 깨달았어요. 그 사실에 놀라고 흥분되었지만, 나는 동시에 그 이상한 목소리로 녹음된 것을 다른 누군가가 듣는 일은 절대 없게 할 거라고 스스로 다짐했습니다.

그럼에도 불구하고 녹음 내용에 담긴 지식과 메시지가 너무도 깊고 본질적이었던지라 나는 또 한 번 QHHT 세션을 받아보기로 결심했습니다. 다시 세션이 시작되자 그 낯선 목소리가 또다시 나를 통해 흘러나오더군요. 다만 이번에는 처음과 달리 내가 대화의 전 과정을 깨어 있는 상태로 지켜볼 수 있었어요. 비록 모든 내용을 뚜렷이 기억하지는 못했지만, 그 목소리가 무슨 말을 하고 있는지는 명확히 인지할 수 있었죠. 그 목소리는 자신을 '우리we'라고 지칭하곤 했습니다.

시간이 흐르면서 우리는 그 목소리를 '위원회The Council'라고 부르게 되었어요. 그 존재는 우리가 던지는 수많은 질문에 답하며 우리의 의식을 확장시켜 주는 지혜롭고 오래된 영혼들의 집단처럼 느껴졌기 때문이에요. 우리는 매주 정기적으로 세션을 이어갔습니다. 그리고 매번, 내 의식은 그 대화의 흐름 속에 점점 더 깊이 깨어 있는 상태로 함께하게 되었고요. 결국 나는 위원회로부터 나에게 들어오는 정보들을 완전히 인지할 수 있게 되었어요. 그들의 메시지는 내가 지금껏 들어온 어떤 말보다도 더 깊은 진실처럼 느껴졌고, 마치 내가 이미 알고 있던 어떤 것을 기억해 내고 있다는 느낌을 불러일으켰습니다.

위원회의 기본 가르침

위원회가 전하는 지혜와 그 영향은 매우 다양한 측면에 걸쳐 있습니다. 그들의 독특한 관점, 때때로 낯설게 느껴지는 표현 방식, 그리고 우리를 향한 분명한 사랑은 다양한 방식으로 우리에게 영향을 끼칩니다. 그러나 그들이 전하는 진리는, 그들의 지혜에 이끌리는 이들이 실제로 자기 삶의 지침으로 삼을 때 가장 강력한 영향을 끼치지요. 그들이 전하는 핵심 진리들은 다음과 같습니다.

- 당신은 이미 당신이 되고자 하는 모든 것이다.
- 당신은 자신의 현실을 창조하는 창조자이다.
- 삶은 본래 즐거운 것이다.
- 당신이 무엇에 집중하고 거기에 어떤 의미를 부여하느냐가 곧 당신의 현실을 만든다.
- 의식은 에너지를 움직여 형태를 만들어낸다. 이것이 모든 창조의 공식이다.
- 오직 사랑만이 존재한다.
- 모든 일은 당신에게 일어나는 것이 아니라 당신을 위해 일어난다.
- 당신은 바로 당신이 육체에 집중시킨 근원 에너지이다.
- 당신이 세상에서 어떤 경험을 하고자 한다면, 그에 앞서 반드시 당신 안에서 먼저 그것을 창조해야 한다.
- 당신 안에는 당신이 꿈꾸는 삶을 창조하는 데 필요한 모든 것이 이미 있으며, 또한 그것을 이루는 데 필요한 무한한 자원이 공급되고 있다.
- 당신은 물질적 형태의 삶(에너지)을 경험하고자 확장된 의식 상태에서 스스로 선택하여 이곳에 왔다.
- 삶은 위대한 모험이며, 이 여정은 여기서부터 계속 이어진다.
- 당신의 모든 힘은 오직 '지금 순간' 안에 있다.

- 고요함은 가속을 향한 진입점이다.

- 어떤 것에 대해서도 힘들게 결정을 내릴 필요가 없다. 애써 선택하지 않아도 모든 것이 자연스럽게 흐르도록 두라.

- 더 높은 의식 수준에 자신을 정렬align시키면, 당신의 행복과 풍요는 자연스럽게 보장된다.

- 진정한 창조는 어떤 의도나 계획agenda이 없다.

- 당신은 자신이 '원하는 것'이 아니라 당신의 '지금 존재 상태'에 맞는 것을 더 많이 경험하게 된다. 만약 삶 속에서 더 많은 기쁨을 경험하고 싶다면, 당신 안과 당신 주변에 이미 존재하고 있는 기쁨에 자신을 정렬시켜라.

- 어떤 것이든 당신이 저항하고 있다면, 당신은 모든 것에 저항하고 있는 것이며, 쉽고 노력도 들지 않고 조화로운 창조의 흐름을 막고 있는 것이다.

이 같은 진리들을 처음 들었을 때, 나는 그것이 참이라는 것을 완전히 확신할 수 있었습니다. 하지만 그 진리들을 어떻게 실제 삶으로 살아낼 수 있는지는 전혀 알지 못했어요. 위원회와 함께하는 각 세션들은 늘 더없이 순수하고 행복하고 사랑으로 가득했지만, 내 마음속 어딘가에는 이런 걸 믿으면 지옥에 갈 거라는, 기독교 가정에서 자라며 들었던 말들이 계속해서 메아리처럼 맴돌았습니다. 나는 써니 이모와 (마푸를 채널링한) 페니에 대해 사람들이 했던 이 말들이 이제는 나에게 향해질지도 모른다고 상상했습니다. 무엇보다도 나는 아버지의 사랑과 존경을 잃을까봐 두려웠어요. 아버지는 결코 이것을 이해하지 못하리란 걸 알고 있었거든요.

나는 1년 가까이 세션을 계속 이어갔지만 위원회에 대해서는 거의 아무한테도 말하지 않았습니다. 우리는 수백 시간에 걸쳐 녹음을 했고, 나는 그것들을 모두 옮겨 적었으며, 매 세션의 내용을 읽고 또 읽었어요. 그 가르침과 지혜는 내 삶을 모든 면에서 긍정적으로 변화시키고 있었지만, 이 모든 정보를 어떻게 활용해야 할지는 여전히 감이 오지 않았습니다.

그 시기에 내가 원한 것은 오직 위원회의 지혜를 흡수하는 일, 반려견들과 산책하는 일, 그리고 자연 속에서 시간을 보내는 일뿐이었습니다. 그 무렵 나는 한창 잘 나가던 커리어를 접고 회사마저 그만두었는데, 이는 친구들과 가족, 직장 동료들에게는 충격이었죠. 나는 매일 명상을 하기 시작했고, 명상을 시작하면 몇 분 만에 위원회의 사랑이 느껴지면서 내 의식이 그들의 의식과 하나로 합쳐지는 듯한 기분이 들었어요. 하지만 분명히 말하건대, 나는 위원회를 나 바깥의 어떤 존재로 느낀다거나, 그들이 내 안에 들어와 나를 장악하는 듯한 경험을 한 적은 결코 없습니다. 내가 위원회와 연결될 수 있는 이유는, 내 안에 있는 어떤 주파수에 접속함으로써 더 높은 수준의 의식으로 나의 인식이 확장되기 때문이에요. 그 의식의 수준은 언제나 내 안에 존재했고, 늘 연결이 가능했어요.

이윽고 나는 그들과의 연결을 통해 매일 흘러 들어오는 생각의 흐름을 글로 옮기는 데 몇 시간씩 쓰기에 이르렀습니다. 그리고 몇 달 동안의 글쓰기 후 나는 음성으로 그 메시지를 녹음하기 시작했어요. 그때 나는 왜 그런 일을 하고 있는지조차 정확히 알지 못했지만, 그저 그것이 내가 해야 할 일이라는 확신이 들었고 그 느낌을 믿고 따르기로 한 겁니다.

나는 애당초 위원회에 대해 누구에게도 말할 생각이 없었습니다. 사람들이 나를 이상하게 보거나 비현실적인 사람으로 여길까봐 걱정이 되었기 때문이죠. 하지만 동시에 이 강력한 가르침을 다른 사람들과도 나누어 그들 또한 이 지혜를 통해 직접 변화를 경험할 수 있도록 해야 한다는 것도 알았어요. 조심스럽고 두렵긴 했지만, 나는 몇몇 가까운 친구들에게 위원회와의 세션을 시도해 보기로 했습니다. 그 세션들은 매우 의미 있고 감동적인 경험이었고, 그들은 이 체험을 "집으로 돌아온 느낌" "인생 최고의 선물" "평생 찾아 헤매던 진실"이라는 말들로 표현했어요. 위원회와의 세션을 가진 사람들은 하나같이 삶에서 빠르고 기적적인 변화와 현실 창조manifestation를 경험하기 시작했어요. 그리고 몇 년이 채 지나지 않아 나는 전 세계의 사람들과 전화로 위원회 세션을 하게 되었습니다.

지금은 위원회의 지혜가 강의, 책, 세미나, 서밋summit, 피정, 그리고 전 세계에 걸친 공동체로 확장되는 등 많은 이들이 그들의 가르침을 삶 속에서 실천하고 있습니다. 나는 지금, 위원회가 언젠가 나에게 확언한 그대로, 나로서는 상상도 못했던 삶을 살고 있어요. 채널링을 하고 위원회의 지혜를 내 삶에 통합한 이후, 내 삶은 지금껏 경험해 본 적 없는 사랑, 기쁨, 풍요, 자유, 행복, 조화로 가득합니다.

나는 이제 성경과 기독교의 가르침이 원래 지니고 있던 의도 역시 이해하게 되었어요. 나는 예수를 사랑과 감사의 존재로, 내 삶 속에서 늘 함께하는 존재로 받아들이고 있습니다. 나는 예수가 위대한 마스터라고 믿으며, 그의 지혜는 위원회와 같은 기원과 의식으로부터 비롯되었다고 믿어요.

그리고 무엇보다도 내가 가장 두려워했던 일은 결코 현실이 되지 않았어요. 가족들은 놀라운 방식으로 나를 지지해 주었고, 지금은 많은 가족이 매일 위원회의 메시지를 듣고 있습니다. 아버지와의 관계 또한 어느 때보다도 깊어지고 사랑으로 충만해졌고요. 아버지는 심지어 내가 오빠 팀과 한 것과 똑같은 경험을 당신 아버지가 돌아가셨을 때 한 적이 있다고 내게 이야기해 주셨어요. 할아버지가 세상을 떠난 날 밤, 아버지는 침대에 누워 있었는데 갑자기 깊은 평안이 밀려오며 할아버지의 목소리가 들렸다고 했어요. "평안하거라. 모든 것이 다 괜찮다. 나는 여기에 있단다." 그 순간 아버지는 모든 슬픔에서 벗어나 평안을 느꼈다고 헤요.

나 자신의 진실, 내 삶의 목적과 의미를 알고 싶다는 나의 열망이 바로 위원회의 의식을 불러온 것이었어요. 지금 이 글을 읽고 있는 여러분 역시 마찬가지입니다. 여러분은 이 책을 가장 완벽한 타이밍에 자신에게 끌어들인 겁니다. 여러분 역시 신성한 사랑과 상위 지혜의 채널이며, 이 지구 위에서 위원회의 일원으로 살아가고 있는 존재입니다.

나는 많은 시간 동안 위원회의 지혜를 채널링해 왔고, 받아들일 준비가 된 모든 이에게 그들의 메시지를 전하는 데 온 마음을 쏟아왔습니다.

다음은 당신을 향한 나의 가장 깊고 진심 어린 바람입니다.

당신 안에 있는 무한한 지혜를 기억하기를.
당신 자신인 빛과 다시 연결되기를.
당신이 근원 에너지의 강력한 확장임을 자각하기를.

나는 우리 인생을 바꿔놓을 만큼 심오한 위원회의 지혜를 매일 직접 살아내는 데 내 삶을 바쳐왔습니다. 이 놀라운 채널링의 여정에 당신이 함께하게 된 것을 환영합니다. 이 책은 아마도 내가 세상에 줄 수 있는 가장 큰 선물일 것입니다. 무엇보다 당신을 위해 이 책을 쓴 시간은 내 삶에서 가장 큰 기쁨이었습니다.

채널링에 대하여

이토록 멋지고 찬란한 날에 여러분과 대화를 나눌 수 있어 정말 기쁘고 기쁠 따름입니다. 여러분은 자신이 되고자 하는 모든 것이에요. 여러분은 이미 그러한 존재입니다. 여러분은 근원 에너지와 신성한 사랑, 진리의 그릇이자 동로로서 이 세상에 존재하고 있어요. 여러분은 무한한 지성, 무한한 사랑, 무한한 행복과 무한한 풍요의 채널이에요.

지금 여러분은 자신의 채널을 차단하거나 연결되는 속도를 늦추고 있을 수도 있고, 신성한 사랑을 제한하고 있을 수도 있습니다. 혹은 반대로 채널을 열고 확장하며 그 연결을 온전히 허용하고 있을 수도 있고요. 이것은 여러분이 이 인간 경험 안으로 집중해서 들어오기 전, 근원 에너지의 확장으로서 의도했던 바입니다. 여러분이 '채널링channeling'이라 부르는 것—즉 여러분이 이미 채널임을 발견하는 것—은 사실 언제나 여러분 곁에 있고 매순간 여러분을 위해 존재하는 모든 것에 자신을 의식적으로, 의도적으로 열고 허용하는 것이에요.

여러분은 이미 준비되어 있어요. 여러분 자체가 바로 채널입니다. 여러분은 충분히 채널링을 할 수 있고, 삶에서 원하는 모든 것을 이룰 수 있습니다. "모든 걸 누리고 싶다"고 말할 때, 실제로 여러분은 "나는 내 채널을 완전히 열어, 내가 이 멋진 삶을 경험하기로 선택할 때 이미 나한테 있다는 걸 알았던 천부의 신성한 권리, 즉 무한한 사랑과 행복, 풍요, 지성과 연결되고 싶다"고 말하고 있는 것입니다. 그저, 여러분은 그것을 제한하거나, 의심하거나, 부정하거나, 혹은 여러분에게 주어진 모든 것을 신뢰하지 말라고 배워왔을 뿐이에요.

밖으로 나가 무언가 아름다운 것을 바라보거나, 반려견이나 반려묘를 쓰다듬거나, 가족과 함께 시간을 보내면서, 의식적으로 사랑과 아름다움, 감사의 감정을 느껴보세요. 아름다운 꽃을 바라보고 있다면, 그 꽃에 온전히 집중해 봅니다. 그리고 이제 근원이 여러분의 눈을 통해 그 아름다운 꽃을 바라보고, 여러분의 코를 통해 향기를 맡을 수 있도록 마음을 열고 허용해 보세요. 사랑하는 사람을 바라보고 있을 때도 마찬가지예요. 여러분이 사랑을 느끼는 그 순간 근원이 여러분 안에서 그 사랑을 함께 느낄 수 있도록 자신을 열어줍니다. 그렇게 할 때 여러분의 채널이 열리고 인식이 확장되기 시작할 겁니다.

자신의 채널을 신뢰하세요. 그리고 그것을 허용하는 법을 익히면, 언제든지 근원과 연결되도록 채널을 조율하고 더 넓게 확장시킬 수 있습니다. 그 연결은 점점 여러분의 존재 방식이 되고 삶을 살아가는 방식이 될 거예요. 그러면 어느 순간 자신 안에 이미 있던 재능과 능력이 하나둘 자연스럽게 드러나기 시작할 겁니다.

여러분은 자신 안에 더 많은 것이 있다는 것을 알고 있었습니다. 비록 그것이 무엇인지 분명히 알지는 못했더라도, 더 큰 소명과 더 높은 잠재력이 자신에게 있다는 사실을 알고 있었어요. 마음을 활짝 열고 언제든 여러분이 쓸 수 있는 근원 에너지를 온전히 허용하면, 여러분 자신인 모든 것이 삶 속으로 흘러들기 시작할 것입니다.

더 높은 의식의 수준에 있는 우리는 단 한 번도 여러분과 분리된 적이 없습니다. 하지만 여러분에게는 자유 의지가 있어요. 그것이 바로 여러분이 지닌 강력한 힘이죠. 여러분은 원한다면 여러분이 우리와 연결되었음을 의심하고 부정할 수도 있어요. 하지만 우리는 여러분이 그 연결을 진정으로 경험하는 순간, 그것이 바로 자신의 진정한 본질이며 여러분이 이 삶을 어떻게 살기로 의도했는지 알게 될 거라고 생각합니다.

여러분은 자신이 되고자 하는 모든 것이에요. 여러분은 이미 그러한 존재입니다. 그 모든 것은 늘 여러분 안에 있었고, 앞으로도 그럴 거예요. 이제 자신 안에 있는 깨달은 마스터로서의 존재가 밖으로 드러나도록 하세요. 그래야 여러분은 지금 이 시기에 이 땅 위에서 온전히 살아가고, 온전히 사랑하며, 본연의 자신이 될 수 있습니다. 그것이 가장 중요한 일이에요. 우리는 언제나 여러분과 함께 있으며, 언제든 여러분을 위해 열려 있습니다. 우리는 여러분을 사랑하고, 사랑하고, 사랑해요. 이로써 우리는 완전해집니다.

1

왜 채널링을 하는가?
왜 지금인가?

당신이 왜 갑자기 채널링에 관한 책에 끌리게 되었는지, 혹은 어떻게 해서 채널링 경험을 하기 시작했는지 궁금할 겁니다. 당신은 최근에 깨어남을 경험했을 수도 있고, 어쩌면 오랫동안 영적인 길을 걸어왔을 수도 있습니다. 당신이 당신 여정의 어느 시점에 있든, 채널링과 이 책에 끌리게 된 데에는 이유가 있습니다. 당신에게는 더 큰 소명이 있으며, 지금이 바로 그 소명을 발견하고, 소명대로 살아가며, 이곳에서 경험하기로 한 멋진 삶을 창조할 때입니다.

많은 사람들이 채널링을 신비롭고 초자연적인 경험으로 생각하며, 신의 우렁찬 목소리를 듣거나 천사들이 하늘에서 내려와 눈앞에 나타나는 모습을 상상하곤 합니다. 하지만 대부분의 사람들은 채널링을 그런 식으로 경험하지 않아요. 채널링은 우리가 생각하는 것보다 훨씬 더 미묘하게 나타나며, 고요하고 조용한 내면의 목소리로 표현될 때가 많습니다. 이런 이유로 사람들은 채널링 경험을 무시하거나, 그저 자기 머릿속에서 지어낸 것이라고 믿습니다. 또한 이러한 경험을 나눌 누군가가 없을 때는 종종 고립감과 외로움을 느끼기도 합니다.

지금까지 채널링은 일상 생활이나 사회적 모임에서 흔히 논의되는 주제가 아니었습니다. 그러나 이제는 상황이 달라졌어요. 채널링은 점점 훨씬 더 일반적인 것이 되고 일상적으로 더 친근한 개념으로 자리 잡아가고 있지요. 영화 대본, 배우, 운동 선수, 음악가, 그리고 유명인까지 종종 이렇게 말하곤 합니다. "그 홈런을 칠 때 저는 베이브 루스를 채널링하고 있었어요." 또는 음악가가 "그 곡을 연주할 때 모차르트를 채널링했어요"라고 말하는 것을 들어본 적이 있을지도 모르겠네요. 실제로 나는 최근에 채널러가 아닌 한 친구가 이렇게 말하는 것을 들었습니다. "파이를 만들 때 할머니를 채널링했나봐. 내가 만드는 파이 크러스트는 절대로 이렇게 잘 나오지 않거든."

채널링은 자연스럽고 성상적이며, 내부분의 사람들이 생각하는 것보다 훨씬 더 우리에게 가깝고 접근하기도 쉬운 것입니다. 우리는 종종 우리의 영혼이나 천사, 영적 가이드를 더 높은 의식의 존재로 여기며 그들이 '저 위'나 '저 밖'에 멀리 떨어져 있다고 생각하지만, 실제로 그들은—당신이 당신의 앎과 의식의 범위를 확장할 때—바로 당신 안에 존재해요. 채널링은 신성한 지혜, 근원 에너지와 연결하고 소통하며 교감하는 행위입니다. 이 연결은 당신의 삶을 긍정적으로 깊이 있게 변화시킬 잠재력을 가지고 있어요. 그 결과로 당신은 삶의 모든 영역에서 더 많은 사랑, 기쁨, 평화, 행복, 자유, 충만함, 풍요, 아름다움, 번영을 경험하기 시작할 것입니다.

채널링은 단순히 질문하는 것을 넘어 훨씬 더 깊은 의미를 가지고 있습니다. 그것은 당신의 지각perception과 관점을 변화시킵니다. 채널링은 자신의 진동, 의식, 그리고 인식awareness을 고양시켜, 당신 주변에 늘 존재하는 무한한 지성의 에너지 장에 연결되는 과정이에요. 그리고 이는 상위 지혜를 찾고 더 웅대한 관점에서 자신의 진리와 경험을 추구하는 모든 사람에게 언제나 열려 있습니다. 채널링은 아마도 개인의 영적인 변화를 위해 활용할 수 있는 가장 강력한 도구일 겁니다.

지금까지의 삶을 되돌아본다면, 당신은 어쩌면 자신이 무언가를 준비해 온 듯한 느낌, 혹은 이번 생에서 뭔가 더 큰 사명이 자신에게 주어졌다는 느낌을 받았을 수도 있습니다. 혹은 자신의 삶의 목적을 꼭 찾아야겠다는 강한 의지를 느꼈을 수도 있어요. 나 역시 기업의 임원으로서 성공적인 경력을 쌓아가고 있었지만, 항상 내 삶에는 뭔가 더 큰 목적이 있을 것 같은 느낌이 들었죠. 하지만 그 목적이 무엇인지는커녕 그것을 어디서부터 찾아야 할지도 전혀 알지 못했습니다.

나는 사람이 어떻게 자신의 잠재력을 최대한 발휘하며 살아가는지에 깊은 관심이 있었습니다. 채널러가 되고 싶다는 욕망은 전혀 없었지만, 채널링을 통해 전해진 정보에는 강하게 끌렸고, 그렇지 않은 자료에는 거의 마음이 움직이지 않았죠. 나는 어떻게 내 삶의 목적을 살아낼 수 있는지를 비롯해 인생의 가장 크고 깊은 질문들에 대한 답을 끊임없이 구하고 있었어요.

나는 그 모든 질문들에 대한 답은 물론 더 많은 것들을 얻었습니다. 그 채널링된 답들과 함께 전달된 진동과 의식, 앎은 나를 깨달음의 경험으로 이끌었어요. 깨달음realization이란 무엇일까요? 나에게 깨달음은 지상천국, 새로운 지구New Earth, 약속의 땅, 순수한 사랑의 상태, 그리고 완전한 자유를 실현하는 것을 의미합니다.

나는 또한 내 여정의 매 걸음마다 더 큰 힘과 더 높은 지성이 나를 안내하면서 완벽한 다음 걸음을 내딛게 하고, 내가 만나기로 되어 있는 모든 사람들과의 신성한 만남을 조율해 왔다는 것을 깨달았습니다. 위원회와 채널링을 시작한 이후 나는 내 인생 전체가 이 일을 위해 나를 준비시켜 왔을 뿐만 아니라 왜 내가 지구의 지금 시점에 준비되어 있어야 하는지도 이해하게 되었어요.

지금 당신은 인생에서 가장 강력한 시기로 들어서고 있습니다. 이제 더 이상 준비 중에 있지도 않고, 더 이상 수련생도 아니에요. 당신은 이미 마스터입니다. 바로 지금이 그 순간이에요. 이것이 당신이 평생 동안 기다리고 준비해 왔던 것이며, 당신이 이곳에 온 이유입니다. 지금이야말로 있는 그대로의 당신이 되고, 온전히 살며, 온전히 사랑해야 할 때입니다. 이제 이에 대해 좀 더 자세히 설명해 보겠습니다.

위원회는 지금이 '위대한 깨어남Great Awakening'의 시기이며, 인류 의식이 과거 어떤 생애에서도 경험하지 못한 가장 큰 변화를 맞이하는 시기라고 설명합니다. 당신이 이 시기에 이 행성에 있기로 선택한 이유는, 스스로를 깨우고, 당신 자신인 신성한 사랑이 되며, 그 길에서 다른 이들에게 밝은 빛을 비춰주기 위해서예요. 당신은 '길을 보여주는 자wayshower'이자 모든 인류가 더 큰 가능성을 경험할 수 있음을 증명하는 존재입니다. 인류 전체가 완전히 깨어난 세상에서 평화와 기쁨, 사랑과 조화, 자유와 풍요의 '새로운 지구'에서 살아갈 잠재력이 여기에 있습니다. 그리고 당신은 이 새로운 세상으로 가는 다리 역할을 하고 있어요.

지금 이 시기는 인류 역사상 가장 크고 가장 광범위하게 깨어남의 물결이 일고 있는 시기입니다. 당신은 이 위대한 깨어남의 물결이 당신 주변에서 펼쳐지는 것을 직접 보게 될 겁니다. 친구들과의 관계에서, 가족이나 연인, 직장 동료, 우연히 마주치는 낯선 이들에게서, 심지어는 절대 깨어날 일이 없을 거라고 생각했던 사람들에게서도 당신은 이를 보게 될 거예요. 그들이 깨어나는 이유는 바로 당신 때문입니다. 당신이 의식을 끌어올렸기 때문에, 당신이 진동수를 높였기 때문에, 당신이 빛을 이 세상에 가져왔기 때문이에요.

지금 이 시기에 당신이, 또 많은 사람들이 더 큰 무언가를 향한 부름을 느끼고 더 큰 목적, 더 큰 사명에 대한 소명을 느끼는 이유가 바로 여기에 있습니다. 이것이 사람들이 자신의 최고 잠재력을 실현하고 지금 이 세상에서 진정한 자기 자신으로 살고 싶다는 욕구를 그렇게 강하게 느끼는 이유예요. 아마도 이 시기의 이 위대한 깨어남 이면에서 정말로 어떤 일이 일어나고 있는지 이해하게 되면, 당신이 느끼고 있던 여러 감정들이 더 명확하게 이해될지도 모릅니다. 예를 들어 지금 느끼고 있는 긴박한 감정, 그 감정의 강렬함, 혹은 지금 당신 삶에서 일어나고 있는 놀라운 속도의 변화가 비로소 이해될지 몰라요.

모든 사람을 깨어나게 할 책임도, 무너진 세상을 구해야 할 의무도 당신에게는 없습니다. 비유적으로 말해, 당신이 모든 사람을 어깨에 짊어지고 결승선 너머로 데려가야 하는 것도 아니고, 그들의 문제를 대신 해결해 줘야 하는 것도 아니에요. 당신이 해야 할 일은 당신 자신을 위해 '위대한 깨어남'을 이뤄내고, 자신의 의식을 순수한 사랑과 완전한 자유의 상태로 변형시키는 것입니다. 이것은 당신 삶의 모든 영역, 당신이 창조한 모든 현실에 대해 개인적인 책임을 진다는 것을 뜻합니다. 그 개인적인 책임이 당신에게 어떤 의미인지는 오직 당신만이 결정할 수 있습니다. 이것은 옳고 그름의 판단 문제가 아니에요. 그저 지금 이 삶을 어떻게 살고 있는지, 자신의 진실을 세상에 어떻게 표현하고 있는지를 의식하고 알아차리는 것입니다.

그렇다면 당신은 왜 여기에 있는 건가요? 그것이 왜 중요한가요? 당신의 목적은 무엇인가요? 당신 자신에 대한 더 깊은 진리를 깨달을 때까지 이런 질문들을 스스로에게 계속 던져보세요. 당신이 여기에 있는 데는 이유가 있습니다. 이유가 없다면 이곳에 있지 않았을 겁니다. 당신은 목적을 가지고 있으며, 이제 그 목적을 발견하고 그 목적대로 살아갈 때입니다. 나는 이 광활하고 찬란한 우주에 지구와 그 안의 생명들을 위한 훨씬 더 큰 목적이 있음을 아는 무언가가 우리 각자의 내면 깊은 곳에 존재한다고 믿습니다. 더 많은 사람들이 이 지구에서 깨어난 삶을 살아갈수록, 인류 전체의 잠재력과 가능성은 더욱 확장될 것입니다.

중요한 질문에 대한 답을 얻는 시각화 명상

원한다면, 아래 메시지를 직접 읽고 녹음한 뒤, 그 녹음한 것을 활용해 시각화 과정에 더 깊이 몰입해 보길 바랍니다.

깊게 숨을 들이쉬고 내쉽니다. 의식을 머리에서 가슴으로 천천히 옮기면서, 몸이 점점 이완되는 것을 느껴봅니다. 지금 이 순간, 내가 누구인지, 어디로 향하고 있는지, 내게 진정으로 가능한 것이 무엇인지 알고 있는 내면의 한 부분이 이곳에 있다는 것을 기억하세요. 그리고 이제 자신의 상위 자아뿐 아니라 미래의 자아에도 의식을 천천히 집중해 봅니다. 이제 당신의 의식을 미래의 자아에 맞춰봅니다.

그 미래 자아는 지금으로부터 5년 후의 당신일 수도 있고, 10년 후의 당신일 수도 있습니다. 그는 이미 삶을 온전히 살아내고, 온전히 사랑하며, 당신이라는 존재의 모든 가능성을 경험한 미래 자아입니다. 그는 당신이 이 삶에서 어떤 존재가 될지 이미 알고 있는 당신의 한 부분이에요. 그리고 이제 더 높은 차원의 의식으로 향하는 새로운 여정이 당신 앞에 펼쳐지기 시작했음을 알고 있는 당신의 한 부분이기도 합니다.

당신의 어떤 미래 자아가 모습을 드러내고 있는지 알아차려 봅니다. 그 미래 자아는 당신에게 무엇을 보여주고 싶어 하나요? 현재 당신이 겪고 있는 일들과 앞으로 겪게 될 모든 일에 대해 미래 자아는 당신에게 어떤 말을 전하고 싶어 하나요? 그 미래의 당신은 이미 모든 과정을 넘어, 당신이 되어가고 있는 모든 것을 다 이룬 상태입니다. 미래의 자아는 당신이 이곳에 있는 이유를 뭐라고 말하나요? 당신의 목적과 당신이 지닌 최고의 잠재력에 대해 어떤 메시지를 전하고 싶어 하나요?

당신의 미래 자아는 당신이 누구인지, 왜 이곳에 있는지, 그리고 당신에게 어떤 가능성이 열려 있는지에 대해 무엇을 알려주려 합니까? 미래의 자아는 당신이 있는 그대로 완벽하고 온전하며 완성된 존재임을 이미 알고 있는 당신의 일부입니다. 미래의 자아는 당신의 가장 현명하고 가장 사랑이 넘치는 부분으로, 결승선에서 두 팔을 벌린 채 당신을 기다리고 있습니다. 그곳에서 그가 당신을 안아주며 당신이 얼마나 자랑스러운지, 그동안 얼마나 잘해왔는지, 당신을 얼마나 사랑하는지 말해줍니다. 그러면서 이렇게 말할 수도 있어요. "너, 정말 잘해냈어. 봐, 네가 생각했던 것만큼 그렇게 힘들지 않았잖아. 사실 그렇게 무서울 것도 없었어. 정말 잘해냈어."

잠시 시간을 내어 지혜롭고 사랑 가득한 미래의 자아로부터 더 전해지는 것이 없는지 실펴보세요. 미래의 자아가 전하고자 하는 다른 메시지가 있나요? 기억하세요. 당신은 언제든지 이곳으로 와서, '자신의 미래 모습이 어떤지, 당신이 되고자 하는 모든 것이 되기 위한 가장 쉽고 조화로운 길은 무엇인지' 이미 알고 있는 미래의 자아와 다시 연결할 수 있습니다.

2

✳

영혼이
전하고자 하는 것

당신은 자신의 영혼이나 영적 가이드, 혹은 저쪽 세상에 있는 사랑하는 이들로부터 직접 메시지를 받아보고 싶다고 생각해 본 적이 있나요? 그건 가능한 일입니다! 당신을 위해 어떤 메시지들이 기다리고 있는지 알아내는 과정을, 그 쉬우면서도 의식을 확장시켜 주는 과정을 이해하기만 한다면, 당신은 자신의 상위 자아나 다른 누구로부터도 언제든지 메시지와 안내를 받을 수 있습니다.

당신의 영혼은 지금 이 순간에도 당신과 나눌 무한한 지혜와 지식을 가지고 있으며, 그것은 당신 삶 속에 더 큰 평화와 기쁨, 풍요, 행복, 그리고 사랑을 즉각적으로 불러올 수 있는 힘을 지니고 있습니다. 당신 영혼과의 연결은 직관, 영감, 상상력의 근원이며, 당신을 삶의 가장 높은 가능성으로 이끌어줄 것입니다. 당신의 영혼은 지금 당신이 어떤 상태에 있고 어디에 서 있는지 알고 있으며, 진정한 창조와 놀라운 현실 창조manifestation의 무한한 경험으로 이끄는 가장 수월한 길이 무엇인지도 알고 있습니다.

당신은 자신의 영혼이 당신에게 전하고자 하는 메시지를 발견할 수 있는 것은 물론이고 다른 사람의 상위 자아로부터도 메시지를 받을 수 있습니다. 이는 그 사람이 지금 살아있든, 세상을 떠났든, 개인적으로 알든 모르든 상관없어요. 예를 들어 한때 지구에서 살았던 위대한 리더나 스승, 마스터의 상위 자아와 소통하며 그의 안내를 받을 수도 있습니다. 당신의 상위 자아든 다른 이의 상위 자아든 언제나 당신과 소통할 수 있어요. 또한 당신은 천사나 반려 동물, 다른 동물들, 혹은 자연의 요소들로부터도 메시지를 받을 수 있습니다.

내가 처음 채널링을 시작했을 때, 위원회는 매일 아침 일기를 쓰라고 권했습니다. 나는 속으로 이렇게 생각했죠. '일기를 쓰라고? 그럴 시간 없어. 난 일기 쓰는 거 안 좋아해. 쓸 말도 딱히 없고, 굳이 그렇게까지 하고 싶지도 않아. 그건 내 스다일이 아니야.' 이미 당신도 지금 비슷한 생각을 하고 있을지 모릅니다.

하지만 분명히 말할 수 있는 건 일기 쓰기journaling, 그중에서도 지금부터 소개할―그 자체로 채널링의 한 형태인―자동 쓰기automatic writing 과정은 내 삶을 상상도 못할 만큼 다양한 방식으로 변화시켰다는 겁니다. 수년 동안 나의 영혼은 필요할 때는 언제나 상황을 제일 높은 시각에서 바라보도록 안내하는 메시지를 주기도 하고, 불확실하고 혼란스러울 때 나를 인도해 주는 영감이나 방향을 제시하는 말들을 전해주고는 했지요. 삶에서 어떤 질문이 떠오르거나 걱정이나 고민이 생길 때면, 나는 이 과정을 이용해 나의 상위 자아나 영적 가이드, 혹은 다른 누군가의 상위 자아에게 메시지를 요청하곤 합니다.

이 과정을 시작하려면 종이와 펜 등 필기 도구를 준비해 가까운 곳에 두고 쉽게 꺼내 쓸 수 있도록 합니다. 그런 다음 눈을 감고, 의식적으로 세 번 깊게 숨을 들이쉬고 내쉬세요. 세 번 이상 숨을 쉬는 것이 이 과정에서 중요한 부분이라는 점을 강조하고 싶습니다.

이제 당신의 의식을 머리에서 가슴으로 옮깁니다. 머리에서 가슴으로 이어지는 계단이 있다고 상상해 봅니다. 한 걸음씩 천천히 그 계단을 따라 머리에서 가슴 쪽으로 내려갑니다. 가슴에 다다르면 그 앞에 문 하나가 나타난다고 상상합니다. 그 문은 당신의 가슴속으로 들어가는 문이에요. 조심스럽게 손을 뻗어 문을 열고, 그 안으로 들어가세요. 잠시 그 순간에 온전히 머무릅니다. 그러면서 가슴속에 머무는 것이 얼마나 편안한지 느껴봅니다. 마음이 차분해지면서 머릿속의 재잘거림이 조용히 가라앉는 것을 느낄 수 있을 거예요. 마음의 평화와 고요함을 깊이 느껴봅니다.

이제 눈을 감은 채로 조용히 이렇게 묻습니다. "지금 내 영혼이 나에게 가장 전하고 싶은 메시지는 무엇인가요?" 혹은 "지금 내 상위 자아가 나에게 가장 알려주고 싶은 것은 무엇인가요?" 이 질문을, 당신이 가장 편안하게 느껴지는 방식으로 계속 던져도 좋아요. 예를 들어 "지금 이 순간 내 영혼은 나에게 줄 어떤 메시지를 가지고 있나요?"라고 물어도 됩니다.

준비가 되면 눈을 뜨고, 떠오르는 대로 글을 써 내려갑니다. 머릿속에 들리거나 떠오른 메시지를 자연스럽게 종이에 옮겨 적는 겁니다. 계속 써 내려가되, 이것이 말이 되는지, 수정할 대목은 없는지 신경 쓰지 마세요. 때로는 당신이 내용을 지어내고 있는 것처럼 느껴질 수도 있지만, 그것은 매우 자연스러운 현상이에요. 멈추지 말고 계속 써 내려가세요. 메시지가 완성되었다고 느껴지거나 에너지가 잦아들었다고 느껴질 때까지 글을 쓰면 됩니다. 메시지는 몇 마디일 수도, 몇 문장일 수도, 몇 페이지 이상일 수도 있어요. 중간에 멈추고 깊게 숨을 들이쉰 뒤 "내 영혼이 나에게 전하고자 하는 것은 무엇인가요?"라고 다시 물어보아도 괜찮습니다. 메시지가 길든 짧든 상관없어요. 때로는 메시지가 갑작스럽게 끝나는 것처럼 느껴질 수도 있는데, 이것 역시 자연스러운 현상입니다.

만약 아무것도 바로 떠오르지 않는다면, "나는 정말 행복하고 감사하다"라는 문장을 써 내려가기 시작합니다. "나는 정말 행복하고 감사하다"고 반복히어 계속 적습니다. 그리고 당신이 행복하고 감사하게 느끼는 것들을 적어 내려가면 됩니다. 예를 들어 "나는 내 삶, 가족, 반려 동물, 직업에 정말 행복하고 감사하다"라고 쓸 수 있습니다.

당신이 감사함을 느끼는 모든 것을 적는 데 집중하세요. 그러다 보면 어느 순간 무언가가 변화하는 것이 감지되고, 메시지가 당신에게 들어오기 시작하는 것을 느끼게 될 겁니다. 행복하고 감사한 마음 상태에서 메시지가 당신을 통해 흐르도록 합니다.

자동 쓰기를 할 때 당신이 편안하게 느끼는 단어는 어떤 것이든 사용해도 좋습니다. 예를 들어 "내 영혼이 지금 나에게 알려주고 싶은 것은 무엇인가요?" "오늘 내 영혼은 나에게 어떤 이야기를 전해주고 싶어 하나요?" 또는 "오늘 근원Source은 나에게 무엇을 알려주고 싶은가요?"라고 물어볼 수 있습니다. 혹시 당신이 특별히 연결감을 느끼는 천사나 저쪽 세상의 사랑하는 존재가 있다면, 그들의 이름을 불러 이렇게 물어도 좋아요. "당신이 지금 나에게 가장 전하고 싶은 말이 있다면 무엇인가요?" 이 자동 쓰기 과정은 매일 당신에게 가장 좋고 편안하게 느껴지는 방식으로 하면 됩니다. 옳고 그름은 없어요.

메시지가 때로는 세 단어나 세 문장일 수도 있고, 때로는 세 페이지일 수도 있다는 걸 기억하세요. 어떤 때는 3분이 걸리기도 하고, 다른 때는 30분이 걸리기도 합니다. 길이는 중요하지 않아요. 또한 당신의 필체가 변하는 걸 보는 것도 매우 흔한 일입니다. 구두점을 평소와 다르게 찍는 것도 자주 일어나는 일이에요. 메시지가 마치 집단적인 존재로부터 오는 것처럼 '우리we' 혹은 '우리에게us'라는 표현이 사용되는 것도 아주 흔한 일이고요. 예를 들면 "우리는 당신을 사랑합니다. 우리는 당신을 위해 여기 있습니다. 우리는 당신을 보고 있습니다"(We love you. We're here for you. We see you)처럼요.

당신이 이것을 스스로 지어내고 있다고 느낄 수도 있습니다. 또 아무 일도 일어나지 않는 것처럼 느낄 수도 있지만, 그 과정을 믿고 꾸준히 연습할 수 있는 공간을 만들어보세요. 가능하면 매일 연습하는 것이 좋습니다. 이를 근원이나 영spirit과 연결되는 신성한 시간으로 생각하세요. 이것을 일로 만들지 않도록 합니다. 음악을 틀거나 촛불을 켜고 싶을 수도 있고, 자연 속의 조용한 장소에서 이 과정을 진행하고 싶을 수도 있을 거예요.

연습을 하다 보면 당신이 메시지를 이해할 때까지 메시지가 반복된다는 것을 알아차리게 될 겁니다. 그럴 땐 '왜 매일 똑같은 메시지가 나오지?' 하고 의아한 마음이 들 수 있어요. 하지만 그 메시지는 겉보기에 아무리 단순해 보여도 지금 당신에게 꼭 필요한 것일 가능성이 큽니다. 메시지를 판단하지 말고 그저 받아쓰기만 하세요. 그 메시지를 완전히 이해하게 되면 새로운 메시지를 받거나 지금까지의 안내가 더 크게 확장될 겁니다.

이제 자동 쓰기 과정에서 중요한 단계를 소개하겠습니다. 메시지 쓰기를 마친 후에는, 받아 적은 메시지를 혼자서 소리 내어 읽어보거나, 다른 사람에게 소리 내어 읽어달라고 하거나, 혹은 편안함을 느끼는 가까운 사람에게 당신이 소리 내어 읽어주는 방법 중 하나를 선택하세요. 내 경험상 이것은 매우 중요한 단계입니다. 소리 내어 읽을 때 메시지 안에 남긴 에너지와 힘을 빠르게 감지할 수 있을 거예요.

글로 쓸 때는 머릿속에 들려오는 목소리 그대로 메시지를 받아 적게 됩니다. 하지만 그것을 소리 내어 읽거나, 다른 누군가가 대신 읽어줄 때, 그 메시지에 담긴 에너지와 힘을 머릿속에서 들었던 것과는 사뭇 다르게 느끼게 될 거예요. 때로는 그 메시지를 들으며 강력한 사랑의 감정이 마음 깊은 곳에서 올라오기도 합니다.

대부분의 사람에게는 직접 손으로 메시지를 받아쓰는 방식이 가장 편하고 효과적입니다. 하지만 어떤 사람들은 컴퓨터로 타이핑하는 방식을 선호하기도 하고, 또 어떤 사람들은 휴대폰의 녹음 기능을 활용해 떠오르는 말을 직접 소리 내어 말하는 방식으로 기록하기도 합니다. 어떤 방식이든 괜찮습니다. 자신에게 가장 잘 맞는 방법을 선택하면 됩니다.

다시 말하지만 이 과정에 '틀린 방식'이란 없습니다. 가장 중요한 것은 스스로를 신뢰하고 당신이 받는 안내와 지혜에 마음을 여는 것입니다. 이건 정말 강조하고 싶은 부분인데, 이 과정에서 '이건 내가 그냥 지어내는 말 같아' 하는 생각이 들 수도 있어요. 설령 그렇다고 느껴지더라도 계속 이어가세요.

'채널링의 기술'을 많은 사람들에게 본격적으로 가르치기 전에 나는 일 대 일 개인 세션을 통해 한 사람씩 자신의 채널을 여는 경험을 하도록 도왔습니다. 그 사람들 중에 기억에 남는 사람이 하나 있어요. 독일에서 온 멋진 여성 참가자였는데 채널링을 배우고 싶다는 열정이 아주 강했죠. 나는 그녀에게 매일 일기를 쓰고 자동 쓰기 연습도 꾸준히 해보라고 권했어요. 약 일주일쯤 지나서 그녀가 "잘 모르겠어요. 뭔가 일어나는 것 같지가 않네요"라고 하더군요. 그래서 나는 그녀에게 지금까지 쓴 글을 사진으로 찍어 보내달라고 요청했고, 그녀는 이메일로 사진을 보내주었어요. 다음 세션에서 나는 그녀가 쓴 그 메시지를 직접 소리 내어 읽어주었습니다.

그녀가 자동 쓰기로 받아 적은 메시지들은 이런 내용이었습니다. "우리는 언제나 당신 곁에 있으며, 당신이 결코 혼자가 아님을 알았으면 합니다. 지금 당신은 있어야 할 정확한 자리에 있습니다. 멋진 일들이 곧 당신을 찾아올 거예요. 당신이 스스로 해결해야 하는 것은 아무 것도 없어요. 당신은 모든 좋은 것을 받을 자격이 있어요. 당신은 아주 많이 사랑받고 있으며, 매 순간 돌봄과 안내를 받고 있습니다. 모든 것은 신성한 타이밍 안에서 완벽하게 맞물려 일어날 거예요."

메시지를 소리 내어 읽어주는 동안 나는 그녀가 울고 있다는 것을 알 수 있었고, 메시지를 더 읽어갈수록 그녀의 감정이 북받치는 것이 느껴졌어요. 누군가 소리 내어 들려주는 메시지를 직접 들을 때에는 무언가 특별한 일이 일어납니다. 그녀가 말하더군요. "세상에, 정말 내가 꾸며낸 거라고 생각했는데, 이건 너무 아름다워요. 저는 절대 이런 말을 떠올리지 못했을 거예요."

자신이 그 메시지를 지어내고 있다고, 그게 당신의 영혼이나 영으로부터 나온 게 아니라 당신 머릿속에서 나온 거라고 생각하는 건 아주 정상적인 일입니다. 하지만 잠시 생각해 보세요. 머릿속에서 늘 들려오는 그 '목소리'는 실제로 어떤 소리를 내고 있나요? 아마 이런 소리일 겁니다. "이건 해야 하는 거잖아. 그건 진작 끝냈어야지. 오늘은 이걸 해야 돼. 그걸 해결해야 돼. 아직도 이걸 못했네. 좀 더 열심히 해야 해. 그 말은 하지 말았어야지. 이건 꼭 말했어야지. 지금 가서 이걸 해. 이번엔 제대로 망쳤어. 그 기회를 놓쳤잖아." 이것이 보통 우리가 머릿속에서 듣는 내면의 소리들이에요. 그리고 이런 목소리는 대개 이해심 깊고 다정하며 사랑으로 위로하고 지지해 주는 전지적인 존재의 음성이 아닙니다.

나는 지난 수년간 전 세계 사람들에게 채널링을 가르치면서, 영혼,

상위 자아, 영적 가이드, 그리고 사랑하는 이들로부터 온 수천 개의 메시지들을 읽고 또 들었습니다. 놀랍게도 그 모든 메시지는 사랑, 받아들임, 이해, 평화, 그리고 격려의 내용을 공통으로 담고 있었어요. 메시지에는 결코 판단하거나 비난하는 내용이 들어 있지 않아요. 메시지들은 종종 비슷하게 들리기도 하는데, 그것은 누구를 매개로 해서 나오든 근원은 사랑이고, 무조건적인 사랑이며, 흔들림 없는 사랑이기 때문입니다. 근원은 당신의 진실을 알고 있고, 모든 것이 완벽하다는 것을 알고 있으며, 모든 순간에 신성한 조율이 일어나고 있다는 것을 알고 있습니다. 그래서 어떤 메시지가 반복되어 전해진다면, 그것은 그 메시지를 진심으로 당신 안에 '체현하기embody'를 당신의 영혼과 영적 가이드들이 바라기 때문이에요. 당신의 영혼은 그 메시지를 당신에게 어떻게든 꼭 전하고 싶어 하는 것입니다. 그리고 많은 사람들에게 공통된 경험이기도 한데, 메시지들 속에는 자기를 사랑하고 자기를 존중하며 스스로 가치 있는 존재라는 느낌을 가지라는 내용이 담겨 있는 경우가 많습니다.

자기를 사랑하고 가치 있게 여기는 것은 당신의 무한한 자아, 즉 육체 너머에 있으며, 영원부터 존재해 오고 앞으로도 영원히 존재할 당신의 진짜 자아로 들어가는 문입니다. 영Spirit은 끊임없이 당신을 격려하며 당신이 이런 사실들을 알기 바라고 있습니다. 당신은 매순간 당신에게 열려 있는 무한한 지성에 다가갈 자격이 충분히 있는 존재라는 것, 어느 누구의 상위 자아든 또 그가 어디에 있든 언제나 당신과 연결될 수 있다는 것, 당신의 상위 자아는 항상 당신보다 앞에서 당신이 여정에서 마주칠 것들을 조율하고 있다는 것, 그리고 당신은 그만큼 가치 있고 소중하며 사랑받는 존재라는 것을 말이에요. 이 사실을 정말로 깊이 받아들일 수 있을 때, 당신은 이 영원하고 신성한 사랑의 흐름, 신성한 존재 상태 속에서 살아가게 되며, 당신 삶의 모든 것은 평화와 기쁨, 사랑, 조화, 풍요, 행복, 자유라는 완전히 새로운 차원으로 나아갈 것입니다. 모든 것이 말이에요!

당신은 모든 것이 가장 긍정적인 쪽으로, 자신에게 힘을 주는 방식으로 변화하기 시작하는 것을 느낄 겁니다. 예컨대 신체의 변화, 인간관계, 사고방식, 행복에 대한 감각, 풍요의 수준, 그리고 삶 전반에 걸쳐 근본적인 변화가 일어나게 될 것입니다. 채널링을 시작한 이후 내 삶의 모든 것은 내가 상상했던 것 이상으로, 내가 스스로를 위해 바랄 수 있었던 것 이상으로 변화했습니다. 이런 종류의 변화는 채널링에 마음을 엶으로써 나오는 자연스러운 결과이며, 누구에게나 가능한 일입니다. 이 과정은 당신의 사고방식과 행동, 감정, 반응 방식을 바꾸고, 결과적으로 당신의 삶 전체를 변화시킵니다.

지금의 파트너와 관계를 시작하던 무렵, 우리 사이에서 일어난 어떤 일로 인해 내가 상처를 받은 적이 있습니다. 그의 상위 자아와 소통하는 이 강력한 채널링 기법을 몰랐을 때라면, 나는 분노하고, 감정적으로 반응하고, 결국 말다툼으로 이어졌을 겁니다. 하지만 나는 채널링을 이용했어요. 내 작업실로 들어가 자리에 앉은 뒤 깊게 숨을 쉬고 가슴에 의식을 모았죠. 우리 사이에서 깊은 사랑을 느꼈던 순간을 떠올렸고, 그의 상위 자아가 내 주위에 있는 것을 느끼기 시작했어요. 내가 조용히 물었습니다. "당신의 영혼이 지금 나에게 전하고 싶은 말은 무엇인가요?" 그리고 나는 바로 받아 적기 시작했어요.

글을 쓰는 내내, 내가 이것을 지어내고 있다고 생각했을까요? 맞아요, 그랬습니다. 나는 그가 할 법한 말을 내가 상상해서 쓰고 있다고 생각했어요. 그래도 의심을 옆으로 잠시 밀쳐두고 계속해서 써나갔습니다. 메시지는 몇 페이지에 걸쳐 이어졌죠. 마침내 쓰기가 끝나자 나는 그 내용을 소리 내어 읽어보았습니다. 그 페이지들을 통해 그의 상위 자아로부터 사랑이 쏟아져 나오는 것이 느껴졌고, 나도 모르게 눈물이 흐르더군요. 나는 사랑받고 있다는 느낌이 들었고 어느새 평온해졌어요. 나의 의식은 받아들임과 이해의 자리로 옮겨져 있었죠. 가슴은 사랑으로 가득 차 있었고, 처음에 느꼈던 상처는 사라져 다시 떠오르지 않았어요.

몇 주 후 나는 그에게 그의 상위 자아로부터 받은 메시지에 대해 이야기하면서 혹시 그걸 듣고 싶은지 물었습니다. 듣고 싶다고 하더군요. 나는 그때 내가 쓴 글을 읽어주었어요. 읽기 시작하자마자 금세 그의 눈에 눈물이 고였습니다. 메시지를 다 읽고 나자 그가 말하더군요. "이보다 더 잘 표현할 수는 없었을 거야. 그게 바로 내가 당신에게 하고 싶었던 말이야."

이 강력한 자동 쓰기 과정은 어느 누구와의 관계에서도 활용할 수 있습니다. 배우자, 연인, 자녀, 부모, 가족, 친구, 동료, 상사 등 대상이 누구든 상관없어요. 상처받은 대로 반응하기보다는, 이 방법으로 자신의 내면을 치유할 수 있습니다. 그렇게 할 때 자신뿐 아니라 관계 또한 자연스럽게 치유할 것이고, 어쩌면 더 나아가 자신을 둘러싼 세상까지 치유하기 시작할지 모릅니다.

캘리포니아에 사는 나의 학생 한 사람은 사랑하는 딸의 상위 자아와 연결된 경험을 이렇게 설명했어요.

"내가 사라와 함께 작업하면서 받은 가장 큰 선물은 KCNQ2 간질성 뇌병증이라는 희귀한 유전 질환을 가지고 태어난 열다섯 살짜리 딸과 채널링으로 소통하는 능력이었어요. 딸은 장애가 있어 휠체어를 사용하고, 음식도 위에 삽입된 튜브로 섭취해요. 말도 못하고요. 하지만 나는 항상 딸을 그런 물리적 존재 이상이라고 느끼고 또 경험해 왔어요. 딸은 정말 행복하고 긍정적이고 사교성도 많은 아이입니다. 움직이거나 말을 할 수는 없지만, 딸은 본인의 에너지와 미소로 전혀 모르는 사람이라도 하루를 밝게 만들어주는 능력이 있어요.

처음으로 딸을 채널링했을 때 딸이 이러더군요. '엄마, 안녕. 사랑해.' 15년을 기다린 끝에 그 말을 들은 거예요! 이제는 우리가 공유하는 사랑을 통해 언제는 딸과 연결될 수 있을 뿐 아니라 딸의 에너지가 저를 통해 흐르는 것도 느낄 수 있어요. 딸은 이제 늘 '엄마, 사랑해'라고 말해요. 내가 딸을 채널링할 때마다 여러 가지 방법으로 나에게 사랑과 감사의 마음을 표현하기도 하고요. 이렇게 딸과 소통할 수 있으니 이보다 더 만족스러울 수가 없어요.

딸을 채널링하면서 내 마음 한편에서 이미 알고 있던 사실이 확신으로 바뀌었어요. 딸이 단순한 육체적 존재 이상이라는 것, 그리고 우리 모두가 그렇다는 사실을요! 저는 딸의 더 높은 진실을 더 깊이 이해하게 되었고, 이러한 관점을 딸과 함께하는 일상에도 더 많이 적용할 수 있게 되었습니다. 딸과의 관계를 통해 더 큰 평화와 기쁨을 느끼고, 낮은 차원의 의식이나 패배적인 사고 패턴에 갇히지 않게 되었고요.

나는 이제 알지 못하는 것에 대한 두려움이나, 왜 우리 삶이 이 모양인지에 대한 의문, 그리고 '평범한' 삶을 누리지 못한다는 데서 오는 질투심 같은 것을 넘어섰어요. 딸과 함께하는 소중한 매 순간을 더 즐기고 우리의 삶을 최대한 충실히 살아갈 에너지도 생겼고요. 딸과 채널링을 하면서 나는 이번 생에서 우리의 더 높은 목적이 무언지도 알게 되었습니다. 우리의 여정을 공유하게 되어 기뻐요. 우리와 비슷한 길을 걷는 다른 이들도 우리처럼 기쁨과 평화, 치유를 발견하고, 자녀와 함께 삶을 더 온전히 경험할 수 있기를 바랍니다."

이 자동 쓰기 과정에 익숙해지면 다른 사람들을 위한 메시지가 당신을 통해 흘러나오는 것을 경험하게 될 수도 있습니다. 이럴 때 "내가 이런 말을 전하면 저 사람이 날 이상하게 생각하진 않을까?"라는 의문이 들 수도 있어요. 예를 들면 저쪽 세상에 있는 누군가로부터 메시지를 받았을 경우가 그렇죠. 그럴 때 상대가 그 메시지를 받을 준비가 되었는지 부드럽게 알아보고 이를 상대에게 전달할 수 있는 몇 가지 방법이 있습니다.

예컨대 이렇게 말해볼 수 있어요. "최근에 일기를 쓰다가 당신을 위한 것 같은 메시지를 받았어요. 한번 들어보시겠어요?" 대부분의 경우 사람들은 "그래요, 들려주세요"라고 대답할 겁니다. 만약 그렇지 않더라도 마음에 담아둘 필요는 없습니다. 상대방은 지금 그 메시지를 들을 준비가 되어 있지 않은 것뿐이에요. 어쩌면 평생 준비되지 않을 수도 있죠. 그러나 대부분 사람들은 희망과 사랑의 메시지를 기꺼이 듣고 싶어 합니다.

다른 사람의 상위 자아로부터 받은 메시지를 전할 때도 부드럽고 친근하게 전달할 수 있는 다양한 방법이 있습니다. 나는 최근 어느 지인의 삶을 기리는 자리에서 추도사를 하던 중 그 사람의 상위 자아로부터 받은 메시지를 읽은 적이 있습니다. 그때 나는 이렇게 말문을 열었어요. "그분이 지금 여기 계시다면 아마 이런 말을 우리에게 전하고 싶어 하지 않을까요?" 이처럼 메시지를 열린 마음으로 선뜻 받아들일 수 있도록 전하는 방법은 여러 가지가 있습니다. 중요한 것은 그것을 어떻게 전달하느냐입니다.

이와 관련해 인상 깊은 일화가 하나 더 기억납니다. 위스콘신에 사는 한 여성과 작업했을 때의 일이에요. 그녀는 매일 자동 쓰기를 실천하고 있었지만, 메시지를 나눌 수 있는 대상은 남편뿐이었어요. 문제는 남편이 자동 쓰기에 대해 잘 모른디는 점이었죠. 그녀는 남편에게 이렇게 이야기를 꺼내곤 했습니다. "이거 좀 이상하게 들릴 수도 있고, 당신이 날 좀 미친 사람처럼 생각할지도 모르겠는데, 아무튼 내가 받은 메시지가 있어. 정말 이상하게 들릴 수도 있지만, 한번 들어볼래요?" 이처럼 조심스럽게 말문을 열면, 남편은 예상대로 썩 내키지 않는다는 듯 대답을 하죠. "음, 꼭 그래야 한다면, 뭐 들어보지."

메시지를 전달할 때 부드럽고 친근하게 말하는 것이 얼마나 중요한지 알려주자, 그녀가 남편에게 말을 달리하기 시작했습니다. "오늘 정말 아름다운 메시지를 받았어. 너무 설레고, 읽기만 해도 기분이 좋아져! 당신에게도 들려줄까?" 그러자 이번엔 남편이 망설임 없이 "그래"라고 대답했답니다. 그 후로는 매일 그녀에게 먼저 다가와 그날 받은 메시지를 들려달라고 요청하기까지 했다고 해요. 결국, 모든 것은 어떻게 전달하느냐에 달려 있습니다!

나에게는 독실한 기독교 신앙을 가진 소중한 가족이 한 사람 있어요. 그녀에게 영적 존재란 오직 예수와 하나님뿐이고, 채널링이나 상위 자아와의 소통 같은 개념은 익숙하지 않았죠. 몇 년 전, 그녀가 사랑하던 반려견이 비극적인 사고로 세상을 떠났어요. 그 소식을 듣자마자 나는 곧바로 일기를 꺼내 그 반려견으로부터 전해지는 메시지를 받아 적었습니다. 그 메시지는 참으로 아름다웠지만, 내게는 조금 낯설고 특이하게 느껴지는 부분도 있었어요. 혹시 내가 지어내고 있는 건 아닌지 다시 의심이 들었고, 이 메시지를 전하면 그녀가 당황하거나 부담스럽게 느끼지 않을까 걱정이 되기도 했죠. 한동안 고민하다가 그래도 이 메시지는 꼭 전하는 게 좋겠다는 확신이 들어 결국 전화를 걸어 말했어요. "하나님께 강아지에 대한 메시지를 들려주실 수 있는지 여쭤봤어요. 그리고 강아지한테서 메시지를 받았는데, 혹시 들어볼래요?" 그러자 그녀가 밝고 기운 찬 목소리로 말하더군요. "네, 그럼요. 꼭 들려줘요!"

메시지를 읽어주자마자 그녀가 눈물을 흘리기 시작했습니다. 메시지를 다 듣고 나서도 여러 번 고맙다고 인사를 했어요. 그러고는 내가 혹시 지어낸 게 아닐까 가장 걱정했던 두 부분을 바로 짚어내며 말하는 거예요. 내게는 너무 뜬금없게 느껴졌던 그 내용 중 하나는, 그녀의 반려견이 그녀를 보호하기 위해 그런 선택을 했다고 전한 부분이었어요. "나는 당신을 보호하기 위해 떠난 거예요"라고 반려견이 말한 부분을 들었을 때 그녀는 온몸에 소름이 돋고 깊은 감동을 느꼈다고 했습니다. 그녀가 그 비극적인 사고와 반려견의 죽음을 떠올릴 때면 "나는 당신을 보호하기 위해 떠난 거예요"라는 말이 자기 마음속에서도 똑같이 떠올랐었다면서요. 그녀는 여러 번 내게 그 메시지가 얼마나 큰 위로를 주었는지 모른다며 진심 어린 감사를 표현했어요.

이 자동 쓰기 과정을 통해 어떤 일이 일어날지, 어떤 메시지가 갑자기 전해질지 우리는 전혀 예상할 수 없습니다. 어떤 사람들은 이 과정이 마치 대천사나 상승한 마스터들과 직통 전화로 바로 연결되는 것 같다고 표현하기도 하지요. 이에 대한 이야기는 뒤에서 더 자세히 다룰 예정이지만, 만약 당신이 천사나 대천사 혹은 상승한 마스터—당신에게 익숙하든 아니든—의 존재감을 느낀다면, 그것은 이 과정을 통해 아주 자연스럽게 일어나는 일이라는 것만 알아두기 바랍니다. 믿으세요. 자신을 믿고, 이 과정을 즐겁게 경험하세요.

이 자동 쓰기 과정은 정말 많은 면에서 삶을 변화시킵니다. 최근 소중한 친구 한 명이 세상을 떠난 일이 있었습니다. 그 소식을 들었을 때 나는 감정이 올라오는 것을 애써 억누르지 않았어요. 그 순간 내가 느낀 슬픔과 비탄 뒤에는 사랑이 있음을 알고 있었기 때문이에요. 우리는 언제든 사랑을 알아차리고 그 안에 머무를 수 있어요. 사랑하는 무언가가 사라졌다는 믿음과 분리감에 빠질 필요는 없습니다. 나는 인간의 형태로는 더 이상 곁에 없는 친구를 떠올리며 그 감정 속에 잠시 머물렀습니다. 처음에 느꼈던 슬픔이 조금 가라앉자, 나는 이 자동 쓰기 과정을 통해 친구의 상위 자아에게 메시지를 요청했어요.

나는 몇 년 전 내 생일 축하 자리에서 우리가 함께 웃고 즐기던 순간들을 떠올리기 시작했습니다. 그가 건강하고 행복한 모습으로 있는 것을 떠올렸어요. 정말로 그의 얼굴에 환한 미소가 보였고, 그의 상위 자아가 내 곁에 함께 있다는 것을 느낄 수 있었죠. 그러자 나는 쓰기 시작했고, 친구의 메시지가 자연스럽게 나를 통해 흘러나왔어요. 그 메시지는 나는 물론이고 그의 아내와 딸들, 그리고 우리 둘 다의 친구들에게 전해지는 것들로, 거의 다섯 페이지에 달하는 내용이었습니다. 메시지가 끝나자 나는 그것을 소리 내어 다시 읽었어요. 그 순간 이후로 나는 그의 죽음에 대해 슬픔이나 비탄을 단 한 번도 느낀 적이 없습니다. 그가 바로 여기 내 곁에 있다는 것을 '알기' 때문이었습니다.

몇 주 뒤 나는 친구의 아내와 딸들에게 그 경험을 나누며, 친구가 전해준 메시지를 읽어줘도 괜찮겠는지 물었어요. 그들은 기꺼이 듣고 싶어 했죠. 비록 감정이 북받치는 시간이었지만, 그들은 그 메시지가 마치 그 사람에게서 직접 나오는 것처럼 느껴졌다면서 이루 다 표현할 수 없는 평화와 위로를 받았다고 했습니다.

나는 이 자동 쓰기 과정을 통해 돌아가신 조부모님, 나의 반려 동물, 그리고 세상을 떠난 수많은 사랑하는 이들과도 다시 연결된 경험이 있습니다. 그뿐 아니라 여러 사람의 상위 자아와 연결하여 메시지를 받았고, 매번 그 메시지는 나에게 확장된 인식과 의식을 가져다주었습니다. 그 덕분에 나는 내가 붙들고 있던 이야기들에서 벗어나 다시금 평화와 기쁨, 조화, 사랑, 이해의 상태로 돌아올 수 있었죠.

자동 쓰기 과정은 당신이 채널링과 메시지 수신을 위한 자신만의 연결을 여는 가장 강력한 도구 중 하나입니다. 이 과정에 진심으로 몰두하고 이 과정을 신뢰하면서 꾸준히 연습하고 일기를 쓰는 사람들은 상위 지혜와의 놀라운 연결을 경험하게 될 것입니다. 앞으로 며칠, 몇 주 동안 이 자동 쓰기 과정을 따라하며, 매일 아침 또는 하루 중 편한 시간이나 본인에게 가장 알맞게 느껴지는 순간에 꼭 일기 쓰기를 해보기를 권합니다.

또한 당신이 받은 메시지를 함께 나누고 그 메시지를 당신에게 다시 읽어줄 수 있는 친구를 찾아보는 것도 권해요. 이것은 당신이 스스로를 신뢰하는 법을 배우는 과정에서 아주 중요한 부분입니다. 무엇보다 이 과정을 즐기기를, 또한 당신의 영혼과 무한한 지성으로부터 메시지를 받기 위해 자신을 열 때 당신 앞에 열릴 끝없는 가능성들을 즐겁게 탐험하기를 바랍니다.

위원회의 메시지 | 열고 허용하는 것에 대하여

이토록 멋지고 찬란한 날에 여러분과 대화를 나눌 수 있어 정말 기쁘고 기쁠 따름입니다. 우리가 하는 말도 물론 중요하지만, 이 시간은 무엇보다 여러분이 자신의 본질로 온전히 들어가도록 허용하는 진동적 경험vibrational experience이라는 점을 상기시키고자 합니다. 이를 통해 여러분은 자신이 왜 이곳에 왔는지, 이 장대한 삶의 여정을 선택하면서 어떤 의도를 품었는지 다시 기억하게 될 거예요.

여러분은 이 인간 경험을 너무나 오랫동안 너무나 진지하게 받아들여 왔어요. 이제는 여러분이 접근할 수 있는 더 높은 의식의 차원에 자신을 활짝 열고 여러분이 갖고 있는 재능과 능력, 그리고 신성한 지식이 온전히 드러나도록 할 때입니다.

낮은 차원의 의식에서 비롯된 여러분의 인간 경험들은, 여러분이 본래 지닌 에너지이자 여러분이 비롯된 그 창조의 에너지와 온전히 하나되는 것을 가로막고 있습니다. 여러분은 아직 자신이 어떤 존재이며 자신에게 가능한 것이 무엇인지 제대로 깨닫는 일을 시작조차 하지 않았어요. 여러분이 가슴 깊이 품고 있는 가장 큰 꿈조차도, 여러분이 더 높은 수준의 의식에서 이미 경험하고 있는 삶에 비하면 그저 표면을 간신히 스친 정도에 불과합니다.

여러분이 진동을 높이고 의식의 수준을 끌어올림으로써 자신의 진정한 본질을 자각하게 될 때, 여러분을 위해 늘 존재해 왔던 모든 가능성이 비로소 열리기 시작할 겁니다. 삶은 더욱 수월해지고 훨씬 더 즐겁고 가벼워질 거예요. 여러분은 새로운 잠재성과 가능성의 수준에서 놀이와 창조를 경험하게 될 겁니다. 그 과정에서 여러분은 놀라운 협력과 공동 창조, 그리고 '영혼 가족' 혹은 '소울메이트'라 부를 수 있는 이들을 자신에게 끌어 당기게 될 것입니다. 그들 역시 이 지구 곳곳에서 여러분과 함께 고양된 의식 수준을 경험하고 있으며, 함께 '새로운 지구'라는 현실을 창조하고 있습니다. 여러분은 지금 새로운 에너지 속으로 이전과는 비교할 수 없을 만큼 많은 것이 가능한 새로운 의식 수준으로 발을 내딛고 있어요.

허용하세요. 허용하고, 또 허용하세요. 사랑하는 친구여, 기억하세요. 이 모든 것은 결국 스스로를 열고 허용하는 일이에요. 세상을 창조하는 근원 에너지가 여러분을 통해 흐를 수 있도록 자신을 활짝 여세요. 잠재성과 가능성에 마음을 열고, 그것이 여러분에게로 오도록 허용하세요.

여러분은 지금 이 순간에도 둘 중 하나를 선택하고 있습니다. 의심하고, 부정하고, 억지로 이해하려 하거나, 애써 일어나게 만들려고 하거나, 부족함과 한계, 두려움, 분리의 에너지로 밀어붙이고 있을 수도 있고, 아니면 여러분에게 늘 열려 있는 최고의 행복을 기꺼이 받아들이고 있을 수도 있어요.

지구에서의 지금 이 시기는 여러분이 자신의 본래 모습으로 온전히 들어설 수 있는 가장 완벽한 때입니다. 지금 이 행성에서의 삶은 여러분이 자신이 누구인지에 대한 깨달음에 이르도록 신성하게 조율되어 온 것입니다. 이는 우주에서 일어나는 가장 위대한 사건이에요. 지금 여러분 안에서 그리고 여러분을 둘러싼 세상에서 일어나고 있는 의식 변형이 바로 그것이며, 그것은 어디서도 찾아볼 수 없는 최고의 경험입니다.

그것을 온전히 받아들이고, 즐기고, 놀이하듯 경험하세요. 그리고 여러분 자신인 모든 것에 마음을 활짝 여세요. 이 육체적 존재로서는 이제껏 한 번도 경험해 보지 못한 더 높은 의식의 수준에 이르도록 스스로를 허용할 때, 여러분의 삶은 상상조차 해보지 못한 방식으로 펼쳐질 겁니다. 여러분은 이미 자신이 되고자 하는 모든 것입니다. 그것은 모두 이미 여러분 안에 있으며, 이는 언제나 그래왔습니다.

채널링의 여러 유형과
감각 활성화하기

채널링은 인간과 천사, 영적 가이드, 자연의 정령nature spirit, 집단 의식 collective, 동물, 반려 동물, 비물질적 존재, 상위 자아, 그리고 우주 사이 에서 이루어지는 자연스럽고 정상적인 의사소통 방식입니다. 채널링 의 내용은 다양한 방식으로 인식되고, 느껴지고, 또 표현됩니다. '채널 링channeling'이라는 용어는 의식, 상위 지혜, 또는 근원 에너지를 물리적 경험으로 번역하는 과정을 의미해요. 이는 비물질적 존재들이 우리의 물리적 세계와 소통하는 한 가지 수단입니다. 모든 사람이 의도적으로 상위 지혜를 받아들여 이를 말이나 글로 전달하는 것은 아니지만, 대부 분의 사람들은 살면서 종종 직감이나 예감, '몰입 상태in the flow'와 같은 형태로 채널링과 유사한 경험을 합니다.

3장에서는 당신이 의식하지 못하는 사이에 당신을 통해 표현되고 있을 수 있는 채널링의 다양한 방식에 대해 이야기할 겁니다. 앞장에서 소개한 자동 쓰기 기법을 연습했다면, 사실 이미 채널링을 시작한 셈입니다. 이제 여러분이 자주 접하지 못하는 채널링의 형태들도 탐구하고, 동시에 일반적으로 잘 알려진 채널링 방식들에 대해서도 살펴볼 거예요. 여기서 기억해야 할 중요한 것은, 당신이 채널링이나 채널링된 정보에 끌린다면 당신은 채널이며, 당신이 탐구할 수 있도록 채널링의 다양한 표현 방식들이 당신에게 열려 있다는 사실입니다.

모든 형태의 채널링은 근원 에너지와 무한한 지성으로 이루어진 하나의 의식이 물질적으로 표현된 것입니다. 채널링이라고 하면 흔히 특정 존재가 한 사람의 마음을 통해 말을 전하는 특별한 현상만을 떠올리기 쉽습니다. 실제로 그런 방식의 채널링도 있지만, 그것이 유일한 형태도 아니고 가장 흔한 방식도 아니에요. 이 책에서는 더 확장된 채널링 경험들을 다루게 될 겁니다.

당신이 상위 자아, 영혼, 천사, 대천사, 영적 가이드, 사랑하는 반려동물, 집단 의식, 혹은 당신만의 위원회와 연결될 때, 그들 모두는 결국 근원 에너지로 이루어진 하나의 의식, 즉 하나임 의식oneness consciousness의 표현입니다. 그들은 결코 바깥 어딘가에 있는 외부의 낯선 존재가 아니라, '하나임 의식'으로 알려진 또는 '위원회'가 '만유All That Is'(존재하는 모든 것)라고 부르는 '의식의 장場'에서 오는 겁니다.

많은 책과 영화, 시, 노래, 디자인, 기술 혁신과 발명품 등이 더 높은 의식으로부터 채널링되어 이 지상 세계에 물질적 형태로 구현되었습니다. 이런 경우 중 상당수는 당사자들이 자신이 채널링을 하고 있었다는 사실조차 몰랐거나, 채널링에 대해 전혀 알지 못했을 가능성이 큽니다. 이들은 그것을 특정 존재가 자신들의 마음을 통해 전달한 것이라고 여기기보다는, 무언가 더 깊은 곳에서 끌어온 것 혹은 영감을 받은 것으로 설명했을 겁니다.

그 반면 특정 목소리를 듣고 채널링하는 경우도 있습니다. 대표적인 예로, 많이 알려져 있는 《기적 수업_A Course in Miracles》이라는 책을 채널링으로 받아 적은 헬렌 슈크만_Helen Schucman이 있죠. 그녀는 이 책이 예수로부터 단어 하나하나를 모두 받아 적은 것이라고 설명했습니다. 임상 심리학자였던 헬렌은 "이것은 기적 수업이다. 받아 적어라"라는 목소리를 들었다고 해요. 그렇게 그녀의 채널링 경험이 시작되었고, 《기적 수업》이 세상에 나오게 된 것이죠.

모든 사람은 저마다 독특하고 개별적인 방식으로 상위 지혜와 연결됩니다. 반드시 따라야 할 규칙도 없고, 모두에게 똑같이 적용되는 획일적인 방법도 없습니다. 어떤 사람은 자신이 채널링하고 있다는 사실을 자각하지만, 많은 사람들의 경우엔 그렇지 않지요. 어떤 이들은 사동 쓰기를 손쉽고 자연스럽게 느끼는 반면, 어떤 이들은 그보다는 음성 채널링이나 애니멀 커뮤니케이션 쪽에 더 끌리기도 합니다. 또 어떤 사람들은 자기가 채널링할 수 있다는 사실을 전혀 모른 채로, 갑작스레 상위 지혜나 저쪽 세상에 있는 사랑하는 이로부터 메시지를 받는 경험을 하기도 합니다.

우리는 인간의 한계를 넘어서는 듯한 놀라운 퍼포먼스를 종종 목격합니다. 예를 들어 위기 상황에서 믿을 수 없는 힘을 발휘하는 구조 대원이나, 아이를 구하기 위해 차를 들어 올리는 어머니의 이야기가 그런 경우예요. 하지만 그 외에도 사람들이 더 높은 존재 상태로 연결되는 사례는 너무 흔해서 쉽게 지나치는 경우가 많습니다.

운동 선수, 음악가, 예술가, 연설가 들이 흔히 말하는 '몰입 상태'란 사실상 채널링을 가리키는 표현이에요. 이런 형태의 채널링은 근원 에너지가 한 사람을 통해 흐르며 탁월한 신체적 수행이나 아름다운 창조물 같은 물질적 형태로 표현되는 사례입니다. 채널링을 통한 연결은 글쓰기, 그림, 춤, 그 외 예술적 표현들에서 쉽게 드러나지만, 실은 삶의 모든 영역에서 일어나요. 이런 창의성은 마치 다른 곳에서 오는 것 같다고 해서 종종 '영감inspiration'이라 불립니다.

채널링의 핵심은 제한된 인간 자아를 넘어 더 큰 무언가에 자신을 열 수 있는 능력에 있습니다. 채널링은 우리가 지금 순간에 온전히 존재할 때 수많은 방식으로 일어나며, 연습을 통해 점차 빈도가 잦아지면서 우리 삶의 한 방식이 될 수 있어요. 정말이지 채널링은 지극히 자연스러운 일입니다.

이제부터 당신이 익숙할 수도 있고 혹은 처음 접하는 것일 수도 있는 여러 가지 유형의 채널링을 살펴볼 겁니다. 대표적인 예로는 자동 쓰기, 음성 채널링verbal channeling, 의식적 음성 채널링conscious verbal channeling, 트랜스 채널링trance channeling, 영매 채널링mediumship, 빛의 언어light language, 애니멀 커뮤니케이션animal communication, 자연령 채널링nature spirit channeling, 치유healing, 타로 혹은 카드 리딩tarot or card reading, 그리고 사이킥 채널링psychic channeling 등이 있습니다.

채널링의 유형들

자동 쓰기

자동 쓰기automatic writing란 사람이 의식적으로 글을 쓰지 않는 데도 불구하고 글을 쓸 수 있는 능력, 혹은 예상되는 결과나 주제에 주의를 기울이지 않은 듯한 상태에서 의도치 않게 글을 쓰게 되는 것을 말합니다. 이것은 의식적 사고를 거치지 않고 이루어지는 글쓰기의 과정 혹은 산물입니다. 자동 쓰기는 어떤 단어를 종이에 적을지 의식적으로 결정하지 않은 채 글을 써 내려가는 것입니다. 쉽게 말하자면, 글자들이 어딘가에서 손을 통해 종이 위로 흘러나오는 것처럼 보입니다.

자동 쓰기는 일기 쓰기와 비슷하게 느껴질 수도 있고, 노래나 시, 시나리오, 책 등을 쓰는 과정에서 나타날 수도 있어요. 훌륭한 책과 시나리오는 거의 모두 저자의 의식적 또는 무의식적 마음 너머에서 오는 것 같은, 자동 쓰기 요소가 포함되어 있다고 여겨집니다. 이 책에서 말하는 자동 쓰기는, 상위 지혜와 영, 상위 자아, 영적 가이드, 천사, 세상을 떠난 사랑하는 이들 또는 우주로부터 오는 안내와 조언에 접근하는 하나의 과정으로 정의됩니다.

음성 채널링

음성 채널링verbal channeling이란 자신이 받고 있는 채널링 메시지나 지혜를 목소리로 직접 전달하는 것을 말합니다. 이는 마치 통역사가 언어를 번역해서 들려주는 것과 매우 유사한 경험으로 볼 수 있어요. 음성 채널링을 할 때는 상위 지혜나 천사 존재들, 영, 비물질적 존재들로부터 전해지는 비언어적인 소통, 에너지, 진동, 의식을 감지하거나 느낀 후 그것을 인간의 언어로 번역하여 전달합니다.

음성 채널링을 하는 사람들은 흔히 눈을 감고 하는 경우가 많지만, 모든 음성 채널러들이 눈을 감고 하는 것은 아닙니다. 또한 음성 채널링 중 전달된 내용이나 정보를 이후에 채널러가 기억하는 것이 일반적입니다. 이는 채널링 중 무의식 상태가 되어 아무것도 기억하지 못하는 트랜스 채널링과 다른 점이에요.

트랜스 채널링

트랜스 채널링trance channeling은 영, 천사, 상위 자아, 집단 의식, 또는 비물질적 존재들이 인간 세계와 소통하기 위해 한 사람의 몸을 매개체로 사용하는 방식입니다. 트랜스 채널러는 자신의 의식이 완전히 옆으로 물러서거나 아예 몸에서 떠나고 다른 의식이 자신을 통해 말하는 느낌이라고 그 과정을 종종 묘사합니다. 의식을 갖고 말하는 음성 채널링과의 가장 큰 차이점은, 트랜스 채널러는 채널링 중 전하는 내용을 전혀 인지하거나 기억하지 못한다는 점이에요.

영매 채널링

영매 채널링mediumship은 어떤 사람이 자신을 위해서든 다른 사람을 위해서든 특별히 저쪽 세상에 있는 사랑하는 이나 특정 인물과 소통하는 채널링을 말합니다. 영매는 상위 지혜나 천사와 소통하기도 하지만, 물리적 세계를 떠나 영의 상태로 있는 특정 인물과 직접 소통할 수 있는 독특한 재능을 지닙니다. 세상을 떠난 가족으로부터 메시지를 받는다든지, 고인이 된 남편의 메시지를 받고자 하는 아내를 위해 중재자 역할을 하는 것이 영매 채널링의 대표적인 예이죠. 이에 대한 더 깊은 내용은 17장에서 다룹니다.

빛의 언어

빛의 언어light language는 영혼 차원에서 인지되고 이해되는 우주적 언어로서, 지구상의 어떤 언어와도 달라요. 이 언어는 소리와 에너지를 동반하면서 메시지를 전달합니다. 빛의 언어를 말이나 노래로 표현하는 것은, 자신이 채널링으로 받고 있는 진동과 일치하는 주파수를 만들어내기 위해 목소리를 사용하는 것입니다. 진동에 맞춰 손을 움직이며 자신이 받고 있는 에너지를 해석하는 것도 흔히 볼 수 있어요. 방언을 말하거나 주문을 읊는 것 역시 빛의 언어의 한 형태로 볼 수 있습니다. 이는 인간의 마음이 갖고 있는 한계를 넘어서는 소통 방식이에요. 빛의 언어에 대해서는 15장에서 더 깊이 다룹니다.

애니멀 커뮤니케이션

애니멀 커뮤니케이션animal communication은 살아있거나 세상을 떠난 반려 동물, 새, 돌고래, 고래 등 다양한 종의 동물들로부터 메시지를 전달받거나 해석하는 것을 말합니다. 인간과 동물 간의 소통은 동물의 바람이나 관점, 감정을 이해하는 데 도움을 줄 수 있으며, 이를 통해 동물의 상황이나 행동에 긍정적인 변화가 일어나기도 합니다. 일반적으로 애니멀 커뮤니케이터는 동물이 전하는 메시지를 듣고 이를 반려인에게 전달합니다. 또한 세상을 떠난 반려 동물로부터 받은 메시지를 전달해 슬픔에 잠긴 반려인을 위로하기도 하고요.

애니멀 커뮤니케이터는 또한 돌고래나 고래와 같은 특정 종에 속한 동물들의 집단 의식과 소통하거나 메시지를 받을 수도 있어요. 동물들은 느낌이나 시각 이미지를 통해 소통하고 표현하는데, 애니멀 커뮤니케이터는 이러한 감각적 신호를 받아 해석합니다. 애니멀 커뮤니케이터 역시 말 대신 느낌이나 시각 이미지를 통해 동물에게 메시지를 전달하기도 합니다. 애니멀 커뮤니케이션에 대한 더 자세한 내용은 16장에서 다룹니다.

자연령 채널링

자연령 채널링nature spirit channeling은 나무, 꽃, 식물, 산, 대지, 바다 등 자연의 다양한 요소로부터 메시지를 받는 것을 말합니다. 또한 자연계에 속한 엘리멘탈elemental(흙, 물, 불, 공기의 4대 원소의 정령―옮긴이)이나 요정 같은 존재들과의 소통도 포함됩니다. 엘리멘탈은 노움gnome(흙의 정령), 운딘undine(물의 정령), 실프sylph(공기의 정령), 살라맨더salamander(불의 정령) 등으로 묘사되거나 경험될 수 있습니다. 자연령 채널링은 땅, 물, 공기, 불과 같은 자연의 원소 에너지와 연결되어 이루어지기도 합니다.

치유

치유healing에는 다양한 방식과 접근법이 있으며, 그중 채널링 치유는 치유자가 에너지, 진동, 상위 지혜를 채널링해 인간의 육체적·정신적·감정적·영적인 몸에 전달하는 과정을 의미합니다.

레이키Reiki, 치유 손길therapeutic touch, 원격 치유remote healing, 양자 치유quantum healing 등 다양한 치유 방식이 이에 해당합니다. 치유는 치유자와 치유를 받는 사람이 한 공간에 있으면서 이루어질 수도 있지만, 원격으로 또는 양자장을 통해 이루어질 수도 있어요. 이는 사람뿐만 아니라 동물, 자연, 땅, 물, 지구 자체를 대상으로 한 치유도 포함합니다.

타로 및 카드 리딩

타로 리딩이나 카드 리딩은 타로 카드, 일반 카드, 오라클 카드를 사용해 상위 지혜나 영과 접속하는 방식입니다. 주로 특정한 질문에 대한 답을 얻거나, 어떤 주제와 관련된 직접적인 안내를 받기 위해 타로 카드나 오라클 카드를 사용하지요. 타로 리더는 자신에게 필요한 메시지를 카드로 채널링하거나, 타인을 위한 메시지를 영이나 천사로부터 카드 리딩을 통해 전달받을 수 있습니다.

사이킥 채널링

사이킥 채널링psychic channeling은 한 개인의 과거와 현재, 미래에 대한 통찰을 얻는 방식입니다. 일반적으로 사이킥(영적 직관을 지닌 사람—옮긴이)은 타인의 에너지장과 패턴을 읽으며, 상위 영역보다는 물질 세계의 정보에 접속하는 경우가 많습니다. 사이킥 채널은 타로나 오라클 카드를 사용할 수도 있고 그렇지 않을 수도 있어요. 손금, 수정, 원석, 그리고 영화에서 흔히 볼 수 있는 수정 구슬 등의 도구를 이용하는 것이 일반적입니다. 사이킥은 사람의 미래를 예측하기도 하고, 현재의 에너지와 흐름을 바탕으로 어떤 사건이 일어날 가능성과 잠재성을 감지하기도 해요.

모든 채널링 감각을 활성화하기

채널링을 경험하는 방식은 매우 다양합니다. 당신은 오감을 모두 사용해 채널링 연결을 활성화하고 더 깊은 경험에도 들어갈 수 있습니다. 많은 사람들이 들리는 소리나 보이는 이미지로 채널링을 경험하는 경우가 많지만, 후각이나 촉각, 미각 역시 채널링 경험을 시작하거나 향상시키는 강력한 감각이 될 수 있어요.

영은 당신의 오감 중 하나를 통해 메시지를 전달하거나 당신의 인식을 확장시킬 수 있습니다. 실제로 영은 우리의 감각을 매개로 우리와 소통하거나 자신의 존재를 알리는 경우가 많습니다. 이 사실을 깨달으면, 당신은 오감을 통해 의도적으로 영을 인식하며 영과 소통할 수 있게 될 겁니다.

나는 채널링 수업을 진행하던 중 이와 관련한 정말 즐거운 경험을 하나 한 적이 있어요. 나는 참가자들의 감각을 깊이 열기 위해 시각화 명상을 안내하고 있었는데, 마침 그날 아침 한 친구로부터 신선한 장미 꽃다발을 선물받고 그것을 내 사무실에 두었었죠.

우리가 후각에 집중하는 연습을 시작하는 순간, 나는 즉시 장미에서 풍기는 아름다운 향기를 맡을 수 있었어요. 그러자 갑자기 방 안에서 아름다운 에너지의 존재가 느껴졌습니다. 나는 눈을 감고 있었는데 감은 눈으로 분홍색의 빛이 보였습니다. 그 에너지의 존재를 인지하자마자 나는 그것이 대천사 아리엘Ariel임을 알 수 있었어요. 대천사 아리엘에 대해 들어본 적은 있었지만, 그에 대해 아는 것은 거의 없는 상태였습니다.

나는 아리엘에 대해 잘 알지 못했지만, 직관적인 '앎'을 통해 그녀라는 것을 확신했어요. 그녀에 대해 아는 것이 거의 없어 나중에 인터넷으로 대천사 아리엘에 대해 검색해 보았죠. 놀랍게도 가장 먼저 찾은 글에, 한 여성이 아리엘 대천사를 채널링할 때마다 메시지를 받기 직전에 장미 향을 맡고 분홍빛을 본다는 내용이 적혀 있었습니다. 이렇게 채널을 열고 천사, 영적 가이드, 상승한 마스터들과 연결되기 시작하면 이런 일은 아주 흔하게 일어닙니다.

비슷한 경험을 한 적이 또 있습니다. 역시 그룹 명상 중이었는데, 이번에는 집 안에 장미가 전혀 없었음에도 불구하고 강한 장미 향이 코끝에 스쳤어요. 마치 장미가 바로 옆에 있는 것처럼 향이 또렷했죠. 그런데 그 향기는 평소 내가 알고 있던 장미 향과는 조금 달랐어요. 다음 날 한 친구가 내게 농장에서 갓 따온 아름다운 장미 꽃다발을 보내주었습니다. 그런데 그 장미에서 전날 명상 중 맡았던 것과 똑같은 독특한 향이 났어요.

우리는 몸과 이 몸의 감각을 훨씬 뛰어넘어 있는 존재입니다. 우리에게 무한히 열려 있는 시간을 초월한 의식의 장場을 깨닫게 되면, 마법 같고 기적 같은 일들이 삶 속에서 나타나기 시작할 거예요. 이렇게 감각을 활용하는 것은 영을 채널링하거나 원하는 현실을 창조하는 매우 강력한 도구가 될 수 있습니다.

또 다른 경험으로, 어느 날 내가 부엌에 들어서는데 갑자기 담배 냄새가 났어요. 나는 담배를 피우지 않았고, 그날 하루 종일 누가 집에 온 일도 없었죠. 평소라면 담배 냄새가 불쾌했겠지만, 그때는 이상하게도 전혀 불쾌하지 않았어요. 그런데 그 냄새는 며칠 동안 계속해서 났습니다. 결국 나는 "혹시 나와 연결되고 싶어 하는 누군가가 있나요?"라고 물어보았죠. 그러자 즉시 남성적인 강렬한 사랑의 기운이 느껴졌어요.

단 한 번도 만난 적이 없었지만, 나는 그것이 내 파트너의 돌아가신 아버지라는 것을 알 수 있었습니다. 그때는 파트너와 관계를 시작한 지 얼마 안 된 때였고, 그는 아버지에 대해 나에게 거의 말을 한 적이 없었죠. 그럼에도 불구하고 나는 확신할 수 있었어요.

나는 그의 아버지에게 나에게 전하고 싶은 메시지가 있느냐고 물어보았습니다. 그러고는 책상에 앉아 노트를 펼쳤죠. 그러자 믿을 수 없을 만큼 깊은 사랑의 기운이 온몸으로 느껴지더군요. 나는 자동 쓰기를 통해 그의 메시지를 받아 적기 시작했습니다. 그것은 자신의 아들, 즉 내 파트너에 대한 사랑의 메시지였어요. 글을 쓰는 내내 내 눈앞에는 리틀 리그 야구복을 입고 환하게 웃고 있는 어린 시절의 내 파트너 모습이 떠올랐어요.

그날 저녁 내가 파트너에게 물었죠. "당신 아버지, 살아계실 때 혹시 담배 피우셨어요?" 그는 "아, 맞아. 담배 많이 피우셨지"라고 대답하더군요. 나는 그에게, 내가 며칠째 담배 냄새를 맡고 있었다는 말과 함께, 혹시 흡연을 하셨던 분 중에 나에게 메시지를 전하고 싶은 영혼이 있는지 물어보았었다는 이야기를 해주었습니다. 그리고 그의 아버지가 나에게 찾아왔다는 말과, 아버지가 전해준 메시지를 그와 나누었어요. 그의 아버지가 전해준 말을 들려주자 파트너의 눈에 눈물이 맺혔어요. 우리는 그 후 아버지와 그의 삶에 대한 따뜻한 대화를 나누었고, 그러는 내내 그의 아버지가 곁에 존재한다는 느낌을 깊이 느낄 수 있었습니다.

아이러니하게도, 내 파트너 역시 최근에 담배 연기 냄새를 맡고 있었다고 하더군요. 이것은 우리 둘 다에게 정말 놀라운 경험이었어요. 그리고 몇 달 뒤 우리는 그의 어린 시절 사진 앨범을 보았는데, 내가 보았던 파트너의 어린 시절 모습과 정확히 일치하는 사진이 거기 있었어요. 리틀 리그 야구복을 입고 좋아하는 고양이를 안은 그의 눈에는 순수한 기쁨이 가득하고 얼굴은 환하게 미소 짓고 있었죠.

또한 미각을 활용해 영과의 채널을 여는 데 도움을 받을 수도 있습니다. 예를 들어 세상을 떠난 할머니가 만들어주시던 바나나 빵의 맛과 향을 아주 선명하게 기억하고 있다고 해봅시다. 부엌으로 들어섰을 때 퍼지던 바나나 빵의 구수한 냄새를 떠올리는 것만으로도 할머니와의 연결을 열 수 있는 강력한 매개가 됩니다. 영적 메시지를 받고 싶을 때, 이러한 후각의 기억을 떠올리면 그 영과 자연스럽게 연결될 수 있습니다.

눈을 감고 숨을 몇 차례 깊이 들이쉽니다. 그리고 머리에서 가슴으로 의식을 천천히 옮깁니다. 이제 당신이 할머니의 부엌에 와 있다고 상상해 보세요. 좋아하는 드레스와 앞치마를 입고 계신 할머니의 모습을 떠올려봅니다. 마음속에 떠오르는 할머니의 드레스와 앞치마, 머리카락의 색깔을 자세히 살펴보세요. 그 부엌은 어떤 모습인가요? 기억나는 어떤 소리가 있나요?

이제 바나나 빵의 달콤한 냄새를 떠올려봅니다. '아, 정말 군침 도는 맛있는 냄새다.' 마치 사랑하는 할머니와 함께 다시 그 부엌에 있는 것처럼 느껴질 때까지 계속 그 기억에 집중합니다. 할머니가 사용하던 향수나 입술에 바르던 립스틱의 색깔이 기억나는지 떠올려보세요. 하나하나 세밀한 부분까지 떠올리며, 할머니가 바로 지금 당신과 함께 부엌에 계신 듯 생생히 느껴보세요.

할머니가 바로 당신 곁에 있다고 느껴지기 시작하면 이렇게 물어봅니다. "할머니, 저에게 해주고 싶은 말씀이 있으세요?" 의식은 가슴 주변에 두고, 마음은 편안히 내려놓습니다. 그러면서 할머니의 의식이 당신의 '의식의 장' 안으로 들어오기 시작할 때 가만히 할머니의 에너지와 존재감을 느껴봅니다. 지금 이 글을 쓰고 있는 순간에도 나는 내 할머니가 함께 계신 것을 느낄 수 있습니다. 지금 할머니가 내게 전하는 메시지는 이렇습니다. "아, 인생은 참 좋은 것이다. 마음껏 즐기며 살아라. 재밌게 살아야지, 얘야."

언제든지 자신의 오감을 활용해 누구와도 연결할 수 있습니다. 연결하거나 소통하고 싶은 사람을 마음속에 떠올려보세요. 눈을 감고 깊이 숨을 들이쉰 다음, 머리에서 가슴으로 의식을 옮깁니다. 그 사람과 함께한 소중한 사진이나 행복했던 순간을 떠올려봅니다. 시각과 후각, 청각, 미각, 촉각 등 오감을 모두 동원해 가능한 한 생생하게 그 기억을 떠올리세요. 그 사람과 함께 있던 경험으로 다시 돌아간 듯한 느낌이 들 때까지 계속해서 그 사람에게 집중해 보세요. 마치 그가 지금 이 순간 당신 곁에 함께 있는 것처럼 느껴봅니다. 그 사람이 느껴지기 시작하면 메시지를 달라고 요청한다거나, 혹은 당신의 뺨을 쓰다듬어 달라거나, 안아달라고, 머리칼을 부드럽게 만져달라고 부탁해 보세요. 내 경험으로 볼 때 그들은 우리의 감각을 통해 자신을 드러내고 싶어 하는 경우가 많습니다.

이것들은 당신이 상위 지혜와 채널링으로 연결되었을 때 경험할 수 있는 마법 같고 기적적인 경험 중 단지 몇 가지에 불과해요. 당신의 오감은 모든 이의 영원한 그리고 늘 존재하는 의식에 연결하도록 도와주는 강력한 도구입니다. 사랑하는 사람과의 경험에 집중하고 감정적으로 몰입하는 능력은 빠르게 그들과 다시 연결하고 소통하도록, 그리고 저쪽 세상에 있는 누군가와 아름답고 사랑스러운 관계를 계속 이어갈 수 있도록 도와줄 것입니다.

4

✦

채널링을 통해
맺는 관계

채널링하는 삶을 사는 것, 그것이 바로 당신이 이곳에 온 이유입니다. 당신은 이 세상에서 사랑과 빛의 채널이 되기 위해 이곳에 왔습니다. 당신은 근원 에너지의 확장입니다. 채널링은 인간 경험을 하고 있는 당신을 돕고 안내하기 위해 존재하는 당신의 영혼 및 상위 지혜와 내적으로 연결되는 것이에요. 자신의 채널을 완전히 열고 그것이 삶을 변화시키는 힘을 받아들이는 순간, 당신의 삶은 모든 면에서 변하기 시작합니다. 더 쉬워지고, 더 충만하고 확장된 삶으로 나아가게 되는 겁니다.

채널링을 통해 자신의 영혼과 관계를 맺게 되면, 그 관계는 종종 인생에서 가장 중요한 관계가 됩니다. 그 관계는 마치 낮이든 밤이든 항상 곁에 있어주는 가장 친한 친구와도 같습니다. 이 관계는 평생 매 순간을 함께할 유일한 관계예요. 영혼은 조건 없이 당신을 사랑하고, 모든 것의 가장 높은 진실을 알고 있으며, 당신이 진정으로 누구이며 무엇을 해낼 수 있는지 알고 있습니다. 무엇보다 당신을 믿고, 결코 당신에게 상처를 주지 않으며, 당신을 떠나거나 판단하지도 않지요.

채널링을 통해 영혼과 맺는 관계는 당신이 맺게 될 모든 관계 중에서도 가장 중요한 관계입니다. 만약 당신이 이 관계를 그렇게 중요하게 여기고 대한다면, 당신은 상상할 수 있는 것 이상으로 친밀하고 사랑스럽고 솔직하며 깊이 소통하는 채널링의 관계를 맺게 될 거예요. 이 관계는 당신의 가장 친한 친구이고, 당신 인생의 사랑이며, 당신의 소울메이트입니다.

이 관계를 위해 시간을 내고, 헌신하고, 정성을 다해보세요. 이 관계는 당신 삶의 다른 관계들과 마찬가지로 시간을 함께 보내고, 믿고, 즐기고, 사랑할 때 더 깊어지고 확장됩니다. 반대로 다른 인간 관계에서처럼 끊임없이 의심하고, 바쁘다는 이유로 소홀히 하고, 하는 말을 믿지 않으며, 그지 빈박민 해댄다면 좋은 관계를 기대할 수 없어요. 좋은 관계는 소통과 신뢰, 사랑, 헌신, 그리고 함께하는 시간을 통해 이루어집니다.

소울메이트나 인생의 사랑 또는 가장 친한 친구에게 하듯이, 자신의 영혼과, 그리고 당신과 늘 함께하는 무한한 지성과 연결하고 관계를 가꾸어가 보세요. 그 결과 당신은 자신이 결코 혼자가 아니며, 그들이 늘 당신과 함께 있다는 것을 알게 될 것입니다. 그들은 더 높은 차원의 의식 안에 존재하는 당신의 일부로, 언제나 더 넓은 시야로 지금 일어나고 있는 일을 바라보면서, 당신을 변함없이 사랑하고, 축복하고, 받아들이며, 당신에게 가장 좋은 것이 무엇인지 잘 알고 있습니다. 그런 존재와 관계 맺지 않을 이유가 있을까요? 다른 모든 관계와 마찬가지로, 당신이 정성을 다하고, 헌신하고, 함께 시간을 보내고, 믿음을 준다면, 당신은 자신의 영혼과 매우 넓고 아름다운 관계를 맺게 될 겁니다.

한번 상상해 보세요. 만약 누군가와 관계를 맺고 있는데, 그 사람이 당신 곁에 있어주지도 않고, 나타나지도 않으며, 당신을 중요하게 생각하지도 않는다면, 그리고 당신 역시 그를 신뢰하지 않는다면 어떨까요? 그런 관계는 만족스러울 리도 없고, 대부분의 사람들이 원하는 관계도 아닐 겁니다. 우리는 무의식적으로 자신의 영혼과 근원에 대해서도 이런 생각과 느낌을 가지고 있죠. 영혼과 연결되는 방법을 알지 못하기 때문에, 상위 지혜와 만족스러운 관계를 맺지 못하는 것입니다.

문제가 생기거나 힘든 일이 있을 때만 당신에게 연락을 해오거나 당신과 함께 시간을 보내려 하는 사람이 있나요? 무언가 잘못되었을 때만 전화를 걸어와 불평을 늘어놓거나, 어떤 소란스러운 일에서 구해달라고 하는 친구는요? 더 심하게는, 일이 잘못되면 당신 탓을 하고, 당신이 그때 그 자리에 없어서 그런 일이 생겼다고 원망하는 사람은요? 사실 우리 역시 자신도 모르는 사이에 영혼이나 근원, 상위 지혜를 이런 식으로 대하는 경우가 많습니다. 무언가 문제가 생겼을 때나 위기에 처했을 때만 기도하면서 도움을 구하는 식으로 말이에요.

문제가 생겼을 때나 화가 났을 때, 돈이 필요할 때만 상위 지혜와 연결되려고 하지 마세요. 이 관계는 당신이 원하는 어떤 모습으로도 될 수 있습니다. 그리고 모든 인간 관계는 당신이 영혼 및 근원과 맺고 있는 관계를 그대로 반영하는 거울이 될 거예요. 만약 당신이 인생의 사랑을 찾고 있다면, 실제로 당신은 자신의 영혼과의 관계를 찾고 있는 겁니다. 자신 안에서 그 관계를 정성껏 잘 가꾸어나갈 때, 당신의 영혼 및 근원과 함께 만들어낸 사랑 가득하고 무조건적이며 풍요롭고 충만한 관계가 당신의 다른 모든 관계들에 반영되기 시작할 거예요.

이것은 삶의 방식입니다. 그 관계를 위해 시간을 내고, 헌신하고, 매일 정성을 다해보세요. 소울메이트나 가장 친한 친구와의 관계를 대하듯 그 관계를 대해보는 겁니다. 영혼과의 관계는 끊임없이 성장하고 확장해 나아가는 깊고 친밀한 관계입니다.

당신은 일상 속에서 자신의 영혼 및 근원과의 관계를 뒷받침하는 에너지와 증거를 알아채기 시작할 겁니다. 오감을 잘 활용하면 이러한 인식이 더 명확해질 수 있습니다. 예를 들어 장미꽃의 아름다운 향기를 맡고 있을 때를 떠올려보세요. 그 순간 당신의 영혼, 상위 자아 또는 근원을 초대해 그 향기를 함께 맡아본다거나 '당신을 통해서' 그 향기를 맡게 해보는 겁니다. 이런 연습을 통해 당신은 그 연결이 늘 있어왔고 또한 언제든 불러올 수 있다는 사실을 깨닫게 될 거예요.

채널링을 시작하던 초기, 한 여성과 개인 세션을 진행하던 때였습니다. 그녀는 자신의 영혼과 또 천사들과 연결되기를 원했는데, 그때 위원회는 그녀에게 아침에 머리를 빗을 때 영혼과 천사들을 초대해 함께 자신의 머리를 빗는 경험을 해보라고 말했어요. 나는 그 말에 흥미를 느꼈고, 나도 한번 그렇게 해보기로 했죠. 어느 날 아침 머리를 빗으면서 내 영혼과 천사들을 초대해 함께 머리를 빗어보자고 속으로 생각했어요. 그 순간 머리 위에서부터 양손으로, 그리고 온몸으로 에너지가 흘러들어 왔습니다. 마치 백만 명의 천사들이 내 머리카락을 한 올 한 올 부드럽게 빗겨주는 듯한 느낌이었죠. 순수한 기쁨과 황홀함 속에 잠기는, 참으로 마법 같은 순간이었습니다.

그것은 시작에 불과합니다. 음식의 맛은 더 깊어지고, 꽃은 더 아름답게 보이며, 자연은 더 생생하게 느껴지지요. 공기는 더 맑게 느껴지고, 동물들은 더 신성한 존재로 다가와요. 모든 존재에 대한 깊은 사랑이 마음속에서 샘솟고요. 이런 연결 속으로 들어오면 정말 많은 것들이 열리기 시작합니다. 당신 역시 의식적으로 또 의도적으로 자신의 영혼, 상위 자아, 천사들, 그리고 근원과의 이 같은 관계에 집중함으로써 그것들에 연결될 수 있습니다. 그러면 지금껏 한 번도 경험해 보지 못한 수준의 일들이 당신 앞에 펼쳐질 거예요.

내 학생으로 채널링 과정을 수료한 직후 채널링 서밋Channeling Summit에 연사로 초청을 받은 샌디에이고 출신의 한 여성이 있습니다. 그녀는 이런 초대를 받게 된 것을 몹시 영광스럽게 생각했죠. 자신이 다른 베테랑 채널러들과 함께 온라인 무대에 서게 된다는 거니까요. 이것은 그녀가 처음으로 그룹을 대상으로 채널링을 하는 자리였고, 더불어 청중 앞에서 라이브 채널링을 선보이는 첫 자리이기도 했어요. 하지만 그녀는 이 기회를 무위로 흘려보내고 싶지 않았습니다.

그녀는 이 온라인 라이브 세션이야말로 자신이 '영적 벽장spiritual closet'에서 완전히 벗어날 수 있는 절호의 기회라고 생각했어요. 가족들에게 채널링을 소개할 수 있는 좋은 방법을 고민하던 차이기도 했고요.

그러나 서밋 당일 그녀는 채널링에 대해 잘 모르는 가족과 친구들만이 아니라 수년간 채널링을 해온 다른 채널러들 또한 지켜보고 있을 거란 사실을 깨달으면서 두려움을 느끼기 시작했습니다. 가장 큰 두려움은 자신의 영적 가이드들이 다양한 청중 모두에게 도움될 만한 적절한 메시지를 주지 못할 수도 있다는 것이었어요.

그녀는 경험 많은 채널러가 아직 세상에 공개되지 않은 새로운 정보를 얻기 위해 던지는 질문에 여든다섯 살 먹은 자신의 아버지가 얼마나 혼란스러워할지 떠올리지 않을 수 없었습니다. 자신이 소개되는 순간 두려움은 그녀를 압도하기 시작했고, 과연 영적 가이드들을 불러낼 만큼 마음이 충분히 이완될 수 있을지 걱정이 밀려들었죠. 하지만 그녀는 자신의 이야기를 마친 뒤, 이제는 영적 가이드들을 초대해 채널링 메시지를 전하고 청중의 질문을 받아야 할 때임을 깨달았어요.

그녀는 천천히 세 번 깊게 숨을 들이쉬었고, 그러자 약속한 대로 영적 가이드들이 그 자리에 함께하는 것이 느껴졌습니다. 청중의 질문과 영적 가이드들의 대답이 들려왔지만, 정작 자신은 그 대화의 어느 것도 명확히 의식하지 못한다는 걸 알았어요. 그 순간 그녀는 완전한 믿음에 자신을 내맡겼고, 이후로는 채널링하는 내내 깊은 평온함이 그녀를 감쌌습니다. 그리고 40분이 넘는 시간 동안 채널링을 이어갔어요. 영적 가이드들이 무슨 말을 했는지는 거의 기억나지 않았지만, 편안하고 좋은 느낌이 들었다는 것만은 확실히 알았죠.

채널링이 끝나자마자 그녀의 핸드폰이 울리기 시작했습니다. 채널링에 익숙하지 않은 사람들뿐만 아니라 다년간 채널링을 해온 이들까지도 채널링된 정보를 감명 깊게 받아들였던 겁니다. 그녀는 나중에 그 세션을 다시 들어보았는데, 자신의 영적 가이드들이 채널링을 처음 접하는 사람들까지도 충분히 이해할 수 있을 만큼 천천히 설명하고, 경험 많은 이들의 어려운 질문에도 막힘없이 응답하는 것을 보고 깊은 인상을 받았죠. 그녀가 이 경험을 통해 나누고자 하는 교훈은, 자신의 능력을 믿고, 결코 천사와 영적 가이드, 그리고 상위 존재들을 의심하지 말라는 것이었습니다. 그들이 "우리가 함께할 거예요"라고 말한다면 반드시 함께할 것이기 때문이죠.

채널링은 관계이며, 동시에 삶의 방식입니다. 당신이 이 글을 읽고 있다는 것은 이미 당신의 채널이 열려 있고 준비되어 있다는 의미예요. 어떤 형태로든 채널링에 끌린다면, 당신 역시 채널입니다. 채널링이나 채널링된 정보에 관심을 가진 사람은 누구나 채널입니다. 세상에는 채널링이라는 개념을 한 번도 들어본 적 없고 앞으로도 알지 못할 수많은 사람들이 있지만, 어떤 이유에서인지 당신은 채널인 겁니다. 그렇기에 당신은 이 정보를 끌어당겼고, 이 책을 발견한 것입니다. 그건 결코 우연이 아니에요.

그러니 이것은 삶의 방식인 겁니다. 가장 친한 친구나 소울메이트를 대하듯 채널링을 통한 관계를 소중히 여기고, 헌신하고, 신뢰하세요. 신뢰에 대해서는 앞으로 더 자세히 이야기할 거예요. 걱정하지 마세요. 우리는 곧 그 주제로 다시 돌아올 겁니다.

높은 주파수에 연결되기 위한 시각화 명상

깊게 숨을 들이쉬고 내쉬며, 머리에서 가슴으로 향하는 이 멋진 여정을 시작해 봅니다. 한 걸음, 또 한 걸음…… 의식을 천천히 가슴으로 옮깁니다. 가슴으로 의식을 옮기는 당신 앞에 문이 하나 나타난다고 상상해 보세요. 그 문을 열고, 가슴 깊숙한 곳에 자리한 아름답고 강력한 공간, 그 안에 깃든 지성 안으로 들어갑니다. 이 신성한 공간으로 발을 들일 때 당신은 빛 속으로 들어서는 것입니다.

빛 속으로 걸어 들어가자마자 그 빛으로 인해 자신이 환하게 밝아지는 모습을 상상해 보세요. 빛이 당신을 통과해 흐르고, 당신을 둘러싸며, 사방으로 뻗어나갑니다. 빛 속으로 계속 걸어 들어가세요. 빛 속으로 들어서면서 스스로를 자유롭게 합니다. 빛 속에 있는 그 자유로움을 느껴보세요. 빛 속으로 한 걸음 내디딜 때마다 거기에서 느껴지는 힘을 느껴보세요. 머리끝부터 발끝, 손끝까지 몸의 모든 세포를 빛으로 채우세요. 이제 빛은 너 밝아지고, 깊어지며, 풍성하고, 풍요로워집니다. 빛은 당신에게서 나와 사방으로 퍼져나가며, 방 안을 가득 채웁니다. 이제 이 강렬하고 아름다운 빛은 당신에게 더욱더 흘러들어 오고 당신을 통해 사방으로 흘러나가 당신이라는 존재 전체의 빛으로 확장됩니다. 느껴보세요.

이제 당신이 된 이 빛을 의식적으로 그리고 의도적으로 당신 발 아래 지구로 집중시켜 봅니다. 발바닥을 통해 지구로, 나무의 뿌리와 지구의 표층을 지나 지구의 중심까지 내려 보내세요. 지구의 중심에 닿자, 그곳에서 강력한 빛의 에너지가 퍼져나옵니다. 이 빛은 나선형의 에너지 흐름처럼 사방으로 뻗어 올라오면서, 바다의 밑바닥을 통과해 바다 전체를 환하게 비춥니다.

밝고 아름다운 빛이 위로 솟구쳐 파도 위에서 반짝이며 춤을 추다가 이제 모래 위로 퍼져나갑니다. 빛이 물을 따라 모래밭을 지나고, 대지를 넘어, 풀과 나무 들 속으로 스며드는 모습을 상상해 보세요. 그 빛은 바로 당신에게서 나온 것이며, 당신은 그 빛의 통로입니다. 그 빛이 지구의 중심을 환하게 밝히고, 바다를 비추고, 해안가를 지나 대지를 비추고 있습니다. 이제 빛은 강줄기를 따라 흐르고, 나무를 타고 오르며, 풀밭을 지나 아름답고 장엄한 행성 전체를 환하게 밝힙니다.

빛은 이제 공중으로 떠오르고, 공기 속의 모든 입자들, 새와 벌, 동물들까지 모두 이 빛 속에서 밝게 빛납니다. 당신이라는 빛의 통로를 통해, 발바닥을 지나 지구 속으로 내려간 빛이, 다시 지구의 중심에서 나선형의 에너지 흐름처럼 솟아올라, 바다 밑바닥을 지나고, 해안가를 지나고, 대지를 거쳐, 강과 나무를 타고 퍼져나갑니다. 이제 그 신성한 빛이 지금 이 순간 지구 위에 존재하는 모든 인간의 발밑 땅 속으로 흘러들어 가는 것을 상상해 보세요. 그 빛이 모든 사람의 발바닥을 통해 올라와 마침내 모든 인류의 심장에 가 닿는 것을 느껴보세요.

그 신성한 빛이 모든 이의 심장을 환하게 밝히는 것을 보세요. 그 빛이 모든 이의 머리끝, 손끝까지 퍼져, 마침내 온 인류가 이 신성한 빛으로 가득 채워지는 모습을 보세요. 빛은 당신의 발에서 지구로 흐르고, 지구에서 다시 인류의 발로, 심장으로, 몸 전체로 퍼져나갑니다. 이제 모든 인류가 빛으로 완전히 환해진 것을 보세요. 사랑하는 마스터여, 당신이 바로 이 신성한 빛의 통로입니다.

이 빛이 당신의 심장에서 모든 인류의 심장으로 흐르는 모습을 떠올려보세요. 아무런 목적 없이, 어떤 결과를 얻으려 애쓰지도 말고, 오직 당신이 존재 자체로 신성한 빛의 통로임을 명확하게, 자신감 있게, 강력하게 인식하며 당신의 심장을 신성한 사랑에 집중시키세요. 당신의 심장에서 모든 인류의 심장으로 신성한 사랑과 빛을 보내세요. 이 빛이 지구로, 자연 전체로, 동물들의 심장으로, 그리고 사랑하는 인류 가족의 심장으로 흐르고 있다고 상상해 보세요.

이제 지구 전체가 빛으로 둘러싸여 있습니다. 아주 찬란하고, 강력하며, 누구나 볼 수 있을 만큼 선명한 이 빛 속에서 모든 인류가 자신이 하던 일을 멈추고, 심장을 열고, 눈을 열고, 마음을 열고 이 아름답고 신성한 빛을 바라보는 모습을 그려보세요. 사람들은 이 빛이 어디에서 오는지 찾아보며 주위를 둘러보다가, 자신들의 가슴속으로부터 나오고 있나는 것을 깨닫습니다. 이 빛은 바로 자신들 안에서, 자신의 심장에서 빛나고 있었음을 알아차립니다. 그리고 모든 사람이 이 신성한 빛 속에서 환하게 빛나고 있다는 것도 알아차립니다.

온 인류가 이 순간 내면의 신성한 빛에 깨어나는 모습을 보세요. 이 순간을 더욱 깊이 느끼며 신성한 사랑의 힘과 진리를 깨달을수록 당신의 존재는 더욱 밝게 빛납니다. 당신이 그렇게 할 때마다 모든 인류의 내면에 있는 빛도 점점 더 밝아집니다.

이제 인류가 깨어나 기억해 내는 모습을 보세요. 그들 내면에 존재하는 신성한 빛을 기억하는 모습을 보세요. 당신의 모든 인류 가족이 이 순간 하고 있던 모든 것을 멈추고, 신성한 빛과 신성한 사랑이 지닌 힘과 아름다움에 경외감을 느끼면서, 영원히 변화하고, 영원히 깨어나며, 영원히 이 빛 속에서 밝게 빛나는 모습을 보세요. 이미 이루어졌습니다. 이미 그렇게 이루어졌습니다. 이미 그렇게 이루어졌습니다. 그리고 이제 남는 것은 평화, 조화, 자유, 사랑, 풍요, 행복, 아름다움뿐입니다. 오직 평화와 조화, 자유, 사랑, 풍요, 안녕, 아름다움만이 남습니다. 이미 그렇게 이루어졌습니다.

깊게 숨을 들이쉬고 내쉬세요. 당신은 빛의 연금술사입니다. 당신은 마스터입니다. 당신은 신성한 빛과 사랑을 흐르게 하는 통로이며, 당신은 소중한 존재입니다. 당신이 어디에 주의를 기울이는지가 중요해요. 당신이 보는 것, 느끼는 것, 생각하는 것, 믿는 것, 그리고 마음속으로 그리는 모든 것이 중요해요. 당신은 강력한 존재입니다. 그 사실을 기억하세요.

5

✦

상승한 마스터, 천사,
그리고 영적 가이드

당신에게 어떤 답이 필요할 때, 안내받고 싶을 때, 지원이나 사랑이 필요할 때, 상승한 마스터나 천사, 당신의 영적 가이드와 언제든 바로 연결할 수 있는 직통 전화가 있다고 상상해 보세요. 사실 그들은 언제나 당신 곁에 있으며, 당신을 위해 항상 준비되어 있고, 늘 당신을 안내하고 있습니다. 모든 사람에게는 이러한 연결이 존재하며, 누구든 천사와 상승한 마스터, 그리고 자신의 영적 가이드와 연결되는 법을 배울 수 있습니다.

내가 처음 상승한 마스터와 소통한 경험은 명상 중 예수가 나를 찾아왔을 때였어요. 어린 시절 나는 예수님을 사랑했습니다. 작은 시골 마을에서 사랑 가득한 기독교 가정에서 자란 나는 매주 주일 학교에 다녔고, 하나님과 예수님의 사랑에 대한 노래를 불렀죠. 식사 전에 기도하고, 주님을 찬양하며, 예수님을 마음에 모셔야 한다고 배웠고요. 그건 "예수만이 오직 하나뿐인 참된 길"이기 때문이었죠.

나이가 들면서 나는 성경, 종교, 하나님, 그리고 예수가 천국에 가는 유일한 길이라고 배운 것에 의문을 갖기 시작했습니다. 하지만 내 질문은 늘 같은 대답으로 돌아왔어요. 바로 "성경에 그렇게 씌어 있어"라는 것이었죠. 그 모순으로 인한 갈등과 혼란에 휩싸이면서 나는 점차 종교에 흥미를 잃게 되었어요. '하나님God' 같은 단어도 사용하지 않게 되고, 특히 '예수'라는 이름은 입에 올리지도 않으려 했지요. 실제로 한동안은 누군가 '예수'라는 이름을 언급하기만 해도 거부감을 느끼고 즉시 대화에서 물러나곤 했습니다.

그렇게 수십 년 동안 부정하던 예수가 어느 날 명상 중에 내 앞에 나타났을 때 얼마나 놀랐을지 상상해 보세요. 그 순간 나는 의심할 여지없이 그분이 예수라는 것을 알아차렸어요. 그분은 성경에서 묘사된 모습 그대로 나에게 나타났는데, 이런 모습은 첫 만남에서 나에게 위안이 되었죠. 나는 즉시 그분을 향한 사랑을 느꼈고, 그분 역시 나를 사랑한다는 것을 느꼈어요. 거기에는 어떠한 판단도, 요구도, 교리도 없었습니다. 오직 조건 없는 사랑이 함께한다는 것만 강렬히 느낄 수 있었죠. 그분은 내 손을 잡아주었고, 우리는 함께 걸었어요. 구체적인 메시지가 있었는지는 기억나지 않습니다. 다만 그분의 존재, 사랑, 그리고 내 손을 잡고 함께 걷던 그 순간만이 기억에 남아 있어요.

그 일이 있은 지 얼마 지나지 않아 절친한 친구 한 명이 연락을 해왔습니다. 키우는 강아지가 죽어가고 있다는 것이었어요. 친구는 강아지가 곧 세상을 떠날 것 같아 몹시 불안해했어요. 나는 친구가 조금이라도 평화를 느낄 수 있도록 차분하고 부드럽게 대화를 이어갔습니다. 그런데 그 순간 갑자기 예수가 내 앞에 나타난 거예요. 그러더니 강아지를 조심스럽게 안아 올리는 모습을 나에게 보여주었습니다. 그분이 얼마나 다정하게 그 강아지를 들어 품에 안는지, 나는 그 장면을 보면서 강아지가 즉시 고통에서 벗어났다는 걸 알 수 있었죠. 그러자 강아지가 작고 사랑스러운 흰 양으로 변했고, 예수는 그 양을 안고 천국으로 들어갔어요. 나는 친구에게 마치 꿈 이야기를 전하듯 내가 보고 있는 것을 말해주었습니다. 예수가 양을 안고 천국으로 들어간 것을 보고 내가 말했죠. "지금, 강아지는 예수님과 함께 천국에 있어." 이윽고 예수는 사라졌고, 그 환영vision은 곧바로 희미해졌습니다. 친구가 강아지를 내려다보자 강아지는 이미 평화롭게 세상을 떠난 상태였어요.

비슷한 경험을 나는 대천사 가브리엘Gabriel과도 했습니다. 그때까지 나는 가브리엘 대천사를 잘 알지 못했는데, 어느 날 마치 꿈을 꾸는 듯한 경험을 통해 그분이 나에게 다가왔어요. 거대한 천사 모습의 아름다운 존재가 나에게 나타났고, 나는 그가 천사라는 것을 본능적으로 알 수 있었죠. 내가 이름을 묻자 그가 "가브리엘"이라고 대답하더군요. 이번에도 구체적인 메시지는 없었어요. 그저 그분의 강력한 존재감만이 모든 것을 말해주고 있었죠.

그 경험이 매우 생생하긴 했지만, 솔직히 말해 당시 나는 가브리엘이라는 이름이 그리 익숙하지 않았어요. 그래서 혹시 내가 다 지어낸 게 아닐까 의심이 들기 시작했죠. 결국 그저 별일 아닌 듯 넘기고 일상으로 돌아갔는데, 그로부터 하루 이틀 후 일이 벌어졌습니다. 어느 회사의 고객 센터에 전화를 걸었는데, 상담원이 전화를 받자마자 이렇게 말하는 겁니다. "안녕하세요, 가브리엘입니다." 같은 날 식료품점에서도 한 여성 곁을 무심코 지나치는데 그 여성이 이렇게 말하는 소리가 들렸어요. "저 사람이 내 친구 가브리엘이야." 다음날에는 레스토랑에 갔는데, 내 테이블을 맡은 웨이터의 이름이 가브리엘이었어요. 그 이름이 나타날 때마다 온몸에 에너지가 차오르며 소름이 돋았죠.

그 후 몇 달 동안 나는 대천사 가브리엘의 존재를 계속 느꼈어요. 그러다 어느 순간 그 에너지가 서서히 잦아들었죠. 대천사, 상승한 마스터, 영적 가이드 들이 자신을 드러냈다가 곧바로 혹은 시간이 지나면서 자연스럽게 물러나는 것은 매우 흔한 일이에요. 어떤 경우에는 아무런 메시지도 없이 그들의 존재만 느껴지기도 하고, 어떤 경우에는 실제로 명확한 메시지를 받기도 하지요. 내 경우에는 예수가 언제나 내 곁에 계셔서, 그분의 존재감을 느끼고 싶을 때면 그저 그분에게 집중하기만 하면 됩니다.

상승한 마스터, 대천사, 그리고 영적 가이드 들은 각기 다른 시점에 다양한 이유로 우리 삶에 등장합니다. 어떤 경우에는 특정 시기에 우리를 가르치거나 이끌기 위해서 혹은 안내하기 위해서 나타나지요. 때로는 나처럼 그 존재가 누구인지 바로 알고 익숙하게 느껴지기도 하고, 어떤 경우에는 이름만 받게 되는데, 나중에 인터넷 검색을 통해 그 존재가 다른 사람들에게도 메시지를 전했거나 나타난 적이 있다는 사실을 알게 되기도 해요. 또 어떤 경우에는 자신의 이름은 중요하지 않다고 말하는 존재도 있는데, 이것 역시 자연스러운 일이에요.

캘리포니아 팜 스프링스에 사는 내 학생 한 명은 안내 명상을 통해 처음으로 '메타트론Metatron'이라는 다소 낯선 존재의 이름을 접했습니다. 아카식 레코드에 접속하는 안내 명상 중 그 학생은 메타트론으로부터 바로 자신(메타트론)이 아카식 레코드였고 지금도 아카식 레코드인 바로 그 존재라는 말을 들은 겁니다. 한 달쯤 후 그는 한 형이상학 가게metaphysical store'(크리스털이나 보석, 오라클 카드, 영적인 서적이나 장신구 등 물리적 세계 너머의 영적 세계와 관련된 물건을 파는 가게―옮긴이)에 들어갔는데, 그곳에 들어서자마자 어떤 흥미로운 모양의 펜던트가 시선을 사로잡았다고 해요. 점원에게 그것을 볼 수 있느냐고 물었더니 점원이 이렇게 말을 했다는 겁니다. "아, 메타트론 큐브요? 네, 여기요!"

그로부터 몇 달 뒤 그 학생은 새벽 2시 2분에 잠에서 깨어, 메타트론으로부터 자신이 누군지 명확히 밝히는 말과 함께 직접 첫 번째 메시지를 받았습니다. 그는 침대에서 몸을 일으켜 앉아 노트를 꺼내 그 메시지를 적었죠. 메타트론은 그를 상승 과정으로 이끌고 안내하기 위해 나타났다고 했어요. 메타트론은 그가 채널링을 시작할 것이며, '새로운 지구'로 가는 길잡이 역할을 맡게 될 거라고 전했습니다. 당시에는 이 모든 것이 의심스러웠지만, 몇 년이 지난 지금 그는 정확히 바로 그 길을 걷고 있습니다.

나에게서 공부한 많은 학생들은 세계 곳곳에서 대천사, 상승한 마스터, 영적 가이드 또는 신성한 존재가 자신의 삶에 등장한 이야기를 전합니다. 내가 진행한 '채널링의 기술The Art of Channeling' 강좌를 들은 캘리포니아의 한 남성은, 어느 날 아침 샤워 중에 계속해서 "나는 아쉬타 Ashtar 사령관이다. 나는 아쉬타 사령관이다"라는 말을 듣기 시작했습니다.(아쉬타 사령관은 핵 전쟁이나 환경 재앙 같은 위협으로부터 지구를 보호하는 역할을 하는 '우주 연합Galactic Federation'의 지도자로 알려져 있다—옮긴이) 그는 아쉬타 사령관이라는 존재에 대해 한 번도 들어본 적이 없었지만, 급히 샤워를 멈추고 나와 노트를 집어 들고, 자신이 받은 메시지를 적어 내려갔다고 해요. 그러곤 그날 늦게 인터넷에서 그 이름을 검색했고, 아쉬타 사령관이 깨어남의 과정에 있는 이들에게 자주 나타나는 존재라는 사실을 알게 되었습니다.

이러한 연결이 처음에는 종종 자신의 의지와 무관하게 일어나지만, 여러분은 누구와도 주도적으로 연결을 시작할 수 있고 자신이 원하는 존재를 선택해서 채널링할 수도 있어요. 특정 존재나 상승한 마스터, 천사, 성인聖人과 항상 연결되어 있다고 느끼거나 이제 느끼기 시작했다면, 여러분은 그들에게 메시지를 요청할 수 있습니다. 대부분의 경우 그 상위의 존재는 기꺼이 응답해 줄 것이며, 그렇게 연결이 이루어질 겁니다.

처음에는 나도 이런 일이 가능하다는 걸 몰랐습니다. 그러다 어느 날 내가 특정 존재에게 요청하면 나에게 나타나 메시지를 전해줄 수 있는지 실험해 보기로 했죠. 나는 늘 성 프란치스코와 연결되어 있다고 느껴왔기 때문에, 성 프란치스코에게 자신이 여기에 있다는 신호를 보여주고 메시지를 전해달라고 부탁했어요.

아무 일도 일어나지 않았습니다. 몇 주가 지나도록 성 프란치스코로부터 어떤 메시지도 오지 않았어요. 그러던 중 나는 애리조나로 여행을 떠났고, GPS를 사용해 친구와 만나기로 한 식당을 찾아가고 있었죠. 대략적인 방향은 알고 있었지만 정확한 길은 몰랐어요. 그런데 갑자기 GPS가 경로를 바꿔 나를 반대 방향으로 이끌기 시작했습니다. 내가 어디로 향하고 있는지는 알 수 없었지만, 원래 가려던 방향은 확실히 아니었어요. GPS가 여러 번 잘못된 길을 알려주는 바람에 나는 결국 수녀원처럼 보이는 낯선 장소에 도착하게 되었어요. 그때 내 오른쪽 어깨 너머에서 대낮처럼 또렷하게 어떤 말이 들렸습니다. "안으로 들어가라."

지금 생각해 보면 정말 말이 안 되는 것 같지만, 나는 그렇게 아무것도 모른 채 전혀 알지 못하는 곳으로 걸어 들어갔습니다. 분명히 내가 가려던 곳은 아니었죠. 안에 들어서자 갑자기 정말 장엄하고 아름다운 동상이 보였습니다. 정말 놀랍도록 아름답고 큰 동상이었어요. 그 동상 앞으로 다가가자 동상 옆에 놓인 명패가 빛을 발하며 내 눈에 들어오더군요. 거기에는 이렇게 씌이 있었습니다. "성 프란치스코Saint Francis." 나는 경외감 속에서 웃고 울고 눈물을 흘리다가 급기야 흐느껴 울면서, 계속 "감사해요. 감사해요"를 반복했죠. 그 순간의 감동은 지금도 생생해요.

상승한 마스터, 천사, 영적 가이드들은 언제나 당신을 안내하고 있고, 사랑하고 있으며, 또한 당신에 대해 잘 알고 있습니다. 그들은 당신의 여정을 돕기 위해 여기 있으며, 당신은 언제든 그들에게 안내와 지지를 요청할 수 있어요. 특정 영적 가이드나 천사로부터 메시지를 정말 받고 있는지 확신이 서지 않더라도 자신을 신뢰하세요. 그들이 당신을 찾아오는 데에는 반드시 이유가 있습니다. 어떤 존재들은 앞으로도 오랫동안 당신 삶에 머무를 것이며, 어떤 존재들은 때때로 찾아왔다가 물러가기도 할 겁니다. 그들은 당신을 위한 충직한 친구요, 동반자이며, 가르침을 주는 스승이에요. 그들의 사랑은 무조건적이며 끝이 없습니다. 이 사실을 이해하고 나면, 마치 어느 한 학생이 표현했듯이, 상승한 마스터들과 대천사들을 직통으로 부를 수 있는 번호를 갖게 된 것처럼 느껴질 겁니다.

이토록 멋지고 찬란한 날에 여러분과 대화를 나눌 수 있어 정말 기쁘고 기쁠 따름입니다. 우리는 여러분에게, 우리의 말 하나하나도 물론 중요하지만 이것은 그보다 더 본질적으로 '진동적 경험'이라는 점을 상기시키고자 합니다. 우리가 전하는 이 진동을 느끼면서 더 높은 차원의 의식 수준으로 들어오시기 바랍니다. 그곳에서는 진실이, 그리고 여러분이 진정 누구인지에 대한 깨달음이 언제나 명확히 인식되고 또 열려 있습니다.

여러분이 진정 누구인지 깨달을 때, 여러분의 영혼 팀, 영적 가이드, 집단 의식 모두가 언제나 여러분에게 열려 있으며 곧 여러분의 확장된 일부임을 알게 될 거예요. 여러분과 이 존재들 사이에는 어떤 분리도 없어요. 단 한 순간도 분리된 적이 없습니다. 그들은 늘 여기에서 여러분과 함께 있으면서, 모든 것이 가능한 더 높은 의식의 영역들을 여러분이 인식할 수 있도록 해줍니다. 겉으로 보기에는 그들이 여러분과 분리된 것처럼 보일지 모르지만, 사실은 결코 그렇지 않아요.

상승한 마스터나 대천사를 떠올릴 때, 여러분은 인간의 형태로 있으면서 인식할 수 있는 것보다 훨씬 큰 힘을 가진 자신의 일부와 연결이 되는 겁니다. 여러분 자신의 이러한 부분들과 여러분이 가진 힘을 탐색하고, 발전시키며, 통합하는 것은 매우 즐거운 여정이 될 수 있어요. 예를 들어 여러분은 미카엘 대천사를 '보호'를 제공하는 대천사로 생각할 수 있습니다. 장거리 여행을 떠나기 전에 미카엘 대천사의 힘을 빌려 자신과 자신의 차량을 보호해 달라고 요청한다면, 그 강력한 보호의 에너지 덕분에 목적지에 안전하게 도착하게 될 겁니다.

여러분은 자신의 힘에 연결해, 경험 중인 현실의 진동과 의식을 끌어올림으로써 자신이 원하지 않는 일이나 해로울 수 있는 상황을 피해가도록 인도받게 되는 것입니다. 예컨대 도로를 운전 중일 때 예상치 못한 위험이 닥치더라도 뭐라고 설명할 수 없는 방식으로 그것을 피해가는 일이 벌어질 수 있어요. 이것은 여러분을 둘러싼 의식의 힘의 장force field of consciousness 안에 여러분이 일으킨 진동과 주파수 덕분이에요. 여러분을 보호하는 것은 바로 여러분의 빛이자 에너지입니다.

여러분은 아직 발견되지 않은 엄청난 능력과 힘을 지닌 다차원적 존재입니다. 상승한 마스터, 대천사, 플레이아데스 인, 아크투루스 인 들은 모두 여러분의 확장된 일면으로서, 여러분이 그들에게 의식을 집중할 때 여러분 안에 있는 능력과 힘을 비춰주고 일깨워줍니다. 여러분에게는 영적 가이드들도 있고 영혼 팀도 있어요. 또 어떤 이들은 특정 집단 의식과 깊은 연관성을 느끼며, 자신이 그들을 대표하여 지구에 온 존재라고 인식하기도 합니다. 그것 또한 맞습니다. 하지만 이러한 것들은 결국 인간으로서의 자신이 신으로서의 자신, 순수한 근원 에너지로서의 자신, 그리고 '만유'와 하나인 자신을 이해하기 위한 방식일 뿐입니다. 이것이 바로 여러분 존재에 대한 가장 높은 진실이에요.

마음을 열고, 더 높은 영역에 있는 존재들과 놀며 즐거운 시간을 보내세요. 마치 지상에서 친구들 혹은 신성한 놀이 친구들과 어울리듯이 말이에요. 어린 시절을 떠올려봐요. 친구와 놀고 싶을 때 어떻게 했나요? 친구에게 전화를 걸어 이렇게 말했을 겁니다. "우리 같이 놀래?" 대천사, 상승한 마스터, 여러분의 영적 가이드, 그리고 영혼 팀은 언제나 이 초대에 기꺼이 응할 거예요. 그들은 언제나 여러분과 함께 있으면서 여러분에게 집중하고, 언제든 여러분과 함께 놀며 공동 창조할 준비가 되어 있으니까요.

여러분은 자유 의지를 가진 존재로서 이 경험을 하고 있습니다. 여러분은 "나는 정말 이러저러한 존재와 소통하고 싶다"라고 말할 수도 있지만, 우리는 확신하건대 그들은 이미 여러분과 소통하고 있습니다. 그러니 이제 마음을 열고, 지금껏 자신에 대해 품고 있던 제약이나 제한된 믿음을 뛰어넘어 보세요. 우리가 여러분에게 전하고 싶은 조언은 단순해요. 여러분은 스스로 원하는 것을 받을 자격이 있음을 알라는 것, 여러분은 강력한 존재이며, 지금 이 순간 물질적 형태로 자신을 표현하고 있는 무한한 지성임을 알라는 것입니다.

모든 것은 이미 '알려져' 있습니다. 그러나 여러분 인간your human은 결핍이나 한계에 갇혀 있거나, 현재 상황에 지쳐하며 해결책을 찾으려고 애쓸 때가 많아요. "지금 끔찍한 문제가 있는데 그것을 어떻게 풀지 해답을 꼭 알아야 해"라고 말하는 순간, 여러분은 저항과 낮은 진동 상태에 자신을 가두게 되고, 이는 곧 분리의 경험을 일으킵니다. 여러분은 지금 3차원 의식 속에 있으며, 이 의식 속에서는 해답이나 해결책과도 분리되고, 영적 가이드와도, 상위 자아와도 분리됩니다.

이것을 아주 간단히 설명해 보겠습니다. 여러분이 상위 자아, 상승한 마스터, 대천사, 집단 의식, 그리고 영혼 팀 및 영적 가이드와 연결되기 위해 할 수 있는 가장 중요한 일은 바로 여러분에게 기쁨을 주는 일을 하고 여러분이 사랑하는 것에 집중하는 것입니다. 기쁨의 진동 상태야말로 여러분의 본질과 가장 가깝게 정렬된 진동 상태예요. 그 상태에 있을 때 여러분은 무한한 지성의 진동과 의식에 더 가까이 정렬되어 그것들을 훨씬 쉽게 받을 수 있어요. 그와 함께 여러분의 영혼과 영적 가이드, 더 높은 존재들의 안내도 더 잘 받게 됩니다.

여러분은 여러분이 되고자 하는 모든 것이에요. 여러분은 이미 그러한 존재입니다. 그 모든 것은 언제나 여러분 안에 있었고, 지금도 여전히 여러분 안에 있습니다. 우리는 여러분을 사랑하고, 사랑하고, 사랑해요. 이로써 우리는 완전해집니다.

집단 의식, 위원회, 그리고 별 가족

당신의 별 가족과, 혹은 이번 생의 경험을 설계하고 결정하는 데 도움을 준 존재들의 위원회와 연결되고 싶은가요? 그것은 가능할 뿐 아니라 생각보다도 훨씬 간단합니다. 당신 영혼의 진화와 연결된 존재들의 집단 의식이나 위원회를 채널링하는 것은 채널링 세계에서는 아주 흔한 일이에요.

내가 QHHT 세션을 받던 중 위원회를 채널링하기 전까지만 해도, 나는 단일 존재 외에 다른 무언가로부터 채널링 정보를 받을 수 있다는 생각은 전혀 못했습니다. 어린 시절 내가 처음 알게 된 채널링 방식은, 더 높은 의식을 지닌 단일한 존재가 인간의 몸 안으로 들어오면서 채널링하는 사람의 의식은 몸에서 물러나는 형태였어요. 그런 다음 채널링된 존재가 메시지를 전하고, 다 끝나면 채널러의 의식이 다시 돌아오는 식이었죠.

내가 채널링과 자동 쓰기를 시작했을 때 놀라웠던 점은 메시지를 전하는 그 존재가 항상 자신을 '우리'라고 지칭한다는 것이었습니다. 시간이 흐르면서 나는 내가 하나의 존재가 아닌 여러 존재들로 구성된 집단, 곧 훗날 자신들을 '위원회The Council'라고 밝힌 집단을 채널링하고 있다는 사실을 깨닫게 되었지요. 하지만 이들은 내가 그들을 무어라고 부르든 상관없으며, 어떤 이름이 되었든 이름이란 결국은 그들의 영원하고 진지적全知的인 근원 에너지를 제한하게 마련이라고 했어요.

그들은 상승한 마스터들의 집단으로, 그들이 우리에게 오는 것은 인간 경험에 대한 더 원대한 관점을 제공하기 위해서입니다. 나는 개인적으로 이들을 '위원회'라고 부르는 것이 편안하게 느껴졌고, 다른 사람들에게도 그렇게 소개하고 있어요. 종종 사람들은 나에게 그들이 '빛의 위원회The Council of Light'인지 아니면 '원로 위원회The Council of Elders'인지 묻곤 합니다. 이 집단들은 다른 채널러들에게도 나타나는데, 그들은 자기네가 받는 메시지가 '위원회'의 메시지와 매우 유사하다고 느낍니다.

위원회는 자신들이 이들 다른 집단과 분리되어 있지 않다면서, 그저 우리가 가장 편안하게 느끼는 방식으로 자신들을 부르라고 권합니다.

동료 채널러 한 사람은 자신이 '원로 위원회'로부터 많은 메시지를 받아왔다고 이야기합니다. 그녀는 이 원로 위원회를, 우리가 이번 생에서 경험하고자 하는 것들을 설계하고 운명을 정하는 데 도움을 주는 영적 가이드들의 집단 의식이라고 이해하고 있다고 덧붙였죠. 그리고 이 원로 위원회는 우리가 삶의 경험을 해나가는 동안 수호천사처럼 지켜보면서 우리가 의도한 모든 것을 경험하고 받을 수 있도록 돕는 존재라고 설명합니다.

또 어떤 이들은 별 존재star being들의 집단으로부터 채널링 메시지를 받는 경험을 하기도 합니다. 플레이아데스 인Pleiadeans, 아크투루스 인Arcturians, 안드로메다 인Andromedans, 리라 인Lyrans, 시리우스 인Sirians 등은 채널링이 가능해진 사람들이 가장 흔히 메시지를 받기 시작하는 은하 집단 또는 위원회로 꼽힙니다. 나의 경우 이들 존재로부터 직접 채널링을 받은 적은 없지만, 나의 많은 학생들이 플레이아데스 인, 아크투루스 인 등으로부터 메시지를 받은 경험을 나누어주었습니다. 흥미로운 점은 그들이 이전까지 이러한 집단에 대해 전혀 들어본 적이 없었다는 사실이에요. 생소한 이름을 듣고 나중에 그 이름을 구글에서 검색해 보고서야 그들은 실제로 이들로부터 메시지를 받은 채널러들이 매우 많다는 것을 알게 되곤 합니다.

이러한 은하 집단들은 고도로 진화한 존재들로 여겨집니다. 이들이 전하는 메시지는 주로 인간 의식의 깨어남과 상승을 돕기 위한 것들입니다. 그들은 자신들이 인간의 먼 친척으로 이미 상승 과정을 완료했으며, 지구에 거주하는 이들이 같은 길을 걸을 수 있도록 돕는 데 깊은 관심을 가지고 있다고 말해요. 이들은 더 높은 주파수에 머물면서 우리 인류를 진화의 다음 단계로 안내하기 위해 다가옵니다.

나는 전 세계 여러 나라의 학생들로부터 이와 비슷한 경험담을 들은 바 있습니다. 자동 쓰기나 음성 채널링을 통해 자신의 별 가족으로부터 메시지를 받았다는 것입니다. 이 별 가족들은 앞서 언급한 은하 집단 중 하나일 수도 있고 아닐 수도 있지만, 그들은 공통적으로 자기네 별 가족을 대표하는 대사ambassador로서 자신이 이 지구에 와 있다는 메시지를 받았다고 전합니다. 이러한 경험은 흔한 편이며, 왜 영적으로 깨어난 많은 이들이 자신이 "이 행성(지구) 출신이 아니라는" 느낌을 갖는지 그 이유를 설명해 주는 부분이기도 해요.

당신의 상위 자아, 천사, 그리고 영적 가이드와 소통하듯이, 당신은 집단 의식, 위원회, 그리고 별 존재 들로부터도 메시지를 받을 수 있습니다. 단순히 이러한 존재들이 당신과 연결될 수 있다는 사실을 자각하는 것만으로도 당신은 그들의 에너지와 의식이 당신과 함께하는 것을 감지하기 시작할 수 있어요. 당신은 "나의 별 가족은 내게 무엇을 알려주고 싶어 할까?"라고 물어볼 수 있습니다. 이 연결에 마음이 더욱 깊이 열릴수록, 당신은 자신의 별 가족이 정확히 어디에서 왔는지 궁금해질 수 있어요. 나는 내 학생들이 거의 항상 즉각적으로 혹은 안내된 탐색 과정을 통해 이 질문에 대한 답을 받는 것을 봅니다. 만약 직관이나 메시지를 통해 특정한 별 가족이나 존재 집단에게 이끌린다면,

그 느낌을 신뢰하고 그 인식이 당신에게 어떤 새로운 통찰을 전하는지 열린 마음으로 받아들이길 바랍니다.

신성한 사원과 장난기 어린 보물 찾기

아마도 '안내된 탐색 과정guided discovery process'이라는 것이 무엇을 의미하는지 궁금할 수 있을 거예요. 나는 이 과정이 천사나 영적 가이드와 연결되는 데 가장 즐거운 부분 중 하나라고 느껴왔습니다. 안내된 탐색 과정이란 꿈이나 단서, 메시지, 직관 등을 통해 상위 지혜가 당신을 특정한 정보로 이끄는 것을 말합니다. 이는 마치 당신의 영적 가이드들이 당신에게 무언가 중요한 것을 보여주거나 당신 자신과 세상, 그리고 더 높은 영역들에 대한 더 큰 지혜와 앎에 이르도록 하기 위해 기획한 즐거운 보물 찾기와도 같아요.

내가 한 인상 깊은 경험 중 하나는 솔로몬 왕이 꿈속에 나타난 일이었습니다. 꿈속에서 나는 성처럼 생긴 사원 안에 있었고, 그곳에서 솔로몬 왕이 나에게 중요한 메시지를 전해주었지요. 나는 마치 그 성에 전에 와본 적이 있는 것처럼 느껴졌고, 그곳을 기억하고 있는 듯했어요. 성경에서 '솔로몬 왕'이라는 이름을 들어본 적은 있었지만, 나는 그가 누구였는지나 그에 대한 이야기들에는 별로 아는 바가 없었죠. 하지만 그 꿈에서 깨어난 순간 이후로 나는 솔로몬 왕에 관한 모든 것을 찾아보지 않고는 견딜 수 없게 되었습니다. 마치 잃어버린 보물을 찾아나서는 여정에 오른 것처럼 말이에요. 다큐멘터리를 보고, 인터넷을

뒤지고, 성경에서 솔로몬 왕에 관한 구절들을 찾아 읽기 시작했어요. 하지만 내가 무엇을 찾고 있는 것인지도, 왜 그토록 솔로몬 왕과 그 꿈 속의 성 같은 사원에 깊은 연결감을 느끼는지도 전혀 알지 못했죠.

어느 날 정보를 찾던 중 나는 인터넷에서 '솔로몬 왕의 상징'으로 연결된 링크를 발견했어요. 솔로몬 왕의 상징이란 게 있는지도 몰랐던 나는 호기심에 그 링크를 열었고, 그 순간 거의 기절할 뻔했습니다. 여섯 살 무렵부터 나는 낙서를 하거나 그림을 그릴 때면 늘 같은 기호를 반복해서 그렸는데, 그것이 무슨 의미인지는 전혀 몰랐어요. 그런데 그 솔로몬 왕의 상징이 내가 어릴 적부터 계속 그려왔던 바로 그 기호였던 겁니다. 이게 무슨 징조일까? 혹시 어린 시절 어딘가에서 그 상징을 본 기억이 무의식 속에 남아 있었던 걸까? 아니면 더 높은 차원의 지식으로 이끄는 암호일까? 혹은 내가 과거 생애에서 경험했던 무언가를 기억해 낸 것일까?

나는 마치 잃어버린 보물을 찾아 계속 탐색하는 듯한 느낌으로 날마다 이 보물 찾기를 이어갔습니다. 그러던 중 마침내 퍼즐의 마지막 조각이 나타났죠. 나는 우연히 솔로몬 왕의 사원이 그려진 그림 하나를 보게 되었는데, 그것은 내가 꿈에서 솔로몬 왕을 만났던 바로 그 성과 똑같이 생긴 사원이었어요. 온몸의 세포 하나하나에 전율이 일었어요. 나는 분명 그곳에 있었고, 그것이 나에게 어떤 의미를 지닌 장소라는 걸 직감했죠.

우리가 왜 이런 정보로 안내되는지 그 이유를 완전히 알 수는 없을 지도 몰라요. 하지만 이것은 영적으로 깨어나고 있거나 이미 깨어난 사람들, 그리고 채널링에 마음을 열기 시작한 사람들이 흔히 하는 경험입니다. 특정한 것들로 안내되는 이유를 억지로 알아내려 하기보다는 마음을 열고 호기심과 경이로움을 품고 지켜보는 것이 중요합니다. 이러한 단서들은 시간이 흐른 뒤 더 깊은 이해로 이어지거나, 우리가 인식하지 못하는 사이 우리의 깨어남 여정에 도움을 주는 경우가 많습니다. 또 어떤 이들에게는 그 단서들이 삶의 길과 목적을 직접적으로 안내해 주기도 하죠.

내 학생 중 한 사람도 예수의 삶과 역사와 관련하여 이와 비슷한 경험을 한 적이 있다고 했습니다. 그녀는 매우 엄격한 기독교 가정에서 자라, 어려서부터 성경과 예수의 탄생, 십자가에서의 죽음, 부활에 대한 이야기를 배웠다고 했습니다. 일련의 깨어남 경험들을 통해 그녀는 자신의 목적에 대한 수많은 질문에 답을 찾기로 결심하고 영적 탐구의 길 위에 서게 되었다고 했어요.

그 당시 그녀는 종교를 통해 배운 것 외에는 예수의 삶에 대해 특별히 더 깊은 이해를 추구하고 있었던 것은 아니었습니다. 그러던 어느 날 길을 걷고 있는데 어떤 목소리가 들려왔다고 해요. "예수는 십자가에서 죽지 않았다." 너무나 놀랍고 충격적인 말이었죠. 그 생각은 마치 아무런 맥락 없이 갑자기 떠오른 듯했고, 이전에는 한 번도 그런 가능성을 생각해 본 적이 없던 거였어요.

그렇게 해서 그녀의 '보물 찾기'가 시작되었지요. 그녀는 예수의 삶에 관한 모든 정보를 찾기 시작했습니다. 놀랍게도, 예수가 결혼을 했고, 자녀를 두었으며, 실제로는 십자가에서 죽지 않았다고 주장하거나 이를 뒷받침하는 듯한 사실과 증거를 담은 책과 다큐멘터리가 꽤 많았습니다. 그녀는 종교에서 가르치는 것과는 다른 여러 이론들을 발견하게 되었고, 심지어는 '환생'이 한때 성경에 포함되어 있었지만 훗날 삭제되었다는 증거도 접하게 되었죠.

그런 정보는 자신이 평생 배워온 가르침과는 완전히 달랐지만, 그럼에도 불구하고 자신이 이런 정보에 이끌린 데에는 분명한 이유가 있다는 확신이 들었습니다. 그것을 어떻게 알았는지는 설명할 수 없었지만, 그녀는 그 안에 담긴 진실을 자신의 내면 깊은 곳에서 느낄 수 있었어요. 기독교라는 틀을 벗어나 예수와의 관계를 이어가고자 했던 그녀는 곧 예수로부터 직접 메시지를 채널링하기 시작했고, 이후에는 그 메시지들을 대중과 나누기 시작했습니다. 그녀의 이러한 관점과 연구는 일부 가족들에게는 여전히 받아들여지지 않지만, 그녀는 여전히 '그리스도 의식Christ Consciousness'으로부터 전해지는 메시지를 사람들과 나누고 있습니다. 그 메시지들은 오직 사랑에 대한 것입니다.

6

영적 가이드와 천사에게
채널링 허락하기

내가 처음 채널링을 경험한 것은 QHHT_{Quantum Healing Hypnosis} Technique(양자 치유 최면 기법)라 불리는 명상 및 시각화 세션을 받던 중이었습니다. 이 세션은 채널링을 하기 위해서가 아니라, 내 상위 자아와 연결되어 삶의 목적을 더 잘 이해하기 위해서 시작한 것이었어요. 이 세션들이 나를 채널링과 위원회와의 만남으로 이끌게 될 줄은 전혀 예상하지 못했죠. 그러나 이 과정을 통해 위원회가 나에게 다가오자 나는 이 경험에 깊이 빠져들었고, 이후 몇 달간 여러 차례에 걸쳐 QHHT 세션을 받게 되었습니다. QHHT 치유사는 내가 이완되어 최면 상태에 들어갈 수 있도록 유도한 뒤 위원회에게 질문들을 던지곤 했어요.

여러 차례 세션을 받은 후 나는 그들의 메시지를 스스로 채널링해보기로 마음먹고, 눈을 감고 침대에 누운 채 명상에 들어갔습니다. 시간이 좀 걸리기는 했지만 15분 정도 지나자 에너지가 들어오는 것을 느낄 수 있었어요. 나는 음성 녹음기를 켜고서 그들의 메시지를 말로 받아내기 시작했죠. 메시지가 전해지기는 했지만, 내 안의 무언가가 마치 나에게 전해지고자 하는 것을 완전히 받아들이지 못하게 막고 있다는 느낌이 들었어요.

이 같은 자기 주도적인 명상 경험을 하던 중 한 번은 내가 위원회에게 말을 했죠. "나를 써주세요. 어서요! 나도 할 수 있다는 걸 알아요. 이제 준비됐어요." 그러자 즉시 그들의 응답이 들려왔어요. "당신은 우리가 다가가는 것을 완전히 허용하고 있지 않아요. 우리가 온전히 드러날 수 있도록, 당신이 전적으로 허용해 주어야 해요." 그 말에 나는 거의 방어적으로 반응하며 속으로 말했죠. "하고 있어요! 내가 뭘 놓치고 있는 거죠? 뭐가 잘못된 건가요?"

즉각적인 대답은 없었지만, 몇 시간 후 마침내 깨달았습니다. 나는 실제로 그들이 나를 통해 온전히 드러나도록 허용하고 있지 않았던 겁니다. 솔직히 말해 세상에서 가장 피하고 싶었던 일이 바로 내가 비물질 존재 집단을 채널링하고 있다는 사실을 사람들이 알게 되는 것이었어요. 특히 가족과 친구들에겐 더더욱 알리고 싶지 않았어요. 물론 위원회를 채널링하는 경험은 내 인생에서 사랑과 에너지가 가장 충만해지는 일이었지만, 동시에 나는 사람들이 나를 어떻게 바라볼지 두려웠습니다.

내면을 더 깊이 들여다보자 내가 그토록 사랑하는 아버지와 관계가 나빠질까봐 두려워하고 있는 것이 보였어요. 아버지는 기독교 신앙을 지닌 분으로, 예수는 그의 믿음 한가운데에 있었죠. 그 깊은 두려움은 결국 어린 시절의 나에게서 비롯된 것이었습니다. 내 안의 어린 소녀는 이 모든 것을 정말로 허용하게 되면 사랑하는 아버지를 잃게 될 거라는 공포에 사로잡혀 있었어요.

그 두려움은 아버지뿐 아니라 다른 가족들, 또 많은 기독교 친구들과의 관계와도 관련되어 있었어요. 나는 판단을 받거나 제정신이 아니라는 소리를 들을까 두려웠던 겁니다. 비록 나 스스로는 매우 현실적이고 실제적인 사람이라고 생각하고 있었지만요. 나는 사랑하는 사람들을 잃고 싶지 않았어요. 하지만 만약 내가 채널링을 전적으로 허용하고 그 메시지들이 세상에 나가게 된다면 그들을 잃게 될지도 모른다는 생각이 들었습니다.

그러던 어느 날 오후 내가 채널링한 녹음을 듣던 중 문득 더없이 진실해지고 명료해지는 순간이 찾아왔습니다. 내 안 깊은 곳에서 이런 느낌이 올라온 거예요. '나는 이걸 하지 않을 수 없어. 어디까지 나를 이끄는지 반드시 확인해야 해. 이게 과연 무엇인지, 왜 나에게 오는지를 알아야만 해.' 나는 위원회가 전하는 메시지가 이 세상에서 가장 위대한 지혜라는 아주 강한 느낌을 받았어요. 그들의 깊은 지혜는 내 삶을 근본적으로 변화시켰죠. 그것은 내가 수년 동안 찾아 헤맸지만 어디에서도 발견할 수 없던 지혜였어요. 나는 마침내 나의 가장 큰 두려움을 통과해 나아가야 한다는 것을 깨달았습니다. 설령 그 과정에서 내가 가장 사랑하는 사람들과 관계가 나빠진다 해도 이 지혜를 세상과 나누는 일이 훨씬 더 중요하다는 사실이 분명해진 겁니다.

기쁘게도, 나를 가장 두렵게 했던 일들은 현실이 되지 않았습니다. 가족 중 일부는 여전히 내가 하는 일을 완전히 이해하거나 공감하지 못하지만, 그래도 괜찮아요. 나 자신을 받아들이고 인정해야 하는 사람은 바로 나 자신이라는 사실을 깨달았으니까요. 자신의 진실이 무엇인지, 그리고 그것을 어떻게 진정성 있게 살아낼 것인지를 아는 사람은 결국 자기 자신뿐이에요. 내가 나 자신과 내가 하는 채널링을 더 깊이 받아들일수록 주변 사람들도 점차 그것을 받아들이기 시작하더군요.

지금껏 많은 이들이 채널링을 시작하면서 느끼는 두려움을 나에게 털어놓고 있습니다. 어떤 이들은 자신이 천사나 영적 가이드, 천상의 지혜를 채널링했다는 이유로 화형을 당하거나, 조롱당하거나, 배척당하거나, 해를 입거나, 심지어 목숨을 잃게 될 수도 있다는 지독한 공포를 느끼기도 합니다. 또 어떤 이들은 고립되거나, 망신을 당하거나, 수치심을 느끼게 될까봐 두려워하고요. 대부분은 별난 사람 혹은 영적 괴짜처럼 보일까봐 걱정하고, 주변 사람들이 자신을 어떻게 생각할지 몹시 신경을 씁니다. 이 모든 감정은 지극히 자연스러운 것입니다.

내가 직접 겪은 바로는, 내가 스스로를 별난 사람이나 영적 괴짜로 느끼고 채널링을 한다는 사실에 불편함을 느낄 때, 주변 사람들 역시 나의 그런 감정을 그대로 되비쳐주곤 했어요. 사람들은 당신이 느끼는 불편함과 어색함을 고스란히 감지합니다. 그런 사실을 미처 자각하지 못한 채 나는 내가 채널링한다는 사실에 대해 판단하는 에너지를 발산하고 있었고, 다른 사람들은 단지 그것을 그대로 되비쳐주고 있었을 뿐이죠. 그것이 내 안에서 비롯된 것임을 깨달은 순간 내 안에서 큰 전

환이 일어났습니다. 그 순간부터 나는 다시는 다른 사람들이 나의 채
널링 작업을 어떻게 생각할지 걱정하지 않게 되었어요. 내가 이 세상
에 태어난 이유가 바로 위원회의 지혜를 세상과 나누는 데 있음을 확
신하게 되었기 때문입니다.

내가 정말로 준비되었다는 깊은 확신이 들자, 나는 자리에 앉아 눈
을 감았습니다. 그리고 몇 번 심호흡을 한 뒤 마음속으로 같은 말을 반
복하기 시작했어요. "나는 나의 채널이 열리도록 온전히 허락한다." 그
말을 반복하는 동안 두려움이 올라오기도 했지만, 그래도 계속해서 그
말을 되뇌었습니다. 5분쯤 지났을까, 갑자기 강력한 에너지가 온몸을
가득 채우면서 눈물이 주르륵 흘러내렸어요. 그 순간 나는 분명히 알
수 있었습니다. 내 채널이 완전히 열렸고, 이제 모든 것이 달라지리란
걸 말예요.

나는 위원회의 메시지를 소셜 미디어와 내 웹사이트에 공유하기 시
작했습니다. 그들의 채널링 메시지를 바탕으로 한 강의와 명상을 만들
었고, 결국에는 온라인 커뮤니티까지 운영하게 되었죠. 이후 나는 팟
캐스트 출연 제안도 받고, 강연 무대에도 서게 되었으며, 그들의 지혜
를 책으로 내자는 제안도 받았어요. 나는 위원회와 연결되어 채널링하
는 것을 진심으로 사랑하며, 그들의 심오한, 삶을 변화시키는 메시지
를 세상과 나누는 일이 정말 기쁩니다. 만약 내가 두려움에 굴복해 그
들이 나를 통해 드러나는 것을 허락하지 않았다면, 내 삶이 지금과 얼
마나 달라졌을지, 또 얼마나 공허했을지 상상조차 할 수 없습니다. 수
년 전 위원회가 약속했던 것처럼, 나는 지금 내가 상상한 것 이상의 놀

라운 삶을 살고 있어요.

당신도 이처럼 깊고 강력한 삶의 돌파구를 맞이할 준비가 된다면, 이 장章으로 다시 돌아와서 아래에 이어지는 '허락하기 과정'을 따라 하길 바랍니다. 혹은 지금 이미 준비가 되었다면, 언제든지 이 '허락하기 과정'을 시작할 수 있습니다. 먼저 의식적으로 깊이 숨을 들이쉬고 내쉬며, 자신이 지금 이 순간에 온전히 현존하도록 허용하세요.

스스로에게 채널링을 허락하기

이 신성한 순간은 오직 당신의 가슴과 영혼, 그리고 근원과의 연결 속에서 이루어집니다. 깊게 숨을 들이쉬고 내쉬며 내면으로 들어가 당신의 진실과 마주하세요. 가능하다면 가슴에 손을 얹고, 당신의 심장 깊숙한 곳, 당신이 안전한 곳, 온전하고 완전해지는 곳, 깊이 사랑받고 있는 곳, 그곳으로 의식을 향하게 합니다. 이 순간 모든 것은 완벽합니다. 지금 이 순간에 집중하면서, 호흡을 통해 고요힘 속으로 자신을 들여보낸 다음, 당신 안과 주변에 신성한 공간을 만들어보세요. 이 순간, 이 신성한 공간을 온전히 자신만을 위해 열어둡니다.

이 신성한 공간을 느끼면서 스스로에게 이렇게 물어보세요. "나는 내 채널링이 세상에 드러나도록 완전히 허락할 준비가 되었는가? 정말로 나는 내 채널링이 이루어질 수 있도록 온전히 허락할 준비가 되었는가? 나는 진심으로 채널링을 허락할 준비가 되었는가?" 이 질문을 던지는 동안 어떤 생각이 떠오르고 어떤 느낌이 나타나든 모두 허용하세요. 그리고 그것들을 사랑으로 감싸주고, 부드러운 배려와 따뜻한 위로로 안아줍니다.

판단하지 말고, 그저 관찰하기만 합니다. 그리고 자신에게 계속 물어보세요. "정말로, 나는 근원에 마음을 열 준비가 되었는가? 상위 지혜에, 또 신성한 지성에 나 자신을 온전히 열 준비가 되었는가?" 당신 안의 어린 소녀 혹은 소년에게 다시 한 번 확인할 필요가 있을지도 모릅니다. 그 아이에게 안전하다고, 그리고 지금 이 일에 동참해도 괜찮다고 안심시켜 줄 필요가 있을 수도 있어요.

내면의 그 아이에게 의식을 맞추고 알려주세요. 이제는 완전히 마음을 열어도, 그 연결과 함께 놀고 그 연결을 기뻐해도, 자신을 열어 온전히 드러내도 안전하다고 말이에요. 이 과정에서 당신 내면의 다양한 모습들, 이번 생이나 이전의 생에서 겪은 어떤 기억이나 경험을 떠올려야 할 수도 있습니다. 자신의 그 모든 부분들에게, 지금 너는 안전하고, 안내받고 있고, 보호와 사랑을 받고 있으며, 보살핌을 받고 있다고 안심시켜 주세요.

내려놓아도 괜찮습니다. 당신의 채널링이 드러나도록 완전히 허락해도 괜찮습니다. 당신의 모든 부분을 알아차리고, 그 모든 부분을 지금 이 순간으로 데려와, 거기에 사랑을 보내고 빛을 비춰주세요. 당신은 안전하고, 사랑받고 있으며, 가장 완벽한 때에 지금 이 순간으로 이끌려왔다고 당신의 모든 부분에게 안심시켜 주세요. 가장 완벽한 때라고 한 것은 지금이 바로 온전히 허용할 때이기 때문입니다. 혹시라도 저항이 느껴진다면, 그 저항감 속으로 사랑을 불어넣으며 깊이 숨을 들이쉬세요. 그리고 이렇게 말합니다. "나는 언제든지 이 순간의 의식과 힘 안으로 돌아올 수 있어. 그리고 나는 안전해." 당신의 채널링이 드러나도록 완전히 허락할 준비가 되었나요? 정말 준비되었나요?

당신에게 가장 아름다운 '나와의 관계'를 초대하고, 진정한 '나 자신'으로 존재해 봅니다. 당신 안에 있는 힘을, 사랑을, 빛을 허용하세요. 준비되었나요? 지금 이 순간 당신을 위해 있는 사랑을 들이쉬고 또 들이쉬세요. 빛을 들이쉬고 온몸으로 빛을 느껴보세요. 저항이 느껴진다면 그저 빛을 들이쉬고, 빛과 사랑으로 자신을 감싸 안습니다. 자신의 모든 부분에게 여기에는 오직 사랑만이 있을 뿐이라고 안심시켜 주세요. 오직 사랑만 있습니다. 그리고 이제 몸을 천천히 '열림'과 '허용'의 느낌 속으로 옮긴 다음, 자신의 채널링이 온전히 드러나도록 허용하세요. 마음이 내키거든 두 팔을 활짝 벌린 채로 허용하고 놓아주세요. 완전히 허용하고 자신을 여세요.

가만히 자신의 몸이 어떻게 느껴지는지 알아차려 보세요. 지금 이 순산 느끼고 있는 삼각을, 벼오르는 감정을 알아차리세요. 모든 것이 완벽합니다. 숨을 깊이 두세 번 더 들이쉬며, 계속해서 허용하고 자신을 여세요. 채널링의 흐름은 앞으로도 계속 확장되며 더욱 깊어질 것입니다. 지금 이 순간, 당신은 허용하고 있습니다. 다시 두 번 숨을 깊게 들이쉬세요. 팔을 내리고 싶다면 내려도 좋고, 그대로 두고 싶다면 그대로 두어도 좋습니다. 어떤 막힘이 느껴지더라도 그저 계속해서 지금 이 에너지에 의식을 맞추면 됩니다. 사실 당신을 가로막는 것은 아무것도 없습니다. 이 허용의 과정은 충분한 시간을 갖고 천천히 진행해도 괜찮습니다.

무엇이 올라오든 빛에 맡기세요. 앞으로 며칠 혹은 몇 주 동안, 온전히 허락하기까지 시간이 조금 더 필요한 내면의 작은 아이 혹은 자신의 한 부분에게 따뜻한 주의와 사랑을 보내줘야 할 수도 있습니다. 지금 이 순간 나는 준비되었다고 느끼는 이들은 계속해서 열린 상태에 집중하며 허용합니다. 숨을 깊이 들이쉬고, 이 순간으로 더 깊이 들어가 보세요. 햇살처럼 찬란하고 아름다운 빛이 당신 위에서 쏟아져 내리고 있다고 상상해 보세요. 햇살처럼 밝고 강력한 그 빛이 바로 지금 당신 위에 있습니다. 몇 차례 깊은 숨을 들이쉬며 그 빛에 자신을 맡기세요.

두려움이나 어떤 감정이 올라오거든 충분한 시간을 가지고 차분히 들여다봅니다. 어떤 감정이 떠오르더라도 스스로를 부드럽고 친절하게 품어주세요. 괜찮습니다. 자신의 인간적인 부분이나 내면의 어린아이를 판단하지 마세요. 의식적으로 그리고 의도적으로 자신의 채널링이 열리도록 완전히 허락할 때 두려움이 올라오는 것은 지극히 자연스러운 일입니다.

완전히 허용하고 허락하는 과정에는 시간이 걸릴 수 있습니다. 그러니 준비가 되었을 때, 자신의 채널링, 천사들, 그리고 영적 가이드들이 드러날 수 있도록 완전히 허락하세요. 당신의 천사들과 영적 가이드들은 당신의 허락을 분명히 듣고 그 메시지를 받아들일 겁니다. 옳거나 그른 방식 같은 것은 없어요. 중요한 것은 당신이 정말 준비되었는가 하는 점입니다. 어떤 이들은 신성한 공간을 만들어 특별한 의식을 치르면서 자신의 채널링을 완전히 허락하기도 합니다. 또 어떤 이들은 깊은

'앎'을 경험하고, 그저 마음속으로 "나는 준비되었고, 완전히 허락한다" 고 말함으로써 채널링을 허락하기도 합니다.

당신은 이곳에서 자유 의지를 경험하고 있는 주권적이고 신성한 존재입니다. 자신의 천사들과 영적 가이드들에게 허락을 하는 일은 채널 링을 완전히 여는 과정에서 매우 중요한 단계예요. 이 단계에는 당신에게 필요한 만큼 충분히 시간을 허용하세요. 아마도 이것은 당신 인생에서 처음으로 자신에게 진정으로 그리고 진실하게 '있는 그대로의 나'를 허락해 주는 경험일지도 모릅니다. 그러고 나면 더 많은 사랑과 자유, 기쁨과 충만함이 당신 삶 속으로 흘러들 겁니다. 이 모든 것을 받아들일 준비를 하세요!

포르투갈에서 온 학생 한 명은 자신의 경험을 이렇게 이야기합니다.

"내가 사라의 책을 접할 당시 이미 채널링은 오랫동안 내 삶의 큰 부분을 차지하고 있었습니다. 나는 여러 해에 걸쳐 채널링된 정보를 듣고 읽어왔어요. 그리고 늘 생각하곤 했죠. 난 음악을 통해 오랫동안 채널링을 해왔는데, 어떻게 하면 나도 '밀로 전하는 채널'이 될 수 있을까 하고요.

'채널링의 기술' 강좌가 시작되었을 때, 사라는 우리에게 스스로 채널이 되기로 결단할 것을 요청했어요. 나는 그렇게 하기로 마음먹었고, 그 순간부터 즉각적으로 내 안에서 변화가 일어나는 것을 느꼈습니다. 아무런 지체도 없이 곧장 메시지가 들려오기 시작했고, 내 몸의 에너지도 완전히 달라졌죠. 그것은 이전에 한 번도 경험해 본 적 없는, 나를 고양시키고 깊이 채워주는 에너지였어요.

내 삶은 그때 이후로 영원히 달라졌습니다. 그리고 이제 나는 다른 사람들도 그들의 영적 가이드, 세상을 떠난 사랑하는 이들, 그리고 빛의 위원회와 연결되도록 도울 수 있게 되었고, 그들의 삶이 변하는 모습을 지켜볼 수 있어 참으로 기쁩니다. 사라는 상위 지혜와 정렬되어 살아간다는 것이 얼마나 큰 기쁨과 충만함, 풍요를 가져오는지 보여주는 아름다운 본보기와도 같아요. 이 놀라운 재능이 내 안에 있고 언제든 연결될 수 있다는 사실을 깨우쳐준 사라에게 끝없이 감사하는 마음이 듭니다."

상위 지혜는
판단하지 않는다

채널링을 배울 때 많이 하는 질문 중 하나는 "지금 내가 받고 있는 이 메시지가 정말 상위 지혜에서 온 것인지, 아니면 내 마음에서 올라온 생각인지 어떻게 알 수 있는가?" 하는 것입니다. 실제로 그 메시지가 마음에서 올라온 생각일 수도 있습니다. 그렇더라도 괜찮습니다. 하지만 자신이 상위 지혜로부터 메시지를 받고 있다는 것을 알 수 있는 확실하고 근본적인 방법이 있습니다. 상위 지혜, 상위 자아, 천사들은 절대로 판단하지 않는다는 것입니다. 그들은 결코 당신이나 당신의 선택, 다른 사람, 혹은 세상의 어떤 상황에 대해 판단하지 않습니다. 가장 높은 의식의 수준에서는 오직 사랑만이, 모든 것에 대한 더 원대한 관점만이 존재합니다.

나는 지금껏 채널링을 하면서 인간 세상에서 하는 경험 가운데 판단을 받을 만하거나 낙인이 찍힐 수 있는 거의 모든 주제에 대해 질문을 받아봤습니다. 살인, 대량 학살, 자살, 낙태, 학대, 중독, 전쟁, 정치, 자연재해, 범죄, 도둑질 등 수없이 많은 민감한 주제에 대한 질문들이었어요. 그러나 위원회가 이런 질문에 답할 때 나는 단 한 번도 그들에게서 판단의 기운을 느낀 적이 없습니다. 우리가 '끔찍하다'고 여기는 일들은 의식이 결여된 상태, 즉 분리, 결핍, 제약, 두려움, 절망감에서 비롯된 것이라고 그들은 말해요.

자신이 진정으로 누구인지에 대한 앎이 있고, 당신이 더 낮은 의식 수준으로 내려갈 때 함께 내려가 판단하거나 하지 않는 흔들림 없는 의식의 차원이 있습니다. 만약 채널링 중에 어떤 형태로든 판단하는 마음이 떠오르는 것을 알아차린다면, 속도를 늦추세요. 깊고 의식적인 호흡을 몇 차례 하면서 속도를 늦춘 뒤, 다시 가슴의 중심으로 돌아갑니다. 자신을 몰아붙이거나 판단하지 않는 겁니다. 그저 잠시 속도를 늦추고, 숨을 깊이 쉬면서 가슴의 중심으로 다시 돌아가도록 합니다. 필요하다면, 더 나아가기 전에 잠시 멈춘다든지 의식적인 정지의 순간을 가지는 것도 좋아요.

더 높은 관점에서 보면, 두려움도 없고 판단도 없고 걱정도 없습니다. 어떠한 위계도 없고, 누가 누구보다 더 나은 것도 없어요. 의식의 여러 수준들을 지나오면서 우리 모두가 모든 것을 다 경험해 본 존재라는 깊은 이해만이 있을 뿐이죠.

상위 지혜는 두려움도 판단도 결핍과 제약도 없으며 옳고 그름이라는 인간적 관점도 없는 진동 속에 존재합니다. 거기에는 언제나 더 넓은 관점만 있을 뿐이에요. 그리고 그 관점에는 순수함innocence이 담겨 있습니다. 이 순수함이란 채널링 중에 어떤 정보가 전해지더라도 그것에 집착하지 않는다거나, 특정한 목적이나 의도를 갖지 않는 것을 말해요.

나는 학생들로부터 상위 지혜가 판단하지 않는다면 왜 어떤 채널러들은 채널링 중에 특정 인물이나 집단을 비난하거나 정죄하는 말을 하느냐는 질문을 종종 받곤 했습니다. 한 학생이 언급한 어떤 채널러는 나도 개인적으로 아는 분이었어요. 그녀가 전하는 메시지 대부분은 사랑과 순수함, 기쁨, 그리고 의식을 확장시키는 내용들로 가득하죠. 그러나 가끔 그녀가 채널링을 할 때 특정 인물이나 정치 집단 혹은 조직의 잘못을 지적하거나 비난하는 메시지를 전달하는 경우가 있습니다.

채널러는 상위 지혜로부터 전달되는 메시지를 그대로 전달할 수도 있지만, 자신의 신념에 따라 그 정보를 왜곡하거나 바꿔서 전할 수도 있습니다. 채널링된 정보의 표현은 본질적으로 채널링을 통해 메시지를 전하는 상위 지혜와 그 메시지를 해석하거나 번역하는 사람 사이의 협업입니다. 따라서 어떤 채널러가 전하는 메시지의 일부에는 깊이 공명이 되면서도 다른 부분은 잘 받아들여지지 않는 경우가 생길 수 있어요. 또는 한 채널링 메시지 안에서 에너지의 흐름이 달라지는 느낌을 받을 수도 있습니다. 이러한 변화는 채널러 개인의 내면에 자리한 신념이 상위 지혜의 메시지와 충돌하면서, 그 메시지를 온전히 받아들이지 못하는 상황에서 발생합니다.

그러니 항상 자신을 믿고, 마음에서 공명하는 것만 받아들이세요.

채널링을 통해 상위 지혜의 메시지를 받는 도중에 판단이 들거나 두려움 같은 감정이 강하게 일어나는 것이 느껴진다면, 자신에게 집착하는 마음이 있음을 알고 집착을 내려놓아야 합니다. 자신이나 다른 사람, 혹은 세상을 바꾸려는 욕구까지도 모두 놓아버려야 해요. 다시 순수함의 자리로, 하나임oneness의 의식 상태로 돌아가는 겁니다. 그 순간 바로 당신은 "모든 것이 다 괜찮다"(all is well)는 것을 알게 될 거예요. 모든 것이 괜찮다고 느낄 때 거기에는 어떤 판단도 없습니다. 이 상태로 들어가면 모든 것이 흐르기 시작하고, 당신은 순수한 사랑과 다시 정렬하게 됩니다.

채널링 상태에 들어가면 우리는 '순수한 사랑'을 느끼게 마련이고, 하나임을 느낄 때도 많습니다. 반대로 순수한 사랑의 느낌에 집중하고 그 순수한 사랑의 상태로 자신을 이끌어감으로써 채널링 상태에 들어갈 수도 있어요. 내가 처음으로 사람들 앞에서 그룹 채널링을 요청 받았을 때 나는 자신이 없어 많이 망설였어요. 그전까지는 오직 1:1 채널링밖에는 해보지 않았으니까요.

그룹 채널링이 열릴 장소에 도착해 보니, 호스트가 참가자들 좌석을 줄지어 배치하고 그 앞에 내가 앉을 의자를 하나 준비해 놓은 게 보였습니다. 이윽고 호스트는 참가자들 모두에게 자리에 앉아달라고 요청했고, 나는 맨 앞에 놓인 의자에 앉았죠. 순간적으로 긴장감이 밀려왔지만, 이내 사랑의 에너지가 내 안에서 흐르기 시작하는 것이 느껴졌어요. 그 순간, 아무 말도 하지 말고 그저 앞에 앉아 있는 이들의 눈을 깊이 바라보라는 내면의 안내를 받았습니다. 그렇게 말없이 한 사람

한 사람 눈을 바라보는 동안 사랑의 느낌이 점점 더 커지며 확장되더군요. 마침내 그 사랑은 내 심장을 통과해서 몸속의 모든 세포들로 퍼지기 시작했어요. 내 몸은 마치 전류가 흐르는 듯했고, 나는 진동이 점점 더 높아지는 느낌을 받았어요.

그러다 어느 순간 나는 내가 앞에 앉아 있는 사람들의 외모나 특징 따위를 전혀 의식하지 않고 있다는 사실을 깨달았습니다. 그들이 젊은지 늙었는지, 말랐는지 뚱뚱한지, 머리카락이 짙은지 밝은지, 외모가 잘생겼는지 평범한지조차 전혀 인식되지 않았어요. 오직 사랑만이 있었습니다. 그들 모두가 다 사랑이었어요. 순수한 사랑 그 자체였습니다. 그리고 바로 그 순간, 위원회가 내게 말했어요. "우리는 여러분 모두를 순수한 사랑으로 봅니다. 이것이 여러분 한 사람 한 사람의 진실이에요." 그 말과 동시에 위원회가 내게 다가왔고 나는 채널링을 하기 시작했습니다.

자신의 채널과 연결되기

누구나 이 과정을 통해 채널링 상태에 들어갈 수도 있고, 다른 사람들과 함께 있으면서 순수한 사랑의 상태에 연결될 수도 있습니다. 다른 사람들을 바라보며 그들의 외형적인 특징이 더 이상 인식되지 않을 때까지 시선을 집중합니다. 마치 당신의 심장을 통해 그들을 바라보는 것처럼 그들의 눈을 응시해 보세요. 당신의 심장과 그들의 심장 사이에서 느껴지는 사랑에 집중하세요. 그러다 보면 어느 순간 오직 사랑만이 보이고 사랑만이 느껴질 겁니다. 이것이 바로 상위 지혜로 향하는 문입니다.

이 연습은 꼭 채널링을 하기 위해서가 아니더라도 가족이나 친구와 함께 언제든 시도해 볼 수 있습니다. 혹은 자신의 사진이나 다른 사람의 사진을 가지고 할 수도 있어요. 사진을 앞에 두고 그 외모나 특징에 대한 판단 없이 그저 순수한 사랑과 하나임이 느껴질 때까지 심장을 통해 사진 속 인물을 바라보는 데 집중하는 겁니다.

또 하나 학생들에게 자주 받는 질문은, 채널링 중에 자신의 생각이나 의심의 소리가 들리는 경우 정말로 채널링이 되고 있는 것이 맞느냐는 것입니다. 기억에 남는 학생이 한 명 있습니다. 그녀는 정말 놀라운 음성 채널러였어요. 그룹 채널링 수업 중에는 종종 그룹을 위해 채널링을 하겠다고 자원하기도 했지요. 그녀가 전하는 메시지는 언제나 훌륭했습니다. 다른 학생들이 던진 질문들에 대한 답변까지 포함해서요. 그러나 채널링이 끝나면, 그녀는 자신이 음성 채널링을 하는 동안에도 스스로에 대한 의심과 함께 메시지에 대한 의구심이 올라왔다고 말하곤 했어요.

나 역시 채널링을 처음 시작했을 때 똑같은 경험을 했습니다. 이것은 음성 채널링뿐 아니라 자동 쓰기를 할 때나 다른 형태의 채널링을 할 때도 흔히 하는 경험이에요. 이런 의심이 든다고 해서 당신이 채널링을 하지 않고 있는 것은 아닙니다. 시간이 지나고 연습이 쌓이면, 의심의 목소리는 점차 희미해질 거예요. 계속 연습하고 스스로를 신뢰하십시오.

호주에서 온 한 학생의 이야기입니다.

"나는 오랫동안 일기 쓰기와 자동 쓰기를 해왔지만, 그것을 채널링이라고 생각해 본 적은 없어요. 늘 기분 좋고 진실하게 느껴졌지만, 그냥 그런 거구나 했죠. 사라와 함께 작업하면서 비로소 알게 되었어요. 내가 받아 적은 채널링 메시지는 항상 똑같은 말과 함께 시작되었다는 걸요. '사랑. 사랑이 전부입니다'라는 말이 꼭 가장 먼저 나왔거든요. 예전에 자동 쓰기를 한 내용을 다시 보니, 그때도 똑같은 문장으로 시작하고 있더라고요. 그전까지는 그것이 채널링이라는 생각을 해본 적이 없었기 때문에 눈치 채지 못했던 거예요. 채널링 메시지가 매번 같은 방식으로 시작하는 것이 일반적인 현상이라는 것을 알게 되자, 나 역시 채널링을 시작할 때마다 반복되는 고유한 문구가 있다는 걸 깨닫게 된 겁니다.

나는 조용하고 편안한 공간을 만든 뒤 심장 속으로 의식을 옮겨 그곳으로 호흡하면서 내가 열린 상태가 되도록 했어요. 사라의 안내에 따라 나는 아무런 기대 없이 나 자신이 그저 있는 그대로 존재하도록 허락했죠. 그러면 어김없이 채널이 열렸어요. 어떤 날은 짧은 메시지가 전해지고, 어떤 날은 훨씬 긴 메시지가 전해졌죠.

어떤 주제에 대해 질문하든, 예를 들어 '내 영혼이 지금 나에게 알려주고 싶은 게 무언가요?' 같은 질문을 하든, 특정 이슈나 감정의 유발 요인 혹은 어떤 사람에 대해서 질문을 하든, 단 한 점의 '판단'도 없었어요. 언제나 더 큰 관점이 흘러들어 왔죠. 그리고 꾸준한 실천 덕분에 나는 '이건 내가 만들어낸 게 아니다'라는 확신을 갖게 되었고요. 나는 거의 매번 '모든 것이 다 괜찮아요' 혹은 '모든 것은 완벽합니다' 같은 메시지를 받았고, 채널링이 끝날 즈음에는 정말로 그렇게 느껴졌어요.

그렇게 흘러들어 온 지혜는 내가 한 번도 생각해 보지 못했던 새로운 인식과 관점을 나에게 선사했습니다. 관점이 더 명료해진 덕분에, 나는 희생자가 아니라 관찰자로서 더욱더 중립적인 위치에서 바라볼 수 있었고요. 그 말들이 종이 위에 옮겨지거나 입을 통해 흘러나올 때 느껴지는 순수한 사랑의 느낌은 직접 경험해 봐야만 이해할 수 있는 어떤 것입니다.

받아 적을 때 내가 무엇을 받아 적고 있는지 알고는 있었지만, 때로는 그것이 과연 말이 되는지 스스로 의문이 들기도 했습니다. 그러나 다 쓰고 나서 소리 내어 읽어보면 그 안에 깃든 장엄함을 느낄 수 있었어요. 단어들의 선택은 간결하고 아름다웠고요. 나는 그 신비로운 경험에 완전히 압도되었죠. 가끔은 유머가 함께 흘러나와 깜짝 놀라기도 했어요. 그 유쾌함과 장난스러움은 제가 너무 진지해질 때 주의를 환기시키고 지금 진짜로 일어나고 있는 일이 무엇인지 객관적으로 보게 해주었습니다. 글을 다시 읽으며 소리 내어 웃고, 그 단어들을 보고 듣고 느끼면서 나는 그것이 '절대적인 진실'이란 걸 확신할 수 있었어요.

이 작업이 분명 유익하다는 것을 알고는 있었지만, 지금에서야 나는 그 영향력이 얼마나 큰지 새삼 깨닫고 있어요. 삶의 여러 영역에서 내가 얻은 깨달음과 자신감은 실로 엄청납니다. 앞으로의 여정에서 이것이 어떤 형태로 더 확장될지 생각만 해도 무척 기대됩니다."

채널링은 다른 모든 능력이나 재능, 기술, 예술처럼 연습이 필요한 과정이에요. 연습할수록 채널링은 더 쉬워지고 더 자연스러워지며, 채널링 상태에도 더 적은 노력으로 더 빠르게 들어갈 수 있게 됩니다. 또한 연습을 거듭할수록 한 번에 더 오랜 시간 동안 채널링을 할 수도 있고요.

여기서 또 하나 중요한 점은 채널링이 단순한 받아쓰기가 아니라는 점이에요. 채널링은 관계이며, 언제나 자신과 자신의 진실을 존중할 것이 권장됩니다. 많은 사람들이 생각하듯이 채널링은 한 방향의 일방적 전달이 아닙니다. 당신의 질문과 피드백, 정보, 경험, 바람은 천사와 영적 가이드, 상위 자아에게도 똑같이 중요해요.

시간이 흐르면 당신의 마음mind과 가슴heart(여기에서 'mind'는 논리적이고 분석적인 사고를 하는 '마음'을, 'heart'는 감정과 직관을 주된 측면으로 갖는 '가슴'을 나타낸다―옮긴이), 영혼과 상위 지혜 사이에 아름다운 연결이 형성될 거예요. 의심과 추측으로 가득하던 마음은 점차 상위 지혜를 허용하게 될 겁니다. 그리고 당신은 자신의 모든 부분이 통합되어 모든 수준에서 내면의 힘을 깨닫게 될 기고요. 근원과의 관계는 확장되고 충만해지며 즐거워질 겁니다. 당신이 이 지구에서 되어보기로 한 모든 것이 되어보는 여정을 즐기고 그 전개 과정을 마음껏 누려보세요.

8

자신을 믿고
자신의 채널링을 신뢰하기

채널링에 대해 당신이 반드시 알아야 할 가장 중요한 한 가지가 있다면 그것은 신뢰, 신뢰, 신뢰, 신뢰, 신뢰입니다. 채널링의 기초는 신뢰에 있으며, 그 중요성은 아무리 강조해도 지나치지 않습니다. 신뢰는 당신이 채널링을 계속 이어갈 수 있을지, 아니면 중도에 포기하게 될지를 결정짓습니다. 또한 당신이 자신의 채널과 그로부터 오는 지혜를 확장해 갈 수 있을지, 아니면 갇힌 듯한 느낌이나 단절감을 경험하게 될지를 좌우하기도 하지요. 당신을 매순간 둘러싸고 있는 사랑과 지지, 안내를 경험하게 될지, 아니면 외롭고 고립된 감각에 머물게 될지를 결정짓는 것도 바로 이 신뢰입니다.

당신이 채널링 기술을 연습하고 상위 지혜에 귀를 기울일 때, 자신이 지금 지어내고 있는 것이 아니라는 사실을 믿어야 합니다. 당신은 근원과 연결되어 있으며, 근원은 항상 당신을 위해 있다는 사실을 신뢰하세요. 더 이상 애써 신뢰할 필요가 없을 때까지 신뢰하세요. 그러면 그것은 '심오한 앎'이 되어 당신 안에 자리 잡게 될 것입니다.

채널링을 처음 시작했을 때 나는 사람들 집으로 찾아가 개인 세션을 진행하곤 했습니다. 어느 날 한 여성이 남편과 사춘기 딸 사이의 갈등 문제로 위원회와의 채널링 세션을 요청했어요. 그녀는 세션을 통해 커다란 깨달음을 얻었고, 너무 감명받은 나머지 남편도 꼭 이 세션을 받아보길 바랐죠.

솔직히 말해 나는 그녀가 어떻게 남편을 채널링 세션에 참여하도록 설득했는지 지금도 잘 모르겠어요. 하지만 그는 동의했고, 몇 주 뒤 나는 그와 세션을 진행하게 되었습니다. 당시 나는 아직 내가 하는 말들이 정말로 채널링을 통해 오는 것인지, 아니면 그저 내 머릿속에서 만들어내는 것인지 확신이 없었어요. 나는 채널링을 하는 동안에도 의식이 또렷했고, 심지어 의심하고 못 미더워하는 내 자신의 생각들도 들을 수 있었죠.

그녀 남편과의 세션에서 이 같은 내적 혼란이 아주 여실하게 드러났어요. 세션이 시작되었고, 그는 친절하긴 했지만 나에게서 흘러나오는 모든 이야기를 정말로 믿는 것 같지는 않았어요. 위원회에게도 약간 거리감을 두고 있는 듯 보였고요. 그렇게 시간이 지나며 대화 주제는 그의 십대 딸로 옮겨갔습니다. 그는 딸과의 관계에 대해 꽤 진지한 질문을 던졌어요. 그러자 위원회가 이렇게 답하려는 것이 느껴졌어요. "그냥 분홍색 투투tutu(발레 무용수가 착용하는 의상으로, 여러 겹의 얇고 가벼운 천을 겹쳐 만들어서 풍성한 느낌을 준다—옮긴이)를 입고 딸아이의 방에서 춤을 추며 함께 다과회를 여는 건 어떨까요?”

마치 어제 일인 양 또렷이 기억납니다. 나는 머릿속으로 위원회에게 말했죠. ‘음, 안 돼요! 그 말은 못하겠어요. 절대 그렇게 말할 수 없어요! 그런 말은 안 하기로 해요. 이 사람은 이 모든 걸 믿는 것 같지도 않는데, 어떻게 분홍색 투투를 입고 딸아이 방에서 춤추고 다과회를 하라고 해요? 그리고 당신들이 그렇게 말하도록 내버려둘 생각도 없어요.’

머릿속에서 이런 실랑이가 벌어지고 있는 사이 나는 그 말이 이미 그에게 전해졌다는 것을 깨달았어요. 나에게는 위원회와 머릿속에서 5분쯤 실랑이를 벌인 느낌이었는데, 나중에 녹음된 걸 들어보니 위원회는 잠시도 머뭇거리지 않고 그 말을 했고, 이후에도 계속 이어서 말을 했더군요. 그 사실을 알아차렸을 땐 정말 아찔했어요. 하지만 놀랍게도 그녀 남편은 평온해 보였고, 오히려 위원회의 메시지에 마음을 열고 있는 듯했습니다.

이윽고 세션이 끝나고 내가 눈을 떠보니, 남편의 눈에 눈물이 맺혀 있었어요. 그가 말하더군요. “이제 절대 당신을 의심하지 않을게요. 우리 딸이 세 살쯤 되었을 때 제가 분홍색 투투를 입고 딸아이 방에서 다과회를 열고 함께 놀아준 적이 있어요. 그건 제 아내도 몰라요. 아무도 모를 거예요. 이제 알겠어요. 고마워요.”

그 세션 이후 남편과 딸 사이의 관계가 완전히 바뀌었다는 말을 그의 아내로부터 전해 들었습니다. 둘은 아주 멋진 관계가 되었고, 남편은 관점 자체가 완전히 달라진 것 같다고 했어요. 그 경험은 그들의 삶을 변화시켰을 뿐 아니라 나에게도 '신뢰'에 대한 아주 큰 배움이 되었습니다.

그 후로도 수년 동안 채널링을 하며 위원회가 어떤 말을 하려고 할 때, 내게는 그것이 아주 이상하거나 낯설고 전혀 뜬금없게 느껴지는 경우가 많았어요. 특히 기억에 남는 경험이 하나 있습니다. 어느 날 라이브로 진행한 그룹 통화group call에서 위원회가 전체 그룹에게 다음과 같은 말을 전하려고 했어요.(여기서는 말을 좀 바꿔서 옮깁니다.) "당신 무릎에 생긴 문제는 특정한 문제와 관련이 있습니다. 당신은 이러이러한 일을 해야 하며, 그렇게 하면 더 이상 그런 경험을 하지 않고 건강이 좋아질 겁니다. 그렇게 되면 무릎 통증은 사라질 거예요."

그룹 통화가 끝난 뒤 솔직히 나는 조금 당황스러웠어요. 그렇게 인원이 많은 그룹 앞에서 그런 이상하고 뜬금없는 말을 전하는 게 민망하게 느껴졌던 거죠. 그런데 채 몇 시간 지나지도 않았는데, 아니 그 후로도 며칠 동안 나는 그룹 통화에 참여했거나 녹음 내용을 들은 여러 사람으로부터 계속해서 "그 마지막 무릎 이야기, 그건 바로 제 얘기였어요. 그 말이 맞았어요! 위원회가 말한 그대로 해봤더니 무릎 통증이 정말 사라졌어요"라고 하는 메시지를 받은 거예요. 이 일은 나에게 전해지는 메시지의 내용을 내가 어떻게 생각하든 반드시 신뢰해야 한다는 또 하나의 매우 중요한 가르침이었습니다.

당신이 메시지를 지어내고 있는 것이 아닙니다. 자신을 믿으세요. 어떤 메시지가 너무 뜬금없어서, 혹은 너무 쉽게 떠오르거나 너무 명확해서 오히려 의심하게 될 수도 있죠. 그러나 신뢰하는 법을 배워갈

수록 채널링은 점점 더 쉬워질 겁니다. 시간이 지나면 당신은 메시지를 완전히 믿게 될 것이고, 더욱더 자신 있게 채널링을 하게 될 거예요. 그리고 자신이나 메시지에 대해 판단하는 일 없이, 자신을 통해 흘러들어 오는 것을 있는 그대로 받아들이게 될 겁니다.

흠 없이 완벽한 채널링

채널링을 할 때는 과오를 범하지 않는 것 또한 중요합니다. 때로는 채널링 중에 받은 정보가 오직 자신만을 위한 것이어서 다른 이와 공유해선 안 될 때도 있습니다. 몇 년 전, 내 여동생이 임신을 했을 때의 일이에요. 동생 부부는 출산 전까지 아이의 성별을 알고 싶어 하지 않았어요. 그런데 어느 날 내가 뒷마당에 앉아 있는데 갑작스레 한 아이의 에너지가 강하게 느껴졌어요. 그 아이의 성격도 뚜렷하게 느껴졌고, 마음속에서 어떤 비전이 명확히 떠올랐죠. 그 아이는 내 여동생의 아이임이 분명했어요. 나는 그 아이가 여자아이임을 직감했습니다. 아이는 장난기 많고 조숙하며 행복해 보였어요. 그리고 곧 세상에 나올 거라고 했어요.

그렇게 곧 태어날 조카의 방문이 무척 반가웠지만, 여동생은 출산 전까지 아이의 성별을 알고 싶어 하지 않았기 때문에 나는 그 정보를 가족 누구에게도 말하지 않는 것이 올바르다고 느꼈습니다. 이처럼 채널링하며 받은 메시지를 언제 공유해야 할지, 또 언제 침묵을 지켜야 할지 분별하는 것 또한 채널링에서 매우 중요한 부분입니다.

누군가 내게 "왜 위원회는 언제 어떤 일이 일어날지에 대해서, 또는 어떤 일이 벌어지기 전 그 일에 대해서 미리 알려주지 않나요? 왜 누군가가 죽게 되거나 병을 진단받기 전에 그에 대해서 알려주지 않나요?" 하고 질문한 적이 있습니다. 천사와 영적 가이드는 우리가 감당할 수 있는 정보만 전달할 수 있습니다. 이는 우리가 천사나 영적 가이드와 연결되고 정렬되는 상태를 유지할 수 있는 자각 수준과 능력이 어느 정도냐에 따라 결정됩니다. 상황과 조건에 대해 '옳다 그르다'라는 판단을 초월해서 지각하기 시작할 때, 우리의 영적 가이드와 천사는 그것이 최고의 선善에 부합하는 경우라면 더 많은 정보를 나누어줄 수 있습니다. 이는 또한 두려움에 빠지지 않고 더 높은 관점을 유지할 수 있는 우리의 능력에 의해 결정되기도 합니다. 그러나 그것이 우리에게 해가 되거나 두려움을 유발할 수 있다면 그들은 그런 정보를 줄 수 없어요.

어느 날 나는 사랑하는 친구가 암에 걸려 곧 육체를 떠날 거라는 사실을 알게 되었습니다. 그의 영혼이 이미 이 선택을 했고, 몸이 없는 의식의 차원으로 여정을 계속하기 위해 떠날 준비가 되었다는 것도 함께 보였죠. 나는 전혀 두렵지 않았고, 그의 죽음을 막아야 한다는 생각도 없이 완전한 평화 속에 있었어요. 나는 모든 것이 최고의 선 안에서 이루어진다는 것을 명확히 알고 있었고, 그 확신은 끝까지 흔들리지 않았죠. 얼마 지나지 않아 그의 아내가 나에게 전화를 걸어 남편이 말기 암 진단을 받았다는 소식을 전해왔습니다. 그녀는 아무에게도 그 이야기를 하지 못한 채 극도로 충격에 빠져 있었어요. 나는 내가 그 상황을 미리 알게 된 이유가 바로 이 순간을 위한 것이라고 느꼈습니다. 그녀가 그 힘든 일을 겪는 동안, 내가 고요하고 평화로운 공간을 유지하면서 그녀에게 지지와 안정감을 줄 수 있도록 하기 위한 준비였던 것이죠.

당신이 채널링을 계속 해나가는 것이 다른 이들에게 얼마나 큰 빛이 되어줄지, 얼마나 깊이 영향을 끼칠지, 얼마나 큰 파장을 만들어낼지는 당신도 아직 모릅니다. 때때로 두려움이나 의심이 올라올 수 있지만, 그래도 괜찮습니다. 당신은 채널링이라는 이 놀라운 선물을 이유 없이 받은 것이 아니에요. 당신이 신뢰하기 시작하고, 자신에게 열려 있는 지혜를 받아들이기 시작할 때, 우주는 가장 아름다운 기적들을 전하는 통로로서 당신을 쓰기 시작할 것입니다.

위원회의 메시지 | 연결을 신뢰하는 것에 대하여

이토록 멋지고 찬란한 날에 여러분과 대화를 나눌 수 있어 정말 기쁘고 기쁠 따름입니다. 우리가 하는 말도 물론 중요하지만, 이 시간은 무엇보다 여러분이 진정 누구인지, 왜 이곳에 왔는지, 그리고 이 장대한 삶의 여정을 선택하면서 어떤 의도를 품었는지 다시 기억해 내는 진동적 경험임을 알려드리고자 합니다. 우리는 여러분의 삶이 말할 수 없이 선하고 아름다운 것이 되도록 예정되어 있다고 확신합니다.

여러분은 자신의 영혼을 확장시키기 위해 이곳에 왔습니다.

여러분은 의식의 확장을 위해 이곳에 왔어요. 여러분은 이 장대한 인간 경험 속에서 탐험하고 즐기며 창조하는 마스터로서 자신을 온전히 표현하기 위해, 자신이 원하는 경험을 하기 위해 이곳에 와 있는 겁니다.

여러분이 '지상천국' 혹은 '새로운 지구'라고 부르는 의식 상태 속에서 살아가게 될 이 시간과, 이를 맞이한 여러분을 생각하면, 우리는 더할 나위 없이 흥분됩니다. 그것은 이미 여러분에게 주어져 있으며, 여러분 모두에게 열려 있어요. 여러분 안에는 '지상천국'이 가능하다는 것을 알고 기억하는 무언가가 있습니다. 그것을 허용하세요.

여러분은 지금 인간의 경험을 하고 있으며, 많은 이들이 분리의식이 지배적인 차원, 즉 3차원의 의식 상태에 머물러 있습니다. 3차원은 선과 악, 옳고 그름이라는 이원성 속에서 모든 것을 분리된 것으로 인식하는 차원이에요. 여러분은 자신이 몸이라고 믿고, 자신의 몸이 아닌 모든 것은 자신과 분리된 바깥의 무엇이라 여깁니다.

그러나 여러분이 의식을 순수한 사랑의 상태로 끌어올리면 '존재하는 모든 것Isness of All That Is'으로 다시 합일되는 것이 가능해집니다. 그렇게 되면 여러분은 하나임, 통합의 상태, 곧 '신의식God consciousness'으로 들어가게 됩니다. 이는 여러분이 그 어떤 것과도 결코 분리되어 있지 않다는 의미예요.

여러분의 진동과 의식 수준이 곧 여러분이 경험하는 차원을 결정합니다. 실제로는 여러분이 그 무엇과도 분리되어 있지 않지만 말이에요. 우리는 여기에 있는 것도 저기에 있는 것도 아니며, 여러분 또한 마찬가지예요. 여러분이라는 의식은 다차원적 본질을 지니고 있으며 지리적 위치나 시간, 공간에 의해 분리되지 않습니다.

여러분은 곧 우리이며, 우리는 곧 여러분입니다. 여러분은 여기 지구에 존재하는 위원회예요. 여러분은 그저 자신으로 존재하는 것만으로 이미 상승한 마스터 존재입니다. 이 사실을 기억하기 위해 여러분은 이 대화를 자신에게 끌어온 겁니다.

여러분은 근원 에너지의 그릇이자 통로입니다. 여러분은 빛과 사랑의 매개체이며, 이 세상 안에 있는 신성한 사랑이고 진리예요. 여러분은 무한한 지성, 무한한 사랑, 무한한 행복, 무한한 풍요를 담고 있는 그릇입니다.

여러분은 흥미로운 시대에 살고 있어요. 여러분은 인류 역사상 가장 위대한 의식의 변형을 위해 이곳에 있습니다. 여러분은 전쟁이나 팬데믹, 위기 같은 것을 보고 있을 수도 있고, 혹은 그것들을 통해 펼쳐지고 있는 의식의 작용, 사랑의 실천, 변형, 초월, 계시를 보고 있을 수도 있습니다.

길을 잃어버리지 마세요. 낙심하지 마세요. 자신이나 다른 누구와도 싸우지 마세요. 단언컨대 싸움은 결코 바깥에 있지 않아요. 그것은 바로 '이 순간'의 의식에 관한 것이며, 더 큰 관점과 더 높은 인식 속에 머무는 것에 관한 것이에요. 거기에서는 여러분과 인류 모두에게 모든 것이 가능합니다.

여러분은 지금 세상에서 벌어지는 일들을 보면서 "정말 끔찍해"라고 말할 수 있습니다. 이 메시지를 언제 듣든 마찬가지일 겁니다. 뉴스나 미디어에서 여러분은 매일같이 "이건 정말 끔찍해. 이런 일은 절대 일어나선 안 돼. 아니, 정말 이건 너무 심각해. 이건 정말 잘못된 일이야"라고 말할 무언가를 찾을 수 있을 겁니다. 여러분은 자신의 한계를 정당화하고, 싸우고, 판단하고, 또 그런 끔찍한 일들에 휘말릴 수도 있습니다. 우리는 결코 그 어떤 판단도 하지 않지만, 여러분은 지금 이 순간에도 스스로를 한계와 분리 상태에 가둘 수도 있고, 혹은 '길을 보여주는' 진정한 마스터가 되어 전혀 새로운 길과 수준, 지평을 창조해 낼 수도 있습니다. 그러나 여러분이 세상의 혼란에 휘말려 있거나 희생자 의식에 사로잡혀 있다면 그러한 창조는 이루어지지 않을 겁니다.

여러분이 행복을 느끼지 못하는 이유를 바깥에서 찾고자 한다면, 그 이유가 될 만한 무언가는 항상 존재할 거예요. 세상에서 벌어지는 일이든, 가족 안에서 일어나는 일이든 그런 일은 늘 있을 것이고, 여러분은 언제든 지금 이 순간 기쁘지 않은 이유를 댈 수 있을 겁니다. 하지만 우리는 단 한 번도 여러분을 판단한 적이 없어요. 다만 이것만은 기억하세요. 여러분은 그만큼 강력한 존재라는 사실을. 지금 이 순간 여러분은 '지상천국'을 경험하고 있거나 '지옥'을 경험하고 있습니다. 그 둘은 결코 죽어서 가는 어떤 곳이 아니에요. 그것은 지금 여기에서 여러분의 의식 상태입니다. 그것은 여러분이 현실을 지각하는 방식이에요. 그것은 여러분의 진동과 주파수에 의해 결정되는 의식의 상태입니다.

무언가를 변화시키는 유일한 것은 에너지입니다. 몸을 변화시키는 것도, 자연적인 치유를 가능하게 하는 것도, 가족이나 자녀와의 관계를 변화시키는 것도 모두 새로운 형태로 현현되어 나타나는 에너지입니다. 그리고 이 에너지는 오직 의식을 통해서만 변화될 수 있습니다.

여러분의 행성에서 가장 강력한 변형의 힘은 사랑이에요. 사랑이 가장 강력한 힘입니다. 그것은 또 '의식'이라고 설명할 수도 있습니다. 왜냐하면 여러분의 의식과 인식이 고양될 때 그곳에는 오직 사랑만이 존재하기 때문입니다.

의식consciousness과 인식awareness, 사랑, 이 세 가지가 변화와 변형을 만들어냅니다. 그러나 의식과 인식의 고양과 이를 통한 확장을 경험하기 위해 결핍과 한계, 분리에 휘말릴 필요가 없습니다. 왜냐하면 물질 세계에 장엄하고 찬란한 현실을 창조하기 위해 필요한 에너지를 불러오는 것이 바로 의식이기 때문이에요. 변화를 일으키기 위해 필요한 에너지가 형태를 갖도록 하는 것은 바로 의식, 곧 의식과 인식의 고양입니다.

이 진리를 진정으로 깨달을 때, 여러분은 더 이상 외부 세계에 반응하지 않게 됩니다. 다시는 두려움을 경험하지 않게 되고, 어떤 일에도 걱정하지 않게 되며, 고군분투하지도 고통을 겪지도 않게 돼요. 만약 여러분이 인류에게 긍정적인 기여를 하고 싶고, 고통에서 벗어나는 길을 창조하고자 한다면, 그 해답은 바로 의식에 있습니다. 결코 흔들리지 않는 사랑의 힘을 만들어내는 의식 말이에요. 그리고 바로 그 사랑의 힘이 위대한 변화를 위해 에너지를 불러들이며, 불가능해 보이는 일소차 가능하게 합니다.

에너지를 움직여 형태를 갖게 하는 것이 바로 의식입니다. 그것이 모든 창조의 공식이에요. 이제 여러분은 이러한 인식을 갖게 되었으니, 그렇다면 이 의식이 여러분의 삶과 다른 사람들의 삶에서 어떤 기적을 창조해 내는지 지켜보세요.

여러분은 자신이 누구인지 잊을 수 있습니다. 여러분은 어떤 생각이나 행동을 하기로 선택할 수 있고, 자신의 진동과 주파수를 낮출 수도 있습니다. 이야기와 믿음을 만들어내고, 그것에 집중한 나머지 자신이 누구인지 완전히 잊을 수도 있어요. 그러고는 그 모든 것을 남 탓으로 돌릴 수도 있습니다. 누군가가 나를 이런 사람이라고 규정했기 때문에, 혹은 내가 겪어온 고난 때문에, 그래서 나는 내가 되고 싶은 사람이 될 수 없다고 말할 수도 있고요. 그렇게 여러분은 스스로의 한계를 끝없이 주장할 수도 있고, 혹은 지금 이 순간 진리가 늘 열려 있는 의식과 인식의 수준에서 자신을 다시 지각할 수도 있습니다.

그리고 그 진리 속에서 여러분은 자신이 자유로운 존재이며, 항상 자유로웠다는 걸 기억하게 될 겁니다. 여러분은 신성한 존재이며, 이는 앞으로도 영원히 마찬가지일 겁니다. 그리고 그것은 결코 저 밖에 있는 어떤 것에 관한 것이 아니에요. 그것은 언제나 여러분 안에 있었고, 앞으로도 언제나 그럴 것입니다.

9

당신의 채널링 방식은 고유하고 완벽하다

두 사람이 완전히 똑같은 방식으로 채널링을 하는 경우는 과거에도 없었고 앞으로도 없을 것입니다. 그리고 그것은 실로 멋진 일이에요! 채널링 방식은 사람마다 모두 달라요. 각자 고유한 재능과 능력이 있고, 상위 지혜와 근원 에너지를 세상과 공유하는 자신만의 표현 방식이 있습니다.

나는 지금까지 전 세계 5천 명 이상의 사람들에게 채널링을 가르쳐 왔지만, 정보의 내용부터 스타일, 표현 방식, 전달 방법, 혹은 접근 방법이 똑같은 사람은 없었어요. 물론 많은 이들이 채널링 중에 유사한 체험을 하기도 하고, 비슷한 방식으로 채널링을 하기도 합니다. 그러나 그것은 마치 화가가 그림을 그리고 음악가가 연주하거나 노래를 부르며 운동 선수가 경기를 펼치는 방식이 각기 다른 것만큼이나 다양하게 표현돼요. 오직 당신을 통해서만 나올 수 있는 고유한 방식으로 표현하게 되는 겁니다.

내가 처음 채널링을 시작했을 때, 누군가 내게 채널링 경력 30년이 넘는 유명 채널러가 우리 지역에서 워크숍을 연다는 소식을 전해주면서 가보라고 권했습니다. 나는 워크숍 현장에 가서 그 채널러의 강연이 시작되기를 기다렸죠. 그녀는 무대에 올라와 청중에게 인사를 건넨 뒤 자신이 채널링하는 존재 집단을 데려오겠다고 했어요. 그러기 전, 그녀는 채널 상태에 들어가면 자신은 그 사이 무슨 일이 일어나는지 전혀 알아차리지 못한다고 설명하더군요. 그녀는 눈을 감고 숨을 깊게 몇 차례 들이쉬었습니다. 그러더니 놀랍게도 아주 빨리 눈을 다시 뜨고는 무대를 돌아다니며 청중들과 대화를 나누기 시작했어요. 겉모습이 너무나 평범하고 자연스러워 누가 보더라도 그녀가 채널링을 하고 있다고는 생각하기 어려울 정도였죠. 그녀가 말을 할 때 '우리we'라는 표현을 쓰지 않았다면 채널 상태라고는 전혀 짐작하지 못했을 거예요.

나는 그녀가 전하는 메시지가 당시 내가 채널링하고 있던 위원회의 메시지와 유사하다는 점도 알아차렸습니다. 그녀의 채널링은 우리가 어떻게 현실을 창조하고, 원하는 삶을 실현하며, 진동을 높일 수 있는지에 대해 이야기하고 있었어요. 채널링은 몇 시간 동안 진행되었고, 이어서 청중과의 질의응답도 있었습니다.

워크숍도 좋고 전해준 정보도 유익했지만 나는 그곳을 나서며 그만 풀이 죽고 말았어요. 모든 걸 그만두고 싶다는 생각이 들었죠. 나는 무대 위의 그 여성처럼 채널링하지 않았으니까요. 내 채널링 방식이 달랐기 때문에 나는 내 방식이 뭔가 잘못된 게 틀림없다고 생각한 겁니다. 나는 채널링할 때 항상 눈을 감았고, 손끝을 맞댄 특정 자세로 앉아 있는 때도 종종 있었어요. 무대를 돌아다니거나 하지는 않았죠. 나는 또 채널링 중에도 위원회가 무슨 말을 하는지 기억할 수 있었고, 지금 내가 어디 있는지, 주변에서 어떤 일이 벌어지고 있는지도 알고 있었고요. 그 여성이 설명한 것처럼 내 의식이 몸을 완전히 떠나는 듯한 경험은 없었습니다.

또한 그녀가 전하는 메시지가 나의 메시지와 유사하기도 했고, 게다가 그녀는 이미 유명한 채널러였기 때문에, 굳이 내 채널링 메시지가 세상에 필요할까 하는 생각도 들었어요. 솔직히 말하면 채널링을 이제 그만 접어야겠다고 생각했습니다. 무대에서 눈을 뜨고 채널링하는 그녀를 본 이후로 나는 채널링을 멈춘 채 상실감과 실망감 속에 여러 날을 보냈습니다.

그러던 어느 날 잠에서 깼는데 위원회의 존재가 곁에서 느껴졌어요. 나는 재빨리 노트를 집어 들고 써 내려가기 시작했습니다. 그들은 자신들이 나를 그 워크숍에 참석하도록 인도했다면서, 그런 데에는 중요한 이유가 있다고 했어요. 그들은 그 워크숍에서 전달되었던 정보들을 나를 통해 더욱 확장시키기 위해 지금 자신들이 여기에 있다고 했습니다. 특히 자신들이 전하는 메시지는 '끌어당김의 법칙'이 '진정한 창조'라는 개념으로 한 단계 진화한 것이라는 점을 강조했어요. 그 순간 갑자기 무대에 있던 그 여성이 마치 릴레이 경주에서 바통을 넘기듯 나에게 바통을 전하는 듯한 환영이 보였습니다. 그녀가 얼마나 많은 사람들을 지금의 인식 수준까지 이끌어왔는지 보았고, 이제 내가 그 바통을 이어받아 다음 구간을 달릴 차례라는 것을 깨달았죠. 그 환영에서 느껴진 에너지는 정말 강력했어요. 곧바로 채널링에 대한 열정을 다시 불러일으켰고, 나와 위원회 사이에 예정된 운명처럼 보이던 관계에 대한 새로운 관점을 열어주었습니다.

나는 즉시 채널링을 재개했어요. 위원회의 지혜를 세상과 나누는 일이 더 설레고 흥분되었죠. 몇 년 후, 나는 로스앤젤레스에서 열린 한 라이브 채널링 행사에서 여러 명의 다른 채널러들을 만났습니다. 놀랍게도 그들은 모두 나와 비슷한 시기에 채널링을 시작한 사람들이었고, 그들의 음성 채널링 방식도 나와 거의 흡사했어요. 그들은 눈을 감고 몇 번 심호흡을 한 뒤 앉은 상태에서 채널링을 했고, 나처럼 손끝을 맞대는 독특한 자세를 취하는 경우도 많았습니다. 또한 나처럼 채널링하는 동안에도 의식이 또렷해 주변에서 무슨 일이 벌어지고 있는지 안다고 했습니다.

위원회는 나중에 나에게, 지난 수십 년 동안 우리의 의식과 진동이 꽤 상승해서, 이제는 예전처럼 채널이 열리기 위해 의식이 완전히 빠져나가야 할 필요가 없게 되었다고 설명해 주었습니다. 1950년대, 60년대, 70년대, 80년대에는 그러한 방식이 흔했지만, 이제는 더 이상 그렇지 않다는 거였어요. 내가 워크숍에서 본 그 여성은 1980년대에 채널링을 시작해, 지금과는 다른 진동과 의식 아래서 활동해 왔던 겁니다. 나는 또한 에드가 케이시Edgar Cayce를 비롯해서 람타Ramtha를 채널링한 JZ 나이트Knight, 세스Seth를 채널링한 제인 로버츠Jane Roberts 같은 이들도 떠올렸어요. 이들 역시 몇십 년 전부터 채널링을 시작한 사람들로, 채널링하는 중에는 자신의 의식이 완전히 빠져나간다고 설명한 바 있습니다. 이제 모든 것이 명확해진 거죠. 내가 채널링을 해온 방식은 나에게 완벽하고 고유한 방식이었던 겁니다. 이것은 당신에게도 마찬가지일 거예요.

다른 사람들이나 그들의 채널링 방식을 자신과 비교하지 마세요. 어떤 방식으로 채널링하든, 그리고 그 채널링이 당신을 통해 어떻게 표현되든 그것은 완벽합니다. 그리고 그것은 언제나 확장되고 발전할 겁니다. 연습할수록 채널링은 더욱 명확해지고 접속하기도 더 쉬워질 거고요. 시간이 지나면서 자동 쓰기에서 음성 채널링으로 자연스럽게 옮겨갈 수도 있어요. 또한 자신이 가지고 있었는지도 몰랐던 재능과 능력, 기술을 점차 발견하게 되는 경우도 많습니다.

영국 출신의 사랑스러운 여성으로 뛰어난 음성 채널러인 내 학생 한 명이 떠오릅니다. 그녀의 채널링은 시작 이후 정말 다양한 분야로 확장되었죠. 그녀의 첫 채널링 경험은 동물을 통해 이루어졌어요. 어느 날 그녀는 자연스럽게 사자로부터 메시지를 받았고, 그 뒤에는 사자의 집단 의식과도 연결되었습니다. 그 메시지들은 그녀에게 깊은 울림을 주었지만, 시간이 지나면서 그녀는 자신의 연결에 대해 의심을 품기 시작했어요. 그러나 시간이 지나고 약간의 안내를 받으면서 그녀는 자신이 음성 채널링을 할 수 있다는 사실을 발견하게 되었고, 동물, 천사, 요정 등 다양한 존재들로부터 메시지를 받기 시작했습니다. 그리고 미술 교육을 정식으로 받은 적이 없는데도 어느 순간부터 자신에게 메시지를 전하며 그림으로 자기가 표현되기를 바라는 동물들의 정교하고 아름다운 채널링 아트를 하기 시작했어요.

그녀는 이렇게 말합니다. "내가 채널러라는 사실을 깨닫고 나서 나의 의식과 주파수, 진동이 모두 상승했어요. 사라와 위원회는 내가 사자의 집단 의식을 채널링할 수 있는 능력을 잃게 되었다고 느끼던 그 시점에 신성하게도 내 삶에 들어왔고, 믿을 수 없을 만큼 빠르고 능숙하게 나를 다시 그 연결로 이끌어주었죠. 나의 채널링은 이후 더 많은 동물들과의 소통은 물론이고 천사, 요정 그리고 상승한 마스터들과의 연결로 이어졌습니다. 이 과정에서 나의 의식, 주파수 그리고 진동은 더욱 높아졌고요. 나는 종교적 배경이 전혀 없지만 지금은 예수를 채널링하고 있고, 직접 손을 얹고서 하는 에너지 활성화 작업도 하고 있습니다. 나는 예수의 발자취를 따르고 싶다는, 내 인생 최대의 꿈을 실현했어요. 나는 이제 영원히 변화되었습니다."

이 책에서는 채널링의 다양한 방식들을 다룰 겁니다. 채널링이란 상위 지혜에 자신을 열고, 근원 에너지가 자신의 몸과 물질적 경험 속으로 흘러들도록 허용하는 과정입니다. 음성 채널링과 자동 쓰기 외에도 채널링 방식은 수없이 많아요. 누군가는 미술, 음악, 춤, 책이나 시, 노래를 창작하는 활동을 통해 채널링을 하기도 하고, 누군가는 대화나 자연 속에서의 경험, 스포츠나 움직임을 통해 채널링을 하기도 합니다. 또 어떤 이들은 동물이나 세상을 떠난 사랑하는 이들과 소통하는 능력을 타고나거나 살면서 발견하기도 하고요. 최근 들어 많은 사람들이 '빛의 언어light language'를 채널링하고 있는데, 이는 종종 '방언을 하는 것speaking in tongues'과 비슷하게 여겨져요. 이는 특정한 소리나 어조로 말하거나 노래하듯 발음하는 것으로, 지구에서 우리에게 익숙한 언어는 아니지만 영혼soul 혹은 영spirit에게는 이해되는 것처럼 보입니다.

또 다른 학생으로 영국 콘월Cornwall의 거친 해안 지역에 사는 한 여성은 이렇게 말합니다.

"내가 기억하는 한, 나는 늘 노래를 통해서, 혹은 내 머리로는 전혀 이해가 안 되는 언어를 통해서 채널링을 해왔어요. 그런데 그게 너무나 깊이 와 닿고 진실하게 느껴졌어요. 나는 이것을 '별들의 언어language of the stars'라고 부르게 되었어요. 내 파트너와 나는 오랫동안 함께 노래하고 음악을 연주해 왔습니다. 그러다가 둘 다 사라의 '채널링의 기술' 강좌를 들은 뒤, 그간 해오던 방식에 새로운 시도를 더해보면 어떨까 하는 생각이 들었어요. 기존에 하던 음악에 음성 채널링을 한데 엮어보는 거였죠. 새로운 방식 같으면서도, 늘 그래왔던 것처럼 느껴졌어요. 지금은 우리에게 가장 자연스럽고 당연한 일이 되었네요.

채널링을 통해 무한한 가능성으로 향하는 문이 열린 것에 정말로 깊이 감사해요. 무언가가 신뢰trust를 넘어 '앎knowing'의 단계로 나아갈 때 그건 정말 자연스러워져요. 가장 평범해 보이는 일이 가장 놀라운 일이 되는 거죠. 모든 것이 지금 여기에 있지만, 우리가 누구이며 우리가 원래 어떤 존재였는지를 기억해 내면서 우리는 늘 새로운 방식들을 발견하는 겁니다.

사라는 늘 곁에서 따뜻하게 지켜봐 주는 선생님이에요. 사라를 만나면서부터 내 삶은 말로 다 표현할 수 없을 만큼 활짝 꽃을 피우고 확장되었어요. 정말 감사할 따름입니다."

당신에게 자연스럽고 진실되게 느껴지는 것이라면 그것이 어떤 형태든 채널링이 표현되도록 허용하세요. 비록 자신에게 익숙하지 않은 방식이더라도, 채널링이 당신에게 어떤 모습으로 다가오는지 놀이처럼 탐험하고 즐겨보는 겁니다. 자신을 다른 누구와도 비교하지 마세요. 우리는 각자 자신만의 채널링 능력을 가지고 있습니다. 모든 사람이 반드시 음성 채널링을 하거나, 동물이나 세상을 떠난 사랑하는 이들과 소통하는 것도 아닙니다. 과정 자체를 즐기세요. 그리고 그 채널링이 당신 안에 잠재되어 있지만 아직 발견되지 않은 재능과 능력으로 당신을 이끌고 안내하도록 허용하세요!

위원회의 메시지 | 당신의 무한한 가치에 대하여

이토록 멋지고 찬란한 날에 여러분과 대화를 나눌 수 있어 정말 기쁘고 기쁠 따름입니다. 우리는 여러분에게 우리의 말도 중요하지만, 이것이 단순한 언어 전달을 넘어선 진동적 경험임을 상기시키고자 합니다. 이 경험을 통해 여러분은 자신에 대한 진실 속으로 들어가게 되며, 그 과정에서 자신이 진정 누구인지, 왜 이곳에 왔는지, 그리고 이 장대한 삶의 여정을 선택하면서 품었던 의도가 무엇인지 모두 기억하게 될 것입니다. 이것은 여러분이 여기에 존재하는 목적을 구현하고 인식하는 진동입니다.

여러분이 지닌 무한한 가치는 여러분 삶 속에 내재된 본질적인 약속입니다. 지금 여러분이 하고 있는 이 인간 경험 안에서, 과거에 일어난 어떤 일도, 또 앞으로 일어날 어떤 일도 여러분의 무한한 가치를 위협하거나 훼손할 수는 없다는 약속 말이에요. 여러분이 과거에 어떤 행동을 했고 누군가로부터 어떤 일을 겪었든지, 그것이 여러분이 영혼으로서, 인간으로서, 근원으로서, 신으로서 지닌 가치를 위협하거나 훼손할 수는 없어요. 절대로 그럴 수 없습니다.

여러분이 자신의 참된 가치를 진정으로 깨닫고, 자신이 얼마나 귀하고 소중한 존재인지 인식하며, 자신의 무한한 가치를 온전히 받아들이기 시작할 때, 여러분의 영혼이 품고 있는 열망들이 가장 높은 형태로 실현될 것임을 우리는 확신합니다. 그것은 여러분을 놀라게 하고, 기쁘게 하고, 설레게 히며, 감탄하게 만들 거예요.

많은 이들이 지금껏 자신이 얼마나 가치 있는 존재인지 의식적으로 깨닫지 못한 채 살아왔습니다. 하늘의 태양은 지구와 완벽한 거리를 유지해, 여러분이 이 지구에서의 삶을 경험하고 이 경험 속에서 여러분이 필요로 하는 모든 것을 그 이상으로 누릴 수 있도록 해줍니다. 이 행성에 존재하는 모든 자원은 여러분을 위해 존재해요. 위대한 창조자, 근원, 신, 신성은 여러분의 가치를 알고 있습니다. 여러분의 가치를 한 순간도 의심하지 않고, 그 어떤 것도 그것을 위협할 수 없다는 걸 알아요. 나아가 여러분이 '만유'의 근원과 하나임을 알고 바로 그 자리에서 자신을 바라볼 수 있도록 허용합니다.

여러분은 그만큼 가치 있는 존재이기에, 신은 여러분이 스스로에게 집중하여 자신만의 고유한 방식으로 의식을 표현하도록 장려합니다. 여러분은 말할 수 없을 만큼 소중한 존재이기에 이 지구라는 물질적 형태 속으로 육화하도록 허용된 것입니다. 오직 여러분의 기쁨, 환희, 확장, 그리고 여러분 자신의 완전한 표현이라는 절대적 목적을 위해서, 그리고 여러분이 원하는 어떤 경험, 어떤 모험이든 자유롭게 선택할 수 있도록 하기 위해서 말이에요.

이것은 마치 근원이 여러분에게 이렇게 말하는 것과 같습니다. "가장 화려하고, 믿기지 않을 만큼 멋진, 평생 단 한 번뿐인 휴가를 떠난다고 해봐요. 어디로 가고 싶은가요? 얼마 동안 머물고 싶나요? 어디에 머물고 싶으세요? 최고급 호텔? 아니면 조용하고 아늑하고 평화로운 방갈로? 크루즈 여행을 하고 싶나요? 멋진 여행을 하는 동안 아름다운 집을 렌트하거나 소유하며 지내고 싶은가요? 이건 여러분이 가고 싶은 곳이라면 어디든 갈 수 있는, 평생 한 번뿐인 여행이에요. 여행지에서 무엇을 하고 싶나요? 무엇을 보고 싶은가요? 어떤 경험을 하고 싶으세요?”

이 여행에는 어떤 제한도 없고 예산도 필요없습니다. 근원은 다시 이렇게 말할 수 있습니다. “당신이 가고 싶은 어디든 괜찮아요. 머물고 싶은 곳도 어디든 좋습니다. 바다 전망이 펼쳐지는 최고의 스위트룸도 좋고, 산과 폭포, 계곡이 끝없이 내려다보이는 산꼭대기의 스위트룸도 괜찮아요.” 무엇이든 자신에게 어울리는 것이면 됩니다. 근원은 여러분에게 이렇게 말하고 있는 겁니다. “인생 최고의 여행입니다. 자, 무엇을 선택할 건가요?” 여러분은 그만큼 가치 있는 존재예요. 여러분은 그만큼 소중한 존재입니다.

여러분은 스스로 가방을 꾸리고, 의식을 집중하여, 이 놀라운 지구의 경험 속으로 육화했습니다. 자신이 선택한 이 위대한 모험에서 사신이 얼마나 가치 있고 얼마나 사랑받는 존재인지를 알고서 말이에요. 여기에 있는 모든 것은 여러분의 경험을 위해 있습니다.

여러분은 언제나 가장 가치 있는 존재였습니다. 그것은 물질적 소유나 형태와는 아무런 관련이 없습니다. 자신의 가치를 아는 것에서 비롯하는 진동과 주파수가 여러분이 원하는 삶을 경험하는 데 필요한 자원들을 끌어당기는 힘이에요. 여기에는 어떤 위계질서도 없습니다.

여러분은 삶에서 누릴 수 있는 가장 큰 기쁨을 누릴 자격이 있어요. 그리고 실제로 여러분은 그것을 경험해 왔습니다. 지금 이 위대한 모험의 어느 지점에 있든, 여러분은 이미 어떤 수준에서든 기쁨을 맛보았고 행복을 느껴보았어요. 기적 같고 마법 같은 일도 경험해 보았고, 어떤 방식으로든 풍요와 사랑도 경험해 봤습니다. 여러분은 지금까지 누렸던 그 최고의 경험을 누릴 자격이 있고, 그것을 매일 매 순간 누릴 자격이 있는 존재입니다.

만약 여러분이 지닌 '가장 높은 수준의 가치'를 발휘하며 산다는 것이 어떤 것인지 우리가 예를 들어 보여준다면, 자신의 가치를 알고 있을 때 여러분의 경험 속에 남는 것은 오직 변함없고 무조건적이며 순수한 사랑의 상태, 곧 '지상천국'이라는 사실을 여러분은 알게 될 것입니다.

여러분 중 많은 이들이 '지상천국' '새로운 지구' '5차원' 또는 '순수한 사랑의 상태'라 불리는 곳에 대해 이야기해 왔습니다. 그 여정의 시작은 바로 지금 이 자리, 여러분이 있는 이곳이에요. 여러분은 사랑 그 자체이기에, 지금 이 자리에서 '순수한 사랑'의 상태로 존재하는 것이야말로 그 여정의 첫걸음입니다. 혹시라도 자신이 지금 그 자리에 있지 않다고 느낀다면, 그것은 여러분이 '제약'이라고 느끼는 어떤 외부 상황이나 조건에 근거

해 자신의 가치를 부정하고 있기 때문입니다. 그게 전부예요.

여러분이 타고난 가치에 대한 이 같은 이해를 통해 결국 경험하게 될 현실은 바로 자기 자신에 대한 무조건적인 사랑입니다. 그것은 의심과 불확실성을 넘어 자신을 아는 것이고, 고통과 상처를 넘어 자신을 이해하는 것이며, 삶에서 겪어온 모든 아픔, 죄책감, 수치심을 넘어 자신을 아는 것, 이번 생에서 단 한 번도 경험해 보지 못한 진정한 자신을 아는 것입니다.

정상에 도달했을 때, 그 정점에서 여러분은 무엇을 보게 될까요? 끝없는 아름다움, 끝없는 풍요, 끝없는 행복, 끝없는 자유, 끝없는 기쁨, 끝없는 평화, 끝없는 조화, 끝없는 확장, 끝없는 영감, 그리고 변함없고 무조건적이며 순수한 사랑을 보게 될 겁니다.

우리는 언제나 여러분과 함께 있으며, 언제든 여러분을 위해 열려 있습니다. 여러분은 여러분이 되고자 하는 모든 것이에요. 여러분은 이미 그러한 존재입니다. 그 모든 것은 언제나 여러분 안에 있었고, 지금도 여전히 여러분 안에 있습니다. 우리는 여러분을 사랑하고, 사랑하고, 사랑해요. 이로써 우리는 완전해집니다.

채널링 연습 파트너 구하기

음성 채널링, 영매 채널링, 애니멀 커뮤니케이션, 빛의 언어, 혹은 그 밖의 다른 형태의 채널링을 연습하고자 하는 이들에게, 나는 신뢰할 수 있고 편안한 연습 파트너(버디buddy)를 두라고 권하고 싶습니다. 이는 자동 쓰기로 받은 메시지를 서로 나누고 번갈아가며 읽어주기에도 아주 좋은 방법입니다.

버디는 당신이 신뢰하고 편안하게 느껴지는 사람이라면 누구든 좋아요. 많은 이들이 가까운 친구나 가족 중에서 버디를 고릅니다. 어떤 버디들은 자신이 채널링한 정보나 메시지를 당신과 공유할 수도 있지만, 그저 당신이 마음 놓고 연습할 수 있도록 안전하고 편안한 공간을 제공하기만 할 수도 있습니다.

주변에 버디가 되어줄 사람이 전혀 없다고 느낄 수도 있는데, 이는 충분히 있을 수 있는 일입니다. 하지만 그럴 때에도 방법은 있습니다. 어쩌면 당신도 "학생이 준비되면 스승이 나타난다"는 말을 들어본 적이 있을 겁니다. 나는 이 말이 채널링에도 똑같이 적용된다는 걸 여러 번 경험했습니다. 채널링을 연습할 버디를 찾고 있다는 의도를 분명히 세우고, 그 사람이 당신 삶에 들어오도록 허용해 보세요. 당신이 자신의 채널링을 허용하고 버디를 찾는다는 의도를 세우는 바로 그 순간, 어떤 지인이 갑자기 채널링 책을 읽고 있다거나 이런 일에 관심이 있다고 이야기할 수도 있어요.

우리 커뮤니티에서는 전 세계에서 약 5천 명에 이르는 사람들이 '채널링의 기술' 강좌 시리즈를 수강했습니다. 그 외에도 빛의 언어나 애니멀 커뮤니케이션처럼 특정한 채널링 형태에 초점을 맞춘 온라인 플랫폼들이 많이 있습니다. 영성, 의식, 채널링 등에 대한 관심 덕분에 당신은 이미 이런 사람들과 어느 정도 연결되어 있을 수도 있어요. 일단 명확한 의도를 세우고 채널링 버디를 찾는 데 집중하기 시작하면, 그 연결은 반드시 이루어질 겁니다. 그 누가 높은 지혜의 채널인 당신을 통해 천사, 영적 가이드, 근원에게 질문을 하고 답을 받을 수 있는 기회를 마다하겠습니까?

나는 내가 처음 연습 파트너를 만났을 때만 해도 채널링을 연습할 버디가 중요하다는 사실을 전혀 몰랐습니다. 나의 버디는 바로 이 책의 '들어가는 말'에서 언급했던, 최면을 통해 내가 위원회와 연결될 수 있도록 도와준 그 여성입니다. 아시다시피 얼핏 우연처럼 보였던 그 만남은 내 인생의 방향을 완전히 바꾸어놓았습니다.

그녀가 없었다면 나는 영영 내 채널링 능력을 발견하지 못했을지도 몰라요. 그녀의 지지와 그녀가 위원회에게 던진 수많은 실문들이 없었다면, 나는 분명 채널링 여정을 끝까지 지속하지도 않았을 테고, 무엇보다 나에게 들려오는 메시지를 신뢰하는 법도 배우지 못했을 거예요. 비록 의도적으로 채널링을 요청하거나 버디를 찾고자 한 것은 아니지만, 더 크고 지혜로운 어떤 힘이 우리가 서로 만날 수 있도록 이끌어준 것입니다.

일단 채널링 버디를 찾고 나면, 그가 단지 당신이 채널링 연습을 할 수 있도록 공간을 만들어주는 역할만 할지, 아니면 서로 번갈아가며 상위 지혜와 질문을 주고받는 식으로 함께 채널링을 할지는 자연스럽게 드러날 겁니다. 나의 경우 언제나 그녀가 질문을 하고 내가 답을 채널링하는 방식이었어요. 하지만 많은 경우 버디 역시 채널러이기 때문에 서로 번갈아가며 질문하고 답하는 형태가 됩니다.

채널링 상태에서 누군가가 당신에게 질문을 던지는 것은 굉장히 중요합니다. 종종 나는 위원회와 연결될 때 순수한 기쁨의 상태로 들어가곤 합니다. 그 순간에 나는 '만유'와 '알려진 모든 것'을 느낄 수 있게 되는데, 그 상태에서는 어떤 질문도 떠오르지 않기 때문이에요.

질문은 당신이든 버디든 누구나 할 수 있습니다. 질문은 개인적인 질문일 수도 있고, 더 포괄적인 주제일 수도 있어요. 잘못된 질문은 없으며, 채널링을 시작하기 전에 파트너의 질문을 미리 검토할 필요도 없습니다.

또한 아주 구체적인 질문이라고 해서 항상 구체적인 답을 받는 것은 아니라는 걸 알게 될 거예요. 내 버디는 종종 어떤 일이 정확히 언제 일어날지 묻는 질문을 하곤 했습니다. 위원회는 언제나 우리의 인식을 넓혀주는 놀라운 답과 정보를 전해주었지만, 일어날 일에 대한 정확한 시점을 알려주는 경우는 드물었어요. 그들은 종종 어떤 사건이나 상황의 전개에는 관련된 모든 존재의 자유 의지가 개입되기 때문에, 정해진 시점을 말하는 것이 어렵다고 설명하곤 했어요.

내 학생으로 플로리다에 사는 한 여성은 자신이 버디를 찾은 경험을 이렇게 나누어주었습니다.

"내 채널링 여정은 완벽한 방식으로 펼쳐졌어요. 나는 코로나 격리

기간 동안 마이크 둘리Mike Dooley(영적 교사로, 사라 랜던을 포함한 6명의 채 널러들과 함께 공개 채널링 이벤트를 연 후《위대한 깨어남*The Great Awakening*》이 라는 책을 묶어내기도 했다—옮긴이)의 글과 강연을 접해왔고, 그 이전부 터 몇 년간 매일 일기 쓰기를 해왔어요. 마이크가 사라와 위원회를 소 개해 주었을 때 '채널링의 기술' 강좌를 듣는 것은 나에겐 선택의 여지 가 없는 일처럼 느껴지더군요. 지금 와서 보면 나는 완벽한 타이밍에 이 여정을 제 삶으로 끌어들인 거지요. 위원회의 가르침과 그것을 통 합해서 전하는 사라의 안내에 완전히 매료되었고 더 알고 싶다는 마음 이 계속 들었기에, 이후 사라의 마스터 클래스에 참여하는 것도 너무 나 자연스러운 선택이었어요.

몇 달간 꾸준히 참여하던 중 채널링 수업이 열리자 자연스럽게 등록 하게 되었어요. 수업을 들으면서 사라가 일기 쓰기를 권할 때도 그것 은 나에게는 전혀 힘들지 않고 자연스러웠어요. 사라가 우리에게 머리 에서 가슴으로 내려가서 그냥 떠오르는 대로 써보라고 했을 때도 생각 과 가르침이 정말 그대로 글이 되어 쏟아져 나왔죠. 나는 매일 아침 빌 코니에 나가, 노트 맨 위에 '지금 내게 가장 완벽한 다음 단계는 무엇인 가요? 내 영혼이 지금 내게 알려주고 싶은 것은 무엇인가요?' 같은 질 문을 적고 펜을 통해 흘러들어 오는 모든 것을 써 내려가기 시작했어 요. 억지로 한다는 느낌도, 어색함도 느껴지지 않았어요. 물론 몇 번은 '이거 내가 그냥 지어내는 거 아닐까?'라는 생각이 들기도 했지만, 판 단은 잠시 옆에 밀어놓고 그냥 흐름에 맡겼습니다.

사라가 버디를 찾아보라고 권했을 때 나는 곧바로 두 사람이 떠올랐어요. 한 명은 나와 같은 주_州에 살고 있었고, 또 한 명은 같은 주는 아니지만 나랑 같은 시간대에 살고 있었죠. 첫 번째 버디와의 만남은 즐거웠지만, 그 친구는 거의 매번 예상치 못한 일들이 생겨 약속을 취소하거나 다시 잡아야 했죠. 사실상 큰 의지가 없어 보였어요. 반면 두 번째 버디에게 연락했을 때는 상황이 전혀 달랐죠. 우리는 항상 정해진 시간에 맞춰 만났고, 그 시간을 다른 어떤 일보다도 우선순위에 두고 연습에 전념했어요. 그리고 우리는 깨달았죠. 그저 열린 마음으로 만나 연습하고 서로에게서 배우려는 의지만 있다면, 그것이 바로 성공의 문을 여는 마법의 열쇠라는 것을요.

우리는 일주일에 세 차례, 한 번에 두 시간씩 만날 수 있도록 일정을 맞출 수 있었어요. 늘 대화를 나누는 것으로 시작했죠. 사라와 위원회의 메시지에 대한 이야기, 그리고 각자 삶에서 일어난 일들에 대해 이야기를 나눴어요. 그러고 나서는 번갈아가며 채널링을 했습니다. 우리는 어떤 메시지가 흘러나올지 불안감 없이 열린 마음으로 받아들였고, 영적 가이드들이 늘 우리와 함께해 줄 거라는 믿음을 가지고 있었어요. 그리고 정말 그들이 늘 함께해 주었죠! 처음부터 우리에게는 채널링이 자연스럽고 수월하게 느껴졌어요. 그래서 지금까지도 계속 이어오고 있습니다. 벌써 18개월 넘게 함께 연습하고 있고, 모든 세션을 녹음하면서 우리 각자의 영적 가이드—우리의 '위원회'—와의 관계는 물론 서로 간의 관계도 깊어졌어요. 악기를 연주하는 것이나 석사 과정을 밟는 것, 또는 집을 짓는 것처럼 채널링 또한 시간과 헌신이 필요한 일이지만, 그것이 가져다주는 기쁨은 노력과 투자한 시간을 충분히 보상하고도 남아요.

　이렇게 많은 날들이 지난 지금도 우리는 여전히 정기적으로 만나고 있고, 우리를 찾아와 우리를 통해 흐르는 영적 가이드들의 에너지가 너무도 큰 기쁨인지라 앞으로도 가능하면 자주 만나 연습하려고 해요. 새로운 채널러들에게 해주고 싶은 조언은 이렇습니다. 첫째, 자동 쓰기 연습을 먼저 해보세요. 영적 가이드의 메시지를 익숙하게 느끼는 데 도움이 돼요. 둘째, 함께해 줄 좋은 버디를 찾으세요. 이 시간을 소중히 여길 수 있는 사람이면 좋아요. 셋째, 여러분의 영적 가이드들은 언제나 곁에 있다는 것을 믿으세요. 그들은 당신에게 말을 걸고, 당신을 통해 말하는 것을 무엇보다 큰 기쁨으로 여깁니다. 넷째, 이 과정을 즐기세요!

　사라와 위원회는 우리의 삶을 완전히 바꾸어놓았어요. 우리는 그들의 진동 안에 가능한 한 많은 시간을 머무르며, 반복해서 듣고 에너지를 체험하는 데 몰입하고 있어요. 만약 당신이 여기에 이끌리고 있다면, 당신의 영적 가이드가 당신을 기다리고 있으며, 언제나 사랑을 보내고 있다는 뜻이에요."

　버디와 함께 연습하는 방법에는 전화, 온라인 플랫폼, 또는 직접 만나서 하는 방식이 있습니다. 직접 만나서 하는 것이 가장 이상적이긴 하지만 이 가운데 어떤 방식이든 괜찮습니다. 연습을 시작하기 전에 누가 질문을 하고 누가 채널링 연습을 할지 미리 상의하도록 합니다. 질문을 맡은 사람이 질문 목록을 준비했는지도 확인하세요. 그런 다음 신성한 공간을 만듭니다. 신성한 공간은 핸드폰 등 전자 기기의 전원을 잠시 꺼두거나 서로를 빛의 원 안에 감싸는 이미지를 떠올리는 것처럼 아주 간단한 방식으로 만들 수 있어요.

도움이 된다면, 버디에게 이 장 마지막에 소개한 간단한 안내 명상으로 이끌어달라고 요청해도 좋습니다. 그런 다음 버디가 당신에게 질문을 던지는 방식으로 연습을 시작하면 됩니다. 눈을 감은 상태에서 채널링하는 것이 가장 편안할 수도 있지만, 어떤 사람들은 눈을 뜬 채로 채널링하기도 합니다. 버디가 질문을 하고, 당신은 상위 지혜에 접속해 그에 대한 답을 받는 과정을 계속 이어갑니다.

만약 중간에 막히거나 아무 일도 일어나지 않는 것처럼 느껴진다면, 몇 번 숨을 깊게 들이쉬고 내쉬면서 머리로 답을 찾으려는 시도를 멈추고 심장으로 내려갑니다. 그런 뒤 몸과 마음을 이완하면서 답이 저절로 흘러들어 오도록 허용합니다. 당신이 막힌 듯 보일 때는 부드럽게 질문을 몇 차례 반복해 주도록 버디에게 미리 부탁해 두는 것도 좋은 방법이에요. 자연스럽게 답이 흘러나올 때까지 말입니다.

연습을 거듭할수록 채널링은 더 쉬워지고 자연스러워질 거예요. 자신이나 자신을 통해 흘러나오는 정보를 판단하지 말고 그저 신뢰하도록 합니다. 또한 버디와 함께한 모든 채널링 연습을 녹음했다가 나중에 다시 들어보기를 권해요. 그 과정을 통해 당신은 상위 지혜로부터 받은 메시지를 새롭고 독특한 방식으로 경험할 수 있을 겁니다.

버디와 함께 채널링을 연습하다 보면 자신을 통해 나오는 메시지에 깜짝 놀랄 수도 있습니다. 많은 학생들이 처음에는 아무런 메시지도 떠오르지 않는다거나 아무 일도 일어나지 않는 것 같다고 합니다. 하지만 일단 버디를 만나 함께 연습하기 시작하면, 어느 순간부터 갑자기 대답이 흘러나오면서 그들의 채널이 새롭고 흥미로운 방식으로 열리기 시작합니다.

내 학생 중 미국 노스캐롤라이나에 사는 한 남성은 버디, 즉 채널링 파트너와 연습하는 것이 자신에게 얼마나 중요한 경험이었는지를 이렇게 설명합니다. "사라의 프로그램을 경험하고 나서 나는 내가 채널러라는 사실을 알게 되었어요. 채널링의 이점은 그저 이따금씩 통찰을 얻거나 직감으로 아는 것 이상이에요. 처음엔 나 자신을 완전히 신뢰하기까지 시간이 좀 걸렸지만, 그건 실제로 버디와 함께 내 채널링 능력을 연습해 보라는 권유를 오랫동안 따르지 않았기 때문이었죠. 저는 수십 년간 선禪 명상을 해왔고, 깊은 통찰과 연결, 하나임을 경험해 온 사람이에요. 하지만 채널링은 연결이나 하나임의 개념을 넘어서게 해 줍니다. 채널링은 다른 존재들과 직접적이고도 생생한 경험을 하게 해 주고, 이는 우리가 서로 연결된 하나임을 기적적으로 증명해 주지요. 채널링은 당신의 영적 여정을 극적으로 가속시켜 줍니다. 마치 터보 엔진을 단 것처럼요. 더 이상 다른 사람을 통해 통찰을 얻거나 지혜를 전해 받는 것이 아니라 근원으로부터 직접 그것들을 받게 되니까요."

당신이 다음 단계로 나아가고 싶거나, 자신의 채널을 열고 확장하는 데 도움될 다른 방법들을 탐색하고 싶다면, 버디를 찾는 것이 가장 효과적인 방법이 될 수 있어요. 가능하다면 매주 혹은 최대한 자주 버디와 함께 연습해 보세요. 무엇보다 중요한 건 이 과정을 즐기는 것입니다!

버디와 함께 연습하기 위한 안내 명상

다음 과정은 혼자서도 진행할 수 있지만, 눈을 감고 연습할 수 있도록 누군가가 다음의 과정을 읽어주면 더 좋습니다. 방해받지 않을 조용한 장소를 찾거나 버디와 함께 신성한 공간을 만든 후 시작하세요.

자, 몇 차례 깊은 숨을 쉽니다. 숨을 들이쉬며 하나, 둘, 셋, 넷, 다섯. 내쉬며 다섯, 넷, 셋, 둘, 하나. 다시 들이쉬며 하나, 둘, 셋, 넷, 다섯. 내쉬며 다섯, 넷, 셋, 둘, 하나. 마지막으로 한 번 더 숨을 들이쉬며 하나, 둘, 셋, 넷, 다섯. 내쉬며 다섯, 넷, 셋, 둘, 하나. 숨을 깊이 들이쉬고 내쉴 때마다 몸이 점점 더 가벼워지는 것을 느껴보세요.

이제 당신이 있는 방 천장에 완벽하게 둥근 구멍이 나 있다고 상상해 봅니다. 그 구멍을 통해 아주 밝고 아름다운 빛이 내려오고 있습니다. 지금껏 본 적 없는 아주 찬란하고 아름다운 빛이에요. 그 빛이 방 전체를 가득 채우고 있습니다.

이제 그 완벽하게 둥근 구멍을 통해 내려오는 빛이 당신의 머리 정수리로 흘러들어 오는 모습을 상상해 보세요. 정수리에 열린 공간이 하나 있고, 그 공간을 통해 밝고 아름다운 빛이 머리 위로 쏟아져 들어옵니다. 정수리의 열린 공간이 확장되며, 그 빛이 머리 안으로 흘러드는 것을 느껴보세요.

이제 이마에 있는 두 눈 사이의 공간, 제3의 눈이 있는 부위를 느껴봅니다. 이마 중앙의 그 공간이 열리고 확장되는 것을 느껴보세요. 정수리에서 흘러내려 온 밝고 아름다운 빛이 제3의 눈이 있는 두 눈 사이의 공간으로 흘러들어 가는 모습을 상상합니다. 그 부위 전체가 열리고 확장되며, 밝고 아름다운 빛으로 가득 차는 것을 느껴보세요.

이제 그 밝고 아름다운 빛이 눈을 지나, 광대뼈 위를 지나고, 얼굴 전체를 지나 목 주변으로 내려가는 것을 상상해 보세요. 목 뒤쪽의 공간이 열리고 확장되는 것을 느껴봅니다. 목이 열리고 확장되는 느낌과 함께, 밝고 아름다운 빛이 목 주위로 흘러내려 오는 모습을 상상해 보세요. 목 주변 공간 전체가 열리고, 확장되며, 찬란한 빛으로 가득 찹니다.

이제 가슴으로 주의를 가져갑니다. 밝고 아름다운 빛이 어깨와 어깨뼈 위로 흘러내립니다. 어깨가 이완되는 것을 느껴보세요. 가슴 안쪽에 있는 가장 아름다운 공간을 상상해 보세요. 그 공간이 활짝 열리고, 그 안으로 찬란한 빛이 흘러들어 와 당신을 빛으로 가득 채웁니다. 가슴 전체가 열리고, 확장되며, 밝고 아름다운 빛으로 충만해집니다.

이제 그 빛이 폐와 갈비뼈로, 그리고 갈비뼈 하나하나를 따라 아래도 흘러내리는 모습을 상상해 보세요. 빛이 복부, 배꼽 주변의 공간으로 흘러들어 갑니다. 그 부위 전체가 열리고, 확장되며, 밝고 아름다운 빛으로 가득 차는 것을 느껴보세요.

이제 척추의 맨 아래, 꼬리뼈 근처로 주의를 옮깁니다. 그 부위가 열리고 확장되며, 밝고 아름다운 빛이 척추 맨 아래로 흘러들어 가 그 공간을 환하게 채우는 것을 상상해 보세요. 그 부위 전체가 열리고, 확장되며, 아름답고 찬란한 빛으로 가득 채워집니다.

이제 밝고 아름다운 빛이 허벅지를 타고 흘러 무릎을 지나 정강이로, 그리고 발끝까지 흘러내려 가는 모습을 떠올려보세요. 그 빛이 발바닥을 지나 바닥으로, 땅속으로, 그리고 당신 아래에 있는 지구의 중심으로 흘러들어 갑니다. 당신의 온몸이 빛으로 가득 차 있으며, 이 찬란한 빛이 당신을 통과해 지구 속으로 흘러가는 것을 느껴보세요. 숨을 들이쉬며 이 찬란한 빛이 당신을 통해 흐르고 있음을 느껴보세요. 몸이 얼마나 가볍고 생기 넘치는지 느껴봅니다.

그 밝고 아름다운 빛이 당신 안에, 당신 아래에, 당신 위에, 당신을 둘러싼 모든 공간에 가득 차 있는 것을 느껴보세요. 온몸이 방 안을 밝은 빛으로 가득 채우는 것을 느껴보세요. 이제 그 몸에서 살며시 벗어나 천장에 있는 둥근 구멍을 통해 빛과 함께 가볍게 떠오르는 모습을 상상합니다. 천천히 위로 떠올라 아래에 있는 자신의 몸과 방을 바라봅니다.

의자에 편안히 앉아 있거나 침대에 누워 있는 자신의 몸과 그 방을 내려다보세요. 이제 완벽히 둥근 구멍을 지나 위로 올라가, 당신이 있는 집이나 건물의 지붕을 내려다봅니다. 그 건물의 꼭대기와 지붕을 바라보세요. 그런 뒤 나무 꼭대기로 올라가 나무들 위를 내려다보세요. 사람들이 걷고 있거나, 아이들이 놀고 있거나, 동물들이 어슬렁거리는 모습을 볼 수도 있습니다. 새 한 마리가 날아가는 장면이 보일지도 몰라요. 이제 나무들 위를 지나 더욱 높이 구름 위까지 떠오릅니다.

더 높이, 더 높이 떠오릅니다. 이제 주변에는 구름만 가득하고, 그 구름들이 당신 곁을 부드럽게 흘러갑니다. 구름 위로 떠오른 당신의 얼굴과 피부 위로 따스한 햇살이 스며드는 것을 느껴보세요. 그 따뜻함을 온전히 느끼며 계속해서 위로 올라가세요.

그런 다음 완벽한 구름 하나를 찾아봅니다. 완벽한 구름이 눈에 띄면, 그 위에 편안히 앉아보세요. 모든 것이 내려다보이는 완벽한 구름 위에 당신이 앉아 있습니다. 이곳은 고요하고 평화롭습니다. 바로 그 완벽한 구름 위에 앉아서 그 고요함을 느껴봅니다.

이 상태에서 당신의 버디가 하는 질문을 받을 수도 있고, 혹은 이 안내 명상과 채널링 연습의 일환으로 다음과 같이 질문을 이어갈 수도 있습니다.

당신은 거기 구름 위에 있나요? 당신이 거기에 있다면, 자신에게 이렇게 질문을 던져보세요.

"나는 누구인가?"

한 번 더 반복해 봅니다. "나는 누구인가?"

아무것도 떠오르지 않는다면, 버디가 조금 다른 방식으로 다시 질문해도 좋습니다. "당신은 누구인가요?"

이제 자신이 누구인지 알게 되었다면, 스스로에게 이렇게 물어보세요. "나는 왜 여기에 있는가?"

"나는 왜 여기에 있는가?"

아무것도 떠오르지 않는다면, 버디가 조금 다르게 질문할 수 있습니다. "당신은 왜 여기에 있습니까?"

이제 자신에게 묻습니다. "나의 목적은 무엇인가?"

"나의 목적은 무엇인가?"

"나의 목적은 무엇인가?"

아무 대답이 떠오르지 않는다면, 버디가 이렇게 다시 질문할 수도 있습니다. "당신의 목적은 무엇인가요?"

이제 다시 스스로에게 질문합니다. "나의 영적 가이드 또는 천사는 누구인가?"

"나의 영적 가이드 또는 천사는 누구인가?"

"나의 영적 가이드 또는 천사는 누구인가?"

아무런 응답이 없을 경우, 버디가 다시 이렇게 물어줄 수 있습니다. "당신의 영적 가이드나 천사는 누구인가요?"

마지막으로 자신에게 질문합니다. "내가 알아야 할 다른 것은 무엇인가?"

"내가 더 알아야 할 것은 무엇인가?"

"내가 더 알아야 할 것은 무엇인가?"

응답이 없을 경우, 버디는 이렇게 다시 질문을 던질 수 있습니다. "당신이 더 알아야 할 것은 무엇인가요?"

모든 질문에 충분히 답이 나왔다고 느껴진다면, 이제 당신이 앉아 있던 구름을 떠날 시간입니다. 구름의 가장자리로 시선을 돌려보세요. 푸른 풀과 들꽃이 만발한 아름답고 풍성한 초원이 보입니다. 구름에서 내려와 아름다운 들꽃 초원 위에 발을 디뎌보세요. 새들이 날고 나비가 춤추는 걸 볼 수도 있습니다. 주변을 둘러보며 나무나 산, 호수가 보이는지도 살펴보세요. 그 들꽃 초원에서 당신 주변으로 무엇이 있는지 살펴봅니다.

초원의 끝자락에 문 하나가 보입니다. 그 문을 향해 천천히 걸어가세요. 걸어가면서 당신 곁에 누군가 함께하고 있지는 않은지 살펴보세요. 누군가가 당신과 함께 걷고 있나요? 옆에서 나란히 걷고 있나요, 아니면 당신 손을 잡고 걷고 있나요? 그 사람을 느끼며 계속해서 문을 향해 걸어갑니다.

문 앞에 도착하면 잠시 멈춰, 함께 걸어온 이 존재에게 당신이 하고 싶은 말이 있는지 떠올려보세요. 혹은 그 존재가 당신에게 전하고자 하는 말이 있을 수도 있습니다. 필요한 만큼 그와 충분히 시간을 가져보세요.

다 되었으면 그에게 작별 인사를 합니다. 손을 흔들어도 좋고 안아주어도 좋습니다. 그런 다음 손을 뻗어 문을 열어보세요. 그 문이 어떤 모습인지, 어떻게 열리는지 살펴봅니다. 문을 열고 천천히 걸어 들어가세요.

당신 앞에 계단이 나타납니다. 그 계단은 어떤 모습인가요? 나선형 계단인가요? 혹은 단순한 갈색 나무 계단인가요? 준비가 되면 천천히 계단을 내려가세요. 한 걸음, 또 한 걸음 내려갑니다. 계단은 당신을 다시 나무 꼭대기로, 집 지붕으로, 천장을 지나 다시 당신 몸속으로 안내할 겁니다. 내려가고, 또 내려가서, 당신 몸으로 되돌아갑니다.

몸으로 완전히 돌아왔을 때, 내 몸이 얼마나 편안하고 좋은지 느껴봅니다. 손과 발의 감각을 느껴봅니다. 몸으로 완전히 돌아왔다고 느껴지면 깊이 숨을 들이쉬고, 준비가 되면 천천히 눈을 뜹니다.

앞서 제안했듯이, 이 경험과 함께 당신에게 전해진 대답을 녹음하는 것이 가장 좋습니다. 글로 적어두는 것도 좋습니다.

"나는 누구인가?"

"나는 왜 여기에 있는가?"

"나의 목적은 무엇인가?"

"나의 영적 가이드 또는 천사는 누구인가?"

"내가 더 알아야 할 것은 무엇인가?"

그 외에도 당신이 경험한 것을 떠오르는 대로 모두 적어보세요. 들꽃이 만발한 초원에서 누구를 만났는지, 그들이 당신에게 어떤 메시지를 전했는지 써보세요. 당신이 앉았던 완벽한 구름, 들꽃 만발한 초원, 문, 계단에 대해 떠오르는 인상이 있으면 그것도 적어보세요. 그 밖에 이 과정 중에 느낀 점이나 받은 다른 메시지들도 모두 기록해 둡니다.

당신이 던진 질문에 대한 답을 곱씹으며 숙고해 봅니다. 그 답들은 당신의 채널을 열고, 자신을 신뢰하며, 상위 지혜를 받아들이는 데 강력한 도구가 되어줄 것입니다.

10

자신이 채널링한
지혜와 안내에 따라 살기

채널링의 가장 큰 기쁨은 자신이 받은 지혜와 강력한 안내를 실제 삶에 적용하는 것입니다. 채널링은 무엇보다도 당신 자신을 위한 것이에요. 자신이 채널링한 메시지를 다른 사람들과 나누는 일도 분명 즐겁고, 전문 채널러로 활동하며 개인 세션이나 그룹 세션을 진행하는 것도 매우 보람된 일입니다. 하지만 당신을 통해 전해지는 메시지 중에 어떤 방식으로건 당신 자신을 위한 것이 아닌 것은 없습니다. 그중에서도 가장 놀라운 것은 당신이 받아들이는 이 지혜와 안내, 더 높은 차원의 정보가 당신의 삶을 실제로 변화시킨다는 점이에요. 그것은 당신이 스스로에게 줄 수 있는 가장 큰 선물이요 자신을 위해 할 수 있는 가장 멋진 일입니다.

내 학생 중 한 명인 스웨덴 출신의 여성은 이렇게 이야기합니다. "나에게 채널링은 하나의 삶의 방식입니다. 그것은 우리 인간의 잠재력을 열고 확장시키면서, '인간으로 존재한다는 것'의 의미 자체를 새롭게 정의해 줘요. 채널링은 삶을 더 풍요롭고, 더 충만하고, 더 즐겁게 만들어주는 삶의 방식이에요. 나는 우리가 모두 매일 어느 정도는 채널링을 하고 있다고 믿습니다. 그렇기에 의식의 흐름을 이해하고 다루는 법을 아는 건 정말 커다란 축복이죠. 우리가 자신이 곧 순수한 사랑이라는 사실을 기억하고 그 사랑을 삶 속에서 실현할 때, 우리는 진정한 힘 안에 서게 되고, 우리의 존재 자체이자 타고난 권리인 무한한 풍요로움 속에서 살아가게 됩니다. 이 길에 들어서기 위해선 철저한 개인적 책임감이 요구되지만, 당신이 준비가 되었는지 아닌지는 오직 당신만이 알 수 있어요. 준비되었든 아니든 당신은 늘 사랑받고 있습니다. 언제나 그래왔고요."

모든 메시지는 당신을 위한 것입니다. 상위 지혜로부터 받은 통찰과 도구를 실제로 적용하기 시작하면, 당신 삶에는 평화와 기쁨, 사랑, 연결감, 행복, 풍요, 자유가 급속히 확장되기 시작합니다. 근원의 사랑 에너지가 자신을 통해 흐르도록 허용할 때, 당신 몸의 세포들이 재생되면서 당신은 활력을 되찾기 시작합니다. 당신은 풍요의 진동과 정렬된 모든 것을 자석처럼 끌어당기는 존재가 돼요. 인간 관계에는 사랑이 더욱 가득해지고, 당신은 모든 것과 연결되어 있음을 실감하게 될 거고요. 상위 지혜를 삶 속에서 구현하고 실천하며 살아갈 때, 삶은 말 그대로 마법 같은 여정이 됩니다.

나는 한 유명 채널러가 어느 인터뷰에서 자신이 채널링한 정보는 홀

릉하지만 그건 주로 청중을 위한 것이지 자기 삶에 적용하는 건 아니라고 말하는 걸 들은 적이 있습니다. 그 말을 듣고 나는 정말 화가 날 뻔했어요. 속으로 이런 생각이 들었죠. '더 나은 삶을 위한 이렇게 놀라운 지혜와 해답을 왜 스스로는 실천하지 않는 거지?' 그 발언이 내 안에 그렇게 강하게 반응을 일으킨 것은 분명 그 안에 내가 꼭 깨달아야 할 무언가가 있기 때문이었어요.

그리고 나는 결심하게 되었죠. 나는 위원회의 지혜를 삶으로 체현해 내는 참된 제자가 되겠다고 말이에요. 그 당시에는 몰랐지만, 이 결심은 나의 채널링 교육 방식과 메시지 전달 방식을 완전히 새로운 방향으로 이끌었어요. 이후 나는 내가 진행하는 프로그램과 강좌에서 그 가르침을 내 삶에 어떻게 통합해 내는지 사람들에게 직접 들려주기 시작했습니다. 그리고 정말 아이러니한 일은 몇 년 후, 그 채널러가 이렇게 말하는 것을 들은 것입니다. "요즘 나는 드디어 내가 채널링한 지혜를 내 삶에 적용하기 시작했어요. 인생이 그 어느 때보다 행복해졌습니다."

무엇보다도 좋은 점은 당신이 실제로 이러한 가르침대로 살아가는 것, 또 언제나 당신을 인식하고 안내하며 무슨 일이 되었든 당신에게 열려 있는 이 상위 지혜를 받을 자격이 당신에게 있음을 아는 것입니다. 인간의 몸으로 살아가면서 상위 지혜에 접근하는 것은 우리가 타고난 자연스러운 상태입니다. 우리는 결코 이 강력한 안내와 앎을 잊거나 외면할 의도로 이곳에 온 것이 아니에요.

로스앤젤레스에 사는 학생 한 명은 "채널링은 확실히 자신이 선택한 여정을 돕는 내면의 나침반이자 강력한 도구"라고 표현합니다. 그녀는 채널링을 통해서, 자기가 미처 질문할 생각조차 못했던 영역에까지 인식이 확장되는 경험을 했다고 이야기해요. 그녀의 말입니다. "당신을 온전히 받아들이고 도와주며 언제나 당신 곁에서 함께하는 힘이 있다는 것을 알아야 해요. 채널링은 내가 내 삶의 완전한 주체로 설 수 있게 해주었고, 내 안에서 이렇게 사랑스러운 확신을 발견하게 해주었어요."

레이크 타호Lake Tahoe에 사는 또 다른 학생은 자신의 경험을 이렇게 들려줍니다.

"사라와 위원회를 만나기 전 나는 이미 5년 동안 채널링을 해왔어요. 다만 방식이 조금 달랐죠. 나는 모임을 주최했고, 나에게 찾아와 지혜를 나누어주는 외부의 존재들과 소통하는 경험을 했어요. 나름대로 좋은 시간이었고 꽤 독특한 경험이었지만, 대부분은 이론적인 수준에 머물러 있었고, 그것을 신뢰하기까지는 꽤 시간이 걸렸죠.

그런데 사라와 위원회를 통해 경험한 채널링은 전혀 다른 차원이었어요. 그것은 마치 근원과 풀타임 연애하는 것 같았죠. 애써 찾으려 하지 않아도 통찰이 저절로 떠올랐어요. 그 경험은 열정적이고 유쾌하고 무엇보다도 진짜였습니다. 예전에는 마치 영과 편지를 주고받는 것 같았다면, 이제는 영과 내가 이 몸과 그 너머까지도 깊이 공유하고 있는 느낌이에요.

내 삶의 풍경은 전쟁터에서 '지상천국'의 평온함으로 바뀌었어요. 삶에서 슬픔과 고통을 겪는 대신, 어떤 상황이든 모든 것을 나의 사랑으로 감싸안을 수 있게 되었죠. 이제는 이 모든 것이 단지 꿈일 뿐임을 알고 평온하게 있을 수 있어요.

사라를 만나 근원과의 관계를 발견하는 이 여정이 펼쳐지지 않았다면, 나는 아마도 타인의 의견에 휘둘리며 삶을 고통 속에 낭비하고, 점점 더 위축되고 메마른 모습으로 살아갔을지도 몰라요. 덧붙이자면 아무런 판단 없이 계속 지지해 준 사랑하는 사라 랜던 커뮤니티 없이는 이 모든 변화는 불가능했을 거예요. 이제는 내 안의 더 높은 사랑과 지혜가 삶 속에서 빛나기 시작했고, 나는 내 영혼이 선택한 임무—이 세상에 신성한 사랑을 일깨우는 것—를 수행할 수 있게 되었어요."

자신이 받은 메시지대로 살기

무엇보다 중요한 것은 자신이 받은 메시지대로 직접 사는 것입니다. 어떤 이들은 자신이 받은 채널링 메시지를 다른 이들과 혹은 세상과 나누고 싶다는 영감을 느낄 거예요. 많은 이들이 자신이 신성한 사랑과 빛의 메신저로 부름받았다고 이야기합니다. 어떤 이들은 단지 상위 지혜와의 연결 자체를 즐길 뿐 다른 사람들을 위해 채널링할 필요까지는 느끼지 않을 수도 있어요. 그것도 전혀 문제되지 않습니다. 또 어떤 이들은 자신이 가진 채널링 능력과 전문성을 일종의 서비스나 상품으로 제공하고 싶어 할 수도 있습니다.

수년간 나에게 공부한 많은 학생들이 자신의 타고난 재능과 능력을 발견하고 전문 채널러, 힐러, 영적 가이드, 길을 보여주는 자, 영적 스승이 되었습니다. 우리는 이 지구 위에서 서로의 재능이나 능력을 교환하며 살아갑니다. 그리고 '돈'은 그런 교환의 한 형태예요. 돈은 에너지이며, 당신이 가진 능력이나 서비스를 제공하고 그에 대한 보상으로 돈을 받는 것은 에너지 교환의 한 형태입니다. 예전에 우리 커뮤니티에 속한 한 여성이 자신의 영적 능력을 가지고 돈을 받아도 되는지 위원회에게 물은 적이 있어요. 이에 대해 위원회는, 모든 이의 재능과 능력은 그 직업이 무엇이든 본질적으로 영적인 것이며, 자신의 재능과 재주, 능력을 소중히 여기고 돈이라는 형태로 에너지 교환을 하자고 요청하는 것은 전혀 문제가 되지 않는다고 대답을 했죠.

에너지 교환에는 돈 외에도 많은 형태가 존재합니다. 당신은 채널링 능력을 미용사, 반려 동물 돌보미, 건축업자, 수리공, 예술가, 음악가, 교사 등 거의 모든 직업이나 기술, 재능을 가진 사람들과 교환할 수도 있습니다. 우리 커뮤니티에 속한 한 여성은 손을 통해 채널링 치유를 하는데, 자신은 내담자들에게 치유를 해주고 그들로부터는 자기가 필요로 하거나 즐기는 것을 받는, 서로 이익이 되는 방식의 교환을 하곤 합니다. 예를 들어 피부 관리사와는 치유 세션을 해주는 대가로 얼굴 관리와 피부 케어를 받아요. 또 자신이 거주하는 공간의 임대료를 매주 치유 세션으로 대신 지불하고, 지역 식당 주인과는 식사와 치유 세션을 맞바꾸고요.

또 어떤 이들은 후원금을 받고 채널링을 해주기도 합니다. 정해진 금액 없이 자발적인 기부를 받는 겁니다. 혹은 '지불 가능한 만큼만' 받고 채널링을 해주는 이들도 있습니다. 이 모든 방식은 자신의 재능과 능력을 교환하는 훌륭한 방법들이에요. 간혹 어떤 이들은 자신이 전하는 채널링 메시지에 대해 대가를 받지 않고 무료로 나누고 싶다고 밝히기도 합니다. 각자 자신에게 맞는 방식, 내면에서 안내받는 방식에 따라 하는 것이 가장 중요합니다.

나는 내 채널링이 지닌 가치, 즉 다른 사람들의 삶을 변화시키는 데 큰 도움을 주는 소중한 것이라는 사실도 잘 알고 있었고, 동시에 수년 간 연습하고 헌신해서 만든 전문적이고 아름다운 채널링 콘텐츠를 통해 위원회의 지혜가 세상에 지속적으로 퍼지고 성장하고 확장되기 위해서는 에너지 교환이 필요하다는 사실도 잘 알고 있었습니다. 당신이 사랑하고 열정을 느끼는 일을 할 때 그것은 더 이상 '일'이 아닙니다. 하지만 당신은 자신이 주는 모든 것에 대해 무언가를 받을 자격이 있어요. 위원회는 주는 것과 받는 것은 본질적으로 하나의 에너지 흐름이라고 말합니다. 사랑과 빛, 상위 지혜를 세상에 전하고자 하는 열정으로 무엇인가를 베풀 때, 자신도 그만큼 받을 수 있도록 허용하는 것역시 잊지 마세요.

자신의 채널링 능력을 꼭 전문적인 방식으로 발전시켜 서비스를 제공해야 하는 것은 아닙니다. 하지만 많은 이들이 자연스럽게 그 길로 이끌리기도 하고 그러고 싶은 열망을 느끼기도 합니다. 그저 더 높은 의식의 수준과 진동 속에 있는 것만으로도 당신은 자신으로서는 상상할 수 없는 방식으로 세상에 기여하고 있는 겁니다. 당신이 받는 모든 메시지와 당신을 통해 흐르는 에너지는 당신을 위한 것이에요. 모든 메시지에 연결되고, 그것이 바로 자신을 위한 것임을 알며, 그 지혜를 실천하고, 그것을 삶으로 살아내는 것, 그것이 곧 당신 삶을 진정으로 변화시키는 열쇠입니다.

11

✦

당신의 빛이
당신의 보호막이다

채널링에 대한 잘못된 믿음과 오해가 널리 퍼져 있습니다. 대부분은 두려움, 경험 부족, 의식의 결여, 그리고 종교적 교리에서 비롯된 것들입니다. 이 장에서는 어둠의 세력, 어두운 에너지, 달라붙은 존재attachment들, 보호를 위한 의식儀式, 채널링 중에 나타나는 부정적 개체entity들에 대한 잘못된 통념을 바로잡고자 합니다. 채널링이 사탄이나 악마의 일이라는 등의 미신도 함께 걷어낼 겁니다. 이 장을 마칠 즈음이면, 채널링이란 자신을 순수한 사랑의 상태로 끌어올리고, 당신 안에 존재하며 언제든 접근할 수 있는 무조건적이고 흔들림 없는 사랑과 정렬되는 과정임을 이해하게 될 거예요.

처음 채널링을 시작했을 때 나는 지금 나에게 정확히 어떤 일이 벌어지고 있는지 제대로 이해하지 못했습니다. 어떤 존재가 누군가의 몸을 완전히 장악하는 '트랜스 채널링trance channeling'에 대해서는 예전부터 알고 있었지만, 당시에는 나처럼 의식을 유지한 채 채널링하는 '의식적 채널러conscious channeler'는 없었어요. 그러던 어느 날 한 서점의 영성 코너에서 채널링 관련 책이 있나 찾아보는데, 놀랍게도 딱 한 권, 그것도 오래전에 출간된 책이 눈에 띄었어요.

채널링에 대해 더 알고 싶은 마음에 책을 여기저기 펼쳐보았죠. 그때 마침 펼쳐진 페이지에서 이런 내용을 보았습니다. "당신은 자신을 잘 보호해야 한다. 이 세상에는 어두운 세력과 나쁜 개체들이 있으며, 그것들이 당신에게 달라붙어 세상에 어둠을 퍼뜨리는 데 당신을 이용할 것이다."

나는 즉시 책을 덮어 책장에 올려놓은 뒤 서점을 나왔습니다. 내가 읽은 구절은 내가 경험한 채널링과는 완전히, 철저히 반대되는 내용이었어요. 실제로 내가 경험한 채널링은 지금껏 내 인생 어디에서도 경험한 적 없는 순수한 황홀경과 무조건적이고 흔들림 없는 사랑의 놀라운 진동과 에너지 그 자체였으니까요.

나는 지금까지 대략 1만 시간이 넘게 채널링을 해왔습니다. 그리고 전 세계에서 5천 명이 넘는 학생들을 상대로 '채널링의 기술' 강좌를 진행해 왔고요. 이 모든 시간 동안 나 개인적으로나 학생들의 경험에서 무슨 어두운 개체가 나타난다거나, 어둠의 세력이 달라붙으려 한다거나, 부정적인 힘이 채널링을 장악하려 한 적은 한 번도 없었습니다. 채널링을 하면서 내가 경험한 것은 오직 사랑의 에너지와 의식, 진동뿐이었어요.

이른바 '어둠의 세력dark force'이라는 잘못된 믿음을 이해하려면 의식의 수준들에 대해 알 필요가 있습니다. 부정적인 개체들은 높은 의식의 수준들에는 존재하지 않아요. 대부분의 인간은 '분리의 차원'인 3차원 의식 상태에 머물러 있습니다. 이곳에서 우리는 결핍, 한계, 두려움, 고통, 괴로움, 선과 악, 옳고 그름 등을 경험하게 되지요. 하지만 의식과 진동을 끌어올리기 시작하면 변형transformation의 차원인 4차원으로 진입하게 됩니다. 이 차원에서는 우리에게 삶의 조건과 상황을 변화시킬 수 있다는 이해가 생기기 시작해요. 자신과 자신의 생각을 고양시킴으로써 과거로부터, 낡은 것들로부터, 고통으로부터 벗어나 치유가 가능하다는 사실을 깨닫게 되는 겁니다.

5차원은 순수한 사랑의 차원입니다. 이는 흔히 '그리스도 의식', '통합 의식unity consciousness' 혹은 '하나임 의식oneness consciousness'이라 불리기도 합니다. 또한 물리적 형태를 넘어선 더 높은 의식의 차원들도 있으며, 이런 차원들에서의 경험은 순수한 황홀경, 영원함, 언제나 현재에 머무름, 모든 것을 앎, 신성함으로 묘사될 수 있습니다. 이러한 곳들이 바로 우리가 채널링할 때 접속하는 차원이자 상위 지혜가 존재하는 의식의 수준입니다.

순수한 사랑의 5차원에 있으면서 고통이나 두려움을 경험할 수는 없습니다. 순수한 사랑의 5차원에 있으면서 타인을 해치거나 공격하거나 학대할 수는 없어요. 순수한 사랑의 상태에 혹은 더 높은 차원들에 있을 때는 낮은 진동과 의식 수준에서나 존재할 수 있는 것들을 경험하는 것이 본질적으로 불가능합니다.

나는 지난 10년, 20년, 30년, 혹은 40년에 걸쳐 인류의 집단 의식이 크게 상승했다고 믿습니다. 이로 인해 우리는 과거와는 다른 경험과 관점을 가질 수 있게 되었습니다. 어쩌면 인류의 집단 의식이 지금과 달랐을 때는 어둠의 세력이나 부정적 개체가 실제로 존재했을지도 모르죠. 혹은 생존을 위한 진화 과정에서, 어둠 속에 숨어 있던 야생 동물이 '침대 밑의 괴물'이 되거나 '저 너머에서 출몰하는 어둠의 존재' 같은 이미지로 바뀌어왔을 수도 있고요.

혹은 상위 존재들의 등장을 보고 놀란 인간들이 그 존재들을 어둠의 세력으로 인식했을 가능성도 있어요. 그리고 그 두려움이 세대를 거쳐 전해졌을 수 있습니다. 혹은 개인들이 삶에서 고통이나 학대, 폭력을 겪으며 형성된 강렬한 감정이 부정적인 개체나 어둠의 세력이 있고 무언가 귀신처럼 달라붙는 존재가 있다는 믿음으로 이어졌을 수도 있고요. 이로 인해 그들은 자신의 내면 상태가 반영된 듯한 현상을 자기 바깥의 현실에서 경험하게 되는 겁니다. 또한 누군가가 에너지적으로 그라운딩이 안 되었거나 내면의 치유가 이뤄지지 않은 상태에서 일정 수준의 의식에 접근할 경우 그것을 '자신을 해치려는' 어두운 무엇으로 인식할 수도 있어요.

그런가 하면 인간의 뇌에서 일어나는 정신적·신체적·생리학적 화학 불균형이 누군가가 현실을 지각하는 데 영향을 미치는 경우도 있습니다. 나는 이러한 변성 상태로 인해 영향을 받는 이들에게 깊은 사랑과 연민, 이해를 보냅니다. 또한 경외하는 마음으로 모든 이의 경험을 받아들이고 또 존중해요. 다만 그런 것을 나는 경험한 적이 없고, 내 학생들이 경험하는 것을 본 적도 없습니다.

내가 경험한 것은 오직 사랑뿐입니다. 내가 채널링해 온 것은 순수한 사랑뿐이며, 내 학생들이 채널링하는 과정을 통해서도 오직 사랑만이 전해졌습니다. 만약 당신이 상위 지혜와 안내, 명료함과 진실을 향한 분명한 의도를 품고 채널링을 한다면, 그것이 바로 당신의 경험이될 겁니다.

설령 어딘가에 어둠의 세력이 존재한다 하더라도, 당신이 순수한 사랑의 상태에 있다면 그 어둠의 세력은 당신의 경험 안에 머무를 수 없습니다. 당신이 지금 이 순간에 존재하고 자신의 힘 안에 머무르며 오로지 자신의 본질로 스스로를 채운다면, 당신은 어둠의 세력이 감히접근할 수 없는 빛과 사랑, 그리고 의식의 수준으로 스스로를 끌어올리게 됩니다. 두려움과 부정성은 사랑과 의식의 진동 속에서는 결코존재할 수 없어요.

어둠의 세력이 존재한다고 믿지 않는 한 당신이 스스로를 보호해야할 것은 아무것도 없습니다. 하지만 어둠의 세력을 믿는다면, 당신은에너지를 부정적인 어떤 것으로 지각하거나 혹은 당신을 통해 세상의어둠을 위해 이용될 수 있는 어떤 것으로 지각하게 됩니다. 그러나 당신이 내면에서 온전함, 하나임, 순수함, 그리고 사랑의 진동에 조율될경우, 당신은 오직 사랑의 에너지로 이루어진 상위 지혜와 연결될 것입니다. 자신의 본질, 즉 당신이 누구인지에 대한 진실로 스스로를 가득 채우는 것, 그것이 바로 자신을 보호하는 진정한 방법이에요. 하지만 실제로 당신이 보호해야 할 외부의 위협 같은 것은 존재하지 않습니다. 순수한 사랑의 상태에 있을 때 당신은 자신의 힘과 진실에 완전히 정렬되게 돼요.

'채널링의 기술' 강좌에 참여한 캐나다 출신의 한 여성은, 내 수업을 듣기 전에 2년 동안 수련한 특정 치유 기법에서 '자신을 보호하는 법'을 매우 중요하게 가르쳤다고 했어요. 그녀가 참여한 교육 과정에서는 치유 세션을 할 때 스스로를 보호하기 위한 의식儀式과 기술을 중심으로 가르쳤는데, 여기에는 함께 작업하는 사람들로부터 자신을 방어하는 것은 물론 세션 중 부정적인 영적 존재가 자신에게 들러붙는 것을 막기 위한 보호까지 포함되어 있었죠. 2년 동안 어두운 에너지로부터 자신을 보호하는 데 집중해 온 까닭에, 그녀는 실제로 그런 것을 늘 인식하고 염려했으며, 매번 내담자들과 작업할 때마다 자신을 방어하기 위한 준비와 조치를 취했습니다.

내가 그녀를 덮칠 어둠의 세력 따위는 없다고, 그녀가 자신의 힘 안에 있고 사랑에 정렬되어 있다면 자신을 보호할 필요가 전혀 없다고 하자 그녀는 몹시 화를 냈죠. 나는 계속해서, 우리가 부정적인 힘으로부터 자신을 보호해야 한다는 믿음을 갖고 있다면 그런 상태로는 자신의 힘 안에 동시에 머물러 있을 수 없다고 설명했어요. 당신은 온전함, 하나임, 완전함, 순수한 사랑의 의식 상태에 있거나, 아니면 두려움, 분리감, 결핍과 한계의 상태에 있거나 둘 중 하나예요. 그리고 후자의 경우 당신은 자신에게 힘과 온전함, 사랑이 부족하다고 지각하게 됩니다.

일주일쯤 지나 그녀가 내게 와서 말하더군요. "와, 저 정말 완전히 깨달았어요. 내가 얼마나 강력한 존재인지요! 이제 알겠어요. 내가 부정적인 에너지나 어둠의 세력에 초점을 맞추고, 그것들에 의미를 부여하고, 그것들이 나를 해칠 수 있다고 여긴다면, 당연히 나 자신을 보호해야겠죠. 하지만 그건 단지 내가 스스로 만들어낸 경험에 불과했어요."

의식儀式이나 의례는 훌륭하고 아름답고 또 신성한 경험이 될 수 있습니다. 하지만 당신이 그것들을 반드시 필요하다고 믿거나 채널링을 기리는 신성한 의례로서 즐기는 것이라면 몰라도, 자신을 보호하기 위해서라면 그런 것들이 꼭 필요한 것은 아니에요. 채널링이나 치유 작업을 준비하면서 신성한 공간을 만드는 멋진 방법들이 많이 있습니다. 많은 사람들이 크리스털, 깃털, 스머징smudging(세이지 등 특정 식물을 태워 공간이나 물건 등을 정화하는 행위—옮긴이), 촛불, 만트라, 향 등으로 공간을 정화하고 신성하게 하죠. 이것들은 모두 아름답고 훌륭한 도구들입니다. 그러나 이 도구들이 당신보다 더 강력한 것은 아니라는 점을 기억하세요. 이 도구들을 활성화하는 것은 바로 당신의 '의도'이며, 자신을 보호하는 데 필요한 것은 오직 당신 자신의 힘과 사랑뿐이에요.

당신이 집중하는 대상과 그것에 부여하는 의미가 당신의 현실을 만듭니다. 당신이 무엇에 집중하는지가 자신에게 무엇을 끌어들일지를 결정해요. 만약 외부에 있는 어떤 것이 당신을 지배하거나 해치거나 상처 입힐 수 있다고 여기고 그것에 집중한다면, 당신은 두려움과 무력함의 진동 속에 머물고 있는 것입니다. 이 상태는 당신의 진동과 의식 수준을 낮추고 스스로를 결핍과 한계, 두려움, 분리감에 얽매이게 만들죠. 만일 어둡고 부정적인 것들에 집중하면서 그것에 의미를 부여하기 시작한다면, 당신은 그것들에 얽매이게 됩니다. 우리는 우리가 집중하는 것을 더 많이 얻게 되어 있어요.

자신을 보호하는 가장 강력한 방법은 스스로를 자신의 본질로 가득 채우는 것입니다. 그럴 때 당신은 존재하는 것은 오직 사랑뿐임을 알게 될 겁니다. 머리에서 가슴으로 의식을 옮기고, 당신 자신을 스스로의 본질로 가득 채우세요. 두려움과 의심, 지어낸 이야기로 채우는 것이 아니라 당신 자신의 진실되고 강력한 본질로 채우는 겁니다. 자신을 빛과 사랑으로 채우고 있다고 느낄 때, 당신은 진동을 끌어올리고 의식의 수준을 끌어올리고 있는 것입니다. 그 순간 당신은 언제나 순수한 사랑의 진동 안에 있는 상위 지혜와 정렬되어 있습니다.

수년 전, 세션에서 자신이 에너지적으로 공격을 받았다고 주장하며 위원회와 언쟁을 벌인 여성이 있었습니다. 그러나 위원회는 단호했어요. 위원회는 다양한 방식으로 거듭해서 이렇게 말했죠. "어떤 식으로든 당신 바깥에서 공격해 오는 에너지는 없어요. 모든 에너지는 당신의 에너지입니다. 만약 당신이 '오직 사랑만이 존재하며, 모든 일은 나를 위해 일어난다'는 진실로 자신을 끌어올릴 수 있다면, 당신은 자신의 힘을 되찾고 자신의 빛을 되찾아 결국 '당신의 힘은 사랑'이라는 사실을 깨닫게 될 겁니다."

그러자 돌연 그녀가 조용해졌어요. 목소리가 부드러워졌고 변화가 느껴졌지요. 그녀는 그것이 자기 외부에 있는 어떤 것이라는 믿음을 자신이 붙들고 싶어 했다는 게 이제 보인다고 인정했습니다. 세션 후 그녀가 내게 와서 "와, 그 세션 후로 모든 게 명확해졌어요!"라고 하더군요.

그녀가 지닌 믿음과 자신의 경험 속으로 계속 투사해 온 이야기가 자신을 향한 '에너지적 공격'이라는 형태로 반복적으로 나타나고 있었던 겁니다. 그녀 스스로에 대한 생각과 믿음으로 인해 무언가가 자신을 붙들고 있다는 느낌을 만들어냈던 것이죠. 그녀는 "내가 만들어낸 이야기가 마치 내가 외부의 무언가로부터 공격받고 있는 것처럼 느끼도록 에너지를 조종한 거예요"라고 말했습니다. 그러곤 이렇게 덧붙였어요. "드디어 이해했어요! 위원회가 말한 대로 하면서 사랑과 빛으로 나 자신을 끌어올렸더니, 다시는 그런 경험을 하지 않았어요." 그 후로는 외부의 어떤 것도 그녀를 공격하는 것처럼 보이지 않게 된 겁니다.

또 한 번은 내가 영과 소통한다는 것을 알고 있는 이웃이 내게 도움을 청해왔습니다. 자기 딸이 귀신을 본다며 내가 딸과 얘기를 좀 해주길 바란 겁니다. 딸이 매일 밤 귀신이 무서워 잠을 이루지 못한다고 했어요. 내가 그 딸아이와 이야기를 나눠보니, 밤마다 자기 방에서 귀신들을 본다며 너무 무서워서 잠을 잘 수가 없다고 했어요. 무엇이 그렇게 무섭게 느껴졌는지 묻자, 그 아이는 최근에 본 귀신 나오는 무서운 영화 이야기를 꺼냈습니다. 밤에 나타나는 귀신들이 영화 속 귀신들이랑 비슷하게 생겼느냐고 내가 다시 묻자, 아이는 "아뇨"라고 대답했어요. "그럼 그 귀신들이 너에게 무슨 무서운 짓을 했어?"라고 다시 묻자, 아이는 또 "아뇨, 하지만 귀신은 그냥 무서운 거잖아요"라고 하더군요.

나는 다음에 귀신이 보이거나 느껴지면 그때는 눈을 감고 가슴속으로 들어가 보라고 했어요. 그러자 아이가 "가슴으로 들어가는 건 어떻게 해요?"라고 묻더군요. 내가 말했죠. "그냥 머리에서 내려와서 가슴에 집중하는 거야. 눈을 꼭 감고 네가 사랑하는 것들을 모두 떠올려봐. 엄마, 아빠, 오빠, 강아지, 고양이, 친구, 할머니, 또 네가 사랑하는 모든 것들을. 네가 사랑하는 사람이나 무언가를 떠올릴 때 네 가슴이 사랑으로 가득 차는 걸 느껴보는 거야."

그러고 나서 이렇게 덧붙였어요. "가슴이 사랑으로 완전히 채워지고, 네가 사랑하는 모든 걸 다 떠올렸다면, 이제 눈을 떠도 좋아. 만약 그것이 친절한 귀신이 아니라면, 네가 사랑으로 너 자신을 가득 채웠을 때 자연히 사라지게 될 거야. 넌 아주 강력한 존재야. 그리고 너의 힘은 바로 사랑이야."

내 말이 끝나기가 무섭게 그 아이는 "사실 그렇게까지 귀신이 무섭진 않아요"라고 대답했어요. 나는 그 아이 안에서 두려움이 사랑으로 바뀌는 것을 느낄 수 있었습니다. 며칠 뒤 그 아이의 엄마가 내게 연락해서, 그 후로 딸아이가 밤에 잠도 푹 잘 자고 더 이상 무서운 귀신 이야기도 꺼내지 않는다고 전해주었죠. 그 아이는 여전히 귀신이나 천사, 영의 방문을 경험하지만, 이제는 자신의 힘과 사랑에 정렬할 수 있다는 걸 아는 거죠.

자신을 본질로 가득 채우고 사랑의 상태에 집중하는 방법으로 당신은 스스로를 보호할 수 있습니다. 이 세상에 존재하는 것은 오직 사랑뿐이에요. 위원회는 늘 이렇게 말합니다. "당신이 자신의 힘과 진실에 정렬되고, 당신이 사랑이며 신성과 사랑의 메신저라는 진실에 정렬되어 있다면, 물질적인 존재든 비물질적인 존재든 정렬되지 않은 수백만의 존재보다 당신이 훨씬 더 강력합니다."

만약 어딘가에 어두운 개체들이 있더라도, 당신이 자신의 힘 안에 있고 그 힘이 곧 사랑과 빛이라면 그들은 감히 당신 곁에 다가올 수조차 없습니다. 당신이 의식과 진동을 고양시킬 때, 당신은 근원 에너지와 연결되고, 그 연결을 온전히 받아들임으로써 새로운 세계를 창조할 수 있습니다.

무엇보다 중요한 것은 당신이 바로 자신의 세계를 창조한다는 사실이에요. 세계를 창조하는 근원 에너지가 당신 안에 존재합니다. 당신을 가득 채우는 것이 바로 그 근원 에너지의 빛이에요. 당신은 순수한 사랑과 정렬할 수 있는 무한한 힘과 능력을 지녔습니다. 당신의 본질로 당신 자신을 가득 채우세요!

자신의 진정한 힘을 느끼는 시각화 명상

깊이 숨을 들이쉬면서 이 말들 속에 담긴 진실을 온전히 느껴봅니다. 당신은 이 세상에 존재하는 '신성한 사랑'의 강력한 힘이에요. 당신은 이 세상에 존재하는 강력한 근원 에너지입니다. 당신은 찬란히 빛나는 강력한 빛이고, 당신이 바로 힘입니다.

지금 이 순간 그 힘을 허용하세요. 그리고 그 힘을 들이마십니다. 깊이 숨을 들이쉬면서 그 힘이 당신의 온몸 구석구석을 가득 채우는 것을 느껴보세요. 가슴으로 들어가 그 힘을 느낄 때 당신의 모든 세포들도 당신 자신인 그 힘을 받아들이는 것을 느껴봅니다.

당신의 힘을 느껴보세요. 그 힘이 머리 꼭대기에서부터 발바닥으로,

손끝으로 확장되는 것을 느껴봅니다. 온몸의 세포 하나하나가 당신 자신인 신성한 사랑의 힘으로 충만해지는 것을 느껴보고, 당신 안의 신성한 빛의 힘으로 채워지는 것을 느껴보며, 당신 자체인 강력한 근원 에너지로 가득 차는 것을 느껴봅니다. 당신 안에 깃든 그 힘, 세계를 창조하는 그 힘을 느껴보세요. 그 힘이 바로 당신의 세계를 창조합니다.

모든 것이 가능하고 무엇이든 이룰 수 있는 당신 안의 힘을 느껴보세요. 자신이 진정 누구인지 아는 진실의 힘, 자신이 얼마나 중요한 존재인지 아는 그 힘을 느껴보세요. 당신이 자기 현실의 창조자로서 바로 여기 그리고 지금 이 삶 속에 존재하는 것이 얼마나 중요한지 아는 그 힘을 느껴보세요. 당신이 당신의 창조물 속에 있는 창조자임을 아는 그 힘을 느껴보세요.

당신이 곧 '나는 창조자이다I Am Creator'라는 강력한 주파수임을 느껴보세요. 당신이 바로 그 힘임을 느껴보고, 존재하는 모든 것이요 앞으로 존재할 모든 것임을 느껴보세요. 창조자로서 당신의 힘을 느껴보고, 주권자로서 당신의 힘을 느껴보세요. 딩신이 가진 자유의 힘, 어디에서 어떤 방식으로든 당신의 현실을 선택하고 창조할 수 있는 그 자유의 힘을 느껴보세요.

그 힘을 느껴보세요. 그 힘을 온전히 느껴보세요. 그것은 당신의 힘이며, 당신을 위한 것입니다. 당신이 자신의 힘을 느끼고, 당신 자신인 강력한 사랑과 빛을 사방으로 확장하면서, 어떤 이유로든 당신 밖의 누군가에게 넘어갔던 힘의 조각들이 다시 당신에게 돌아오는 것을 느껴봅니다. 모든 힘이 다시 돌아오도록 허용하면서, 사랑이 당신을 통해 흐르는 것을 느껴보세요. 지금 이 순간 지금껏 경험해 본 적 없는 강렬한 힘을 느껴보세요. 당신의 모든 힘이 당신에게 돌아오고 있습니다. 그 힘이 온전히 당신을 위한 것임을 선언하세요.

당신의 힘은 사랑이며, 그 힘은 바로 여기, 지금 이 순간에 존재합니다. 이제 당신 안에 있는 모든 힘을 느껴보세요. 흩어졌던 당신의 힘이 다시 당신에게 흐르며 하나로 통합되는 것을 느껴봅니다. 당신의 힘이 하나로 합쳐져 돌아오고 있습니다. 당신 안에서 통합된 그 힘을 느끼며, 지금 이 순간, 온전하고 완전한 당신의 힘이 당신 안에서, 당신과 함께, 당신을 통해 밖으로 확장되어 나아가는 것을 느껴봅니다. 당신이 곧 그 힘이에요.

당신은 세상을 창조하는 힘입니다. 당신은 강력한 '나는 창조자이다 I Am Creator' 주파수예요. 당신은 자신의 현실을 창조하는 강력하고도 강력한 창조자이며, 당신의 창조물 속에 있는 창조자 자신입니다. 자신의 힘을 느껴보세요. 자신의 모든 힘이 완전함을 느끼고, 그 힘을 허용하고 그 힘을 느끼며 그 힘 안에 존재할 자격이 당신에게 충분히 있음을 깊이 느끼면서, 이 힘이 곧 사랑이고, 친절이고, 진실이고, 의식이고, 자유이며, 내면의 조화라는 것을 인식하세요. 당신의 힘은 조화로움으로 느껴집니다. 황홀함으로 느껴지고 평온함으로 느껴집니다. 무엇보다 당신의 힘은 '진실'을 느낍니다. 그 힘은 당신 안의 마스터를, 당신 안의 창조자를 느낍니다.

자신의 힘을 느낄 때, 당신은 자신이 '신'이라 불러온 그 존재임을 알게 됩니다. 창조자가 지금 당신 안에 존재하며, 당신 안에 살고 있어요.

그 힘이 지금 당신 안에 있습니다. 당신이 곧 그 힘이에요. 그리고 그 힘으로 당신은 무엇이든 할 수 있습니다. 당신이 그 힘이에요. 당신이 곧 그 힘입니다.

이제 그 힘을, 자신의 중심에서 뿜어져 나오는 빛으로, 지금껏 본 적 없는 가장 밝은 빛으로 느껴보세요. 그 빛이 당신을 통해 퍼져나가고 당신으로부터 확장되어, 당신이 있는 방을 밝히고, 당신이 머무는 집을 밝히고, 당신이 있는 도시를 환히 밝히고, 들판과 언덕과 산과 강과 시냇물과 바다를 넘어 온 지구에까지 퍼져나갑니다. 당신 자신인 그 강력하고 밝고 아름다운 빛이 이 행성, 이 지구 전체를 환히 밝힙니다. 그리고 그 빛은 나무의 뿌리와 땅의 지각을 지나 지구의 중심부까지 모든 지층을 밝히며 흘러내려 갑니다.

당신의 힘은 무한해요. 그 힘은 당신으로부터 퍼져나가 수평선을 지나고, 지구 전체를 감싸듯 지나서, 깊이, 점점 더 깊이, 지구의 중심부까지 흘러들어 갑니다. 당신에게서 뿜어져 나오는 그 힘은 하늘과 천상까지 밝히면서 당신이 볼 수 있는 온 우주의 끝까지 뻗어갑니다. 그것은 곧 당신 자신의 힘이며, 당신으로부터 나오는 빛이며, 당신 자신인 힘이요 사랑이에요. 당신이 바로 그 힘이에요. 당신이 미치지 않는 곳은 없습니다. 당신은 천상의 빛이고, 하늘의 빛이고, 태양의 빛이자 태양의 힘입니다. 당신은 달의 힘이며, 별의 힘이에요. 우주의 모든 것이 당신 안에 존재합니다. 그만큼 당신은 강력한 존재예요. 당신 자신이 힘입니다. 당신은 세상을 창조하는 힘이며, 당신의 세계를 창조하는 힘입니다. 이미 이루어졌습니다. 이미 그렇게 이루어졌습니다. 이미 그렇게 이루어졌습니다.

당신은 세상 속에 있는 신성한 사랑의 힘입니다. 당신은 당신의 세상 속에 존재하는 신성한 사랑의 힘이에요. 그리고 당신은 모든 곳에 신성한 사랑을 창조하는 힘입니다. 그것이 당신의 진실이에요. 그것이 모든 이의 진실입니다. 당신은 신성한 사랑의 힘입니다. 그것이 당신의 본질이에요.

이제 깊이 숨을 들이쉬고, 자신의 힘을 느껴보세요. 한 번 더 깊게 들이쉬고 자신의 힘을 느껴봅니다. 다시 한 번 깊게 숨을 들이쉬며 자신 안의 힘을 온전히 느껴보세요. 이 자리에서, 당신은 당신 자신에게 항상 열려 있는 무한한 원천으로부터 아무런 노력 없이 자연스럽고 조화롭게, 자신의 현실을 창조하고 자신만의 지상천국을 창조하며 당신 안과 당신 주변에, 바로 지금 여기에 이미 존재하는 '새로운 지구'를 창조하는 데 필요한 모든 것을 손쉽게 끌어오게 될 것입니다. 그리고 이미 그렇게 이루어졌습니다.

12

채널링을 위한
소중한 몸 돌보기

당신의 몸은 근원 에너지를 채널링하는 장엄한 그릇입니다. 따라서 몸을 돌보는 것은 채널링에서 매우 중요한 부분입니다. 특히 채널링을 처음 시작할 때는 더욱 그렇습니다. 채널링은 마치 새로운 운동을 시작할 때와 비슷하게 몸에 영향을 줄 수 있이요. 치음에는 평소보다 쉽게 피로감을 느낄 수 있지만, 근육이 만들어지고 체력이 길러지면 점점 수월해지고 피로도 덜 느끼게 되죠.

채널링은 또한 몸에 활력을 불어넣을 수도 있습니다. 어떤 사람들은 어떤 형태의 채널링을 하건 그 후 몇 시간 동안 에너지가 넘치는 경험을 하기도 합니다. 이는 운동 선수가 '몰입 상태'에서 놀라운 플레이를 하고 나서 느끼는 기분과 비슷해요. 사람들은 저마다 건강 상태나 체력도 다르고 진동과 주파수 수준도 다르므로, 채널링을 통해 상위 지혜와 근원 에너지에 접속하는 과정에서 자기 몸을 존중하고 몸이 필요로 하는 것을 채워주는 것이 중요합니다.

내가 처음 채널링을 시작했을 때는 하루에 약 45분 정도 채널링을 했습니다. 그러고 나면 몹시 피곤해져서 잠이 쏟아졌죠. 그래서 나는 저녁 시간에 채널링 연습을 하고, 끝나면 곧장 잠자리에 드는 경우가 많았어요. 또한 평소보다 수면이 더 필요해져서 하룻밤에 12시간씩 자는 일도 자주 있었고요. 가끔은 정반대의 경험을 하기도 했습니다. 극도로 에너지가 넘쳐서 밤늦게까지 잠들지 않고 채널링 중에 느낀 높은 진동과 주파수를 만끽하기도 했어요.

계속해서 채널링 연습을 하면서 나는 채널링을 더 오래 할 수 있게 되었고, 채널링 상태에도 더 빠르게 들고 또 빠져나올 수 있게 되었습니다. 에너지의 기복도 거의 느끼지 않게 되었고요. 채널링을 많이 하다 보면 채널링하는 동안의 높은 에너지 수준에 점차 적응하게 됩니다. 그리고 시간이 지나면서 당신은 이처럼 고조된 진동들을 통합하게 되고, 자신의 진동 기준점 또한 점점 더 높아지게 됩니다.

몇 년 후 나는 개인 세션을 진행하며 하루에 6시간에서 8시간씩 채널링을 할 수 있을 만큼 역량이 길러졌습니다. 세 번 깊게 숨을 들이쉬는 것만으로 채널에 들어갔다가 나올 수 있게 되었고, 채널링이 나의 수면이나 일상 활동에 영향을 주지도 않았어요. 이제 채널링은 내 삶과 존재 방식의 매우 자연스러운 일부가 된 겁니다.

사람마다 몸으로 고진동 주파수를 경험하고 통합하는 방식이 다릅니다. 어떤 사람들은 채널링이 몸에 큰 부담 없이 자연스럽게 느껴지고 그 주파수를 빠르게 통합합니다. 어떤 경우는 채널링 중 접속하는 높은 진동이 채널러의 몸을 치유하고 업그레이드하기도 합니다. 이런 경우에는 수면 습관이나 식습관, 운동, 생활 방식 등에 변화를 요구할 수도 있습니다.

채널링을 하기 위해 꼭 특정한 식단을 따라야 하는 것은 아니에요. 요가나 명상, 수정水晶, 비건 식단 등은 진동을 높이는 데 도움이 되기는 하지만, 그것들이 채널링이나 영적 성장을 위한 필수 요건은 아닙니다.

나의 채널인 '위원회'는 채널링을 하는 사람에게 가장 중요한 세 가지 요소로 수면과 물, 놀이를 꼽습니다. 피곤함이 느껴진다면 충분한 수면과 휴식을 취해야 합니다. 또 물을 많이 마셔야 해요. 나는 채널링을 시작한 이후 하루에 약 3.8리터의 물을 마시는데, 이는 오랜 시간 채널링을 지속하고 높은 진동과 주파수를 몸에 통합하기 위해 내 몸이 필요로 하는 필수 요건이에요.

놀이는 필수적인 요소라고 생각하시 않을 수도 있지만, 위원회는 반복해서 놀이를 권장합니다. 채널링은 상위 지혜와 영혼에 접속하는 과정이기에 때로 매우 진지해질 수 있어요. 하지만 채널링은 아름답고 유쾌하고 즐거운 경험입니다. 실제로 상위 지혜는 유머 감각이 있으며 장난스럽고 기발한 표현을 할 때도 자주 있습니다.

놀고, 즐기며, 멋진 인생을 사세요! 자신이 좋아하는 일을 할 시간을 더 많이 마련하세요. 자연 속에서 시간을 보내고, 아름다운 음악을 듣고, 춤을 춰보세요. 그림을 배우거나, 시를 쓰거나, 자신의 열정을 따라가 보세요. 이 모든 것은 몸으로 근원 에너지를 더 많이 표현하고 경험하는 훌륭한 방법들입니다.

무엇보다 당신의 몸을 존중하는 것이 중요합니다. 몸이 쉬고 싶어 하면 쉬어야 해요. 몸이 자연 속에서 더 많은 시간을 보내길 원한다면 그 요청대로 자연에서 더 많은 시간을 보내세요. 새로운 음식이 당긴다면, 몸이 영양을 위해 무엇을 원하는지 몸에 귀 기울이고 그 감각을 따라가 보세요. 몸은 새로운 주파수에 적응하는 데 무엇이 필요한지 알고 있습니다.

많은 학생들이 채널링을 시작한 뒤로 자연에서 더 많은 시간을 보내고 싶어진다고 말합니다. 자연은 몸을 진정시키는 데 큰 도움이 될 수 있어요. 때때로 몸은 자연의 진동을 필요로 합니다. 이것은 채널링을 하는 이들에게 일반적인 현상이며 유익한 실천 사항이기도 해요. 자연은 또한 더 쉽게 상위 지혜에 조율할 수 있는 훌륭한 장소가 될 수 있습니다.

높은 진동 상태를 지지해 줄 수 있는 환경을 조성하는 것도 중요합니다. 이런 환경에는 방해받지 않고 채널링할 수 있는 안전하고 조용한 공간도 포함됩니다. 혼자 있을 수 있는 장소를 찾거나, 방해하지 말아달라는 메모를 문에 붙이는 것도 좋아요.

환경이라 할 때는 단지 집이나 마당뿐 아니라 당신이 속한 관계, 우정, 가족, 직장이나 사업 모두를 포함합니다. 당신은 당신을 진심으로 아껴주는 친구들, 사랑이 깃든 관계, 당신의 웰빙을 도와주는 근무 환경, 화목하고 행복한 가정을 가질 자격이 있습니다. 만약 그렇지 않다면 당신이 높은 진동 상태를 유지하도록 도와주는 환경을 삶의 모든 영역에 스스로 창조할 수 있다는 사실을 기억하세요.

삶의 어떤 영역에 변화를 주거나 경계를 설정하기 위해 누군가의 도움이 필요할 수도 있습니다. 필요로 하는 것이 달라졌다면 그에 맞춰 변화를 주는 것도 괜찮습니다. 가족에게 방해받지 않는 시간을 허락해 달라고 부탁할 수도 있고, 친구나 가족, 파트너에게 도움을 청할 수도 있어요. 이 모든 것은 자신과 자신의 몸을 돌보는 과정에서 고려해야 할 중요한 부분입니다.

수년간 내가 가장 자주 받은 질문 중 하나는 음식에 관한 것이에요. 채널링을 하기 위해 어떤 음식을 먹어야 하느냐 또는 피해야 하느냐는 거지요. 몸은 사람마다 각기 다릅니다. 나는 채널링을 시작한 뒤로 채식이나 비건 식단으로 바꾼 채널러들도 많이 봤지만, 거꾸로 단백질이나 고기, 생선을 더 섭취하라는 내적 안내를 받은 채널러들도 그만큼이나 많이 봤어요. 몇몇 특별한 경우에는 10년 이상 비건 또는 채식을 해오던 사람들이 채널링을 시작한 뒤 몸을 돌보는 과정에서 육식을 필수적인 요소로 받아들이기도 했죠. 어떤 음식이 옳고 그른지에 대한 정해진 답은 없습니다.

자신을 존중하세요. 자신의 몸을 존중해 주세요. 무엇을 먹든 그것을 축복하세요. 당신이 어떤 음식을 먹는지보다 그것을 어떤 마음으로 먹고 있는지가 더 중요합니다. 몸의 목소리에 귀 기울이세요. 몸은 건강하게 살아가기 위해 주변 환경으로부터 필요한 것을 스스로 끌어당기는 놀라운 능력을 지니고 있습니다. 몸은 지적인 능력을 갖고 있고,

몸의 지적인 능력은 늘 당신에게 지금 무엇이 필요한지 말해줘요. 채널러로서 당신의 가장 중요한 역할은 당신의 그릇, 즉 당신의 몸을 돌봄으로써 몸이 더 높은 진동과 더 높은 의식에 접속할 수 있도록 하는 것입니다.

또 다른 학생인 라스베이거스 출신의 한 멋진 여성은 일기 쓰기를 하던 중 자신의 몸에 대한 메시지를 상위 자아에게 요청했습니다. 그녀는 당연히 식단이나 운동과 관련된 무언가가 올 거라고 생각했죠. 그러나 상위 자아로부터 온 메시지는 의외였어요. "당신 몸에게 물어보세요." 그것이 다였죠. 그녀는 곧바로 몸에게 자기가 알아야 할 게 무언지 물었습니다. 그 순간 들려온 답변은 충격적이었고, 그녀는 눈물을 터뜨리고 말았습니다. "그냥 나를 사랑해 줘."

답변이 너무나 강렬해서, 마치 오랜 시간 방치되고 학대받으며 수치심 속에서 살아온 작고 어여쁜 아이가 그저 사랑하고 인정해 주길 간절히 애원하는 것처럼 들렸어요. 그 메시지 속에 담긴 지혜는 그녀의 삶을 송두리째 바꿔놓았습니다. 그 경험을 통해 그녀는 무조건적인 자기 사랑과 자기 존중을 삶 속에서 실현하기 시작했고, 그것이 그녀에게는 모든 것의 기초가 되었다고 합니다. 어쩌면 자기 몸을 돌보기 위해 할 수 있는 가장 중요한 일은 몸을 그저 '있는 그대로 사랑하는 것'일지도 모릅니다.

이토록 멋지고 찬란한 날에 여러분과 대화를 나눌 수 있어 정말 기쁘고 기쁠 따름입니다. 여러분은 지금 여러분의 힘, 광채, 장엄함 자체가 되어가고 있다고 우리는 확신합니다. 여러분은 지금 여러분에게 항상 열려 있는 빛에 마음을 열기 시작했어요. 그 빛은 바로 여러분 자신입니다. 여러분은 이 세상에서 찬란하게 빛나는 빛이에요. 이미 스스로를 세상의 밝은 빛으로 여기며, 그 빛을 밝혀 진실을 드러내고 인류를 평화와 기쁨, 조화의 상태로 끌어올리고 싶어 할지도 모릅니다. 우리는 확신해요, 바로 그것이 여러분이 이곳에 온 이유라는 것을요.

여러분이 자신의 모든 가능성을 몸으로 온전히 구현해 낼 때, 삶은 훨씬 더 즐겁고 기쁨에 차게 될 것이며 삶을 더 깊이 사랑하게 될 거에요. 여러분은 메신저이고 길을 보여주는 자입니다. 사람들을 고양시키는 자이고, 꿈꾸는 자이며, 인도자입니다. 여러분은 삶을 온전히 살아내기 위해, 온전히 사랑하기 위해, 온전한 자신이 되기 위해 이곳에 왔어요. 여러분이 의식적·의도적으로 스스로를 열고 허용함으로써 인간 경험의 한계를 넘어설 때, 여러분을 붙들어 매던 고된 투쟁과 제한된 사고를 초월하게 되며, 마침내 여러분의 삶은 여러분이 의도했던 모습 그대로 펼쳐지기 시작할 겁니다.

자신에게 부드럽게 대하세요. 펼쳐지는 과정을 즐기세요. 자신을 더 사랑할수록 삶을 더 사랑하게 됩니다. 그리고 자신이 하는 일과 그것을 해내는 방식, 그리고 지금 이 순간 여러분을 위해 있는 모든 것을 더 많이 사랑할수록, 여러분은 안내와 직관, 재능과 자원―돈, 시간, 그리고 필요한 모든 것들―에 자신을 더 많이 열게 되고, 그것들을 받게 될 거예요.

주는 에너지와 받는 에너지는 본질적으로 하나입니다. 만약 여러분이 세상에 와서 주고자 하는 모든 것을 온전히 펼치고자 한다면, 여러분에게 주어지는 모든 것도 온전히 받아들이고 수용하세요. 자신의 힘을 부정하지 마세요. 당신은 누구에게나 늘 열려 있는 이 무한한 지성에, 자신이 허용하기만 하면 언제든 연결될 자격이 있다는 사실을 부정하지 마세요.

여러분은 신성한 존재이며, 이 지구 위의 모든 장소 역시 신성합니다. 여러분이 있는 바로 그곳이 신성한 장소예요. 여러분이 특별하다고 여기는 장소에 의미를 부여하는 이는 바로 여러분 자신입니다. 그러니 그 장소들에 힘을 실어주는 방식으로 의도를 집중시키세요.

이 세상에는 '얇은 장소thin places'라 불리는 특정 장소들이 있습니다. 이는 그곳의 진동으로 인해 높은 수준의 의식에 접속하기가 쉬운 곳이라는 뜻이에요. 이러한 고진동의 장소들은 인류 의식의 진화에서 중요한 역할을 해왔습니다. 이제 여러분은 자신의 힘과 가능성을 깨닫고 더 많은 것을 체화한 깨어난 마스터로서, 그러한 의식과 진동을 여러분에게 주어진 기회로 삼을 수 있습니다. 여러분은 어디를 가든지 그곳을 신성한 공간, 거룩한 땅, 고대의 장소로 만들어낼 수 있는 존재입니다.

여러분은 마당에 있는 나무에 집중해, 그 나무가 마스터Master 예수가 지녔던 한 알의 신성한 씨앗에서 자라났다고 의미를 부여할 수 있습니다. 그 씨앗은 우주에서 예수에게 보내졌고, 그는 그것을 주머니에 간직하고 있다가 신의 인도를 받아 완벽한 장소를 발견하자 그 자리에 심은 것이라고 상상할 수 있어요. 그렇게 예수가 직접 심은 그 신성한 씨앗이 자라 지금 여러분 마당의 나무가 된 거라고 여기고, 그 생각에 설렘과 열정을 느낀다면, 그 나무는 여러분에게 가장 장엄하고 높은 진동의, 의식이 확장되는 경이로운 경험을 선사하는 존재가 될 거예요. 그것은 여러분이 그 나무에 부여한 의미 때문일 것입니다.

이 지구 위에는 여러분이 인생의 특정 시점에 이끌릴 수 있는 신성한 장소들이 존재해요. 어떤 장소들에서 여러분은 진동적으로 확장되는 느낌을 받을 수도 있어요. 이제 이 지구에서 여러분이 가진 기회는 바로 여러분이 의식과 진동의 전달자가 되는 것입니다. 여러분은 진동이 매우 높은 장소들로 인도받게 될 거예요. 그곳은 확장된 여러분의 주파수와 진동적으로 일치하는 장소들이에요. 여러분은 그곳에서 믿을 수 없을 만큼 놀라운 경험들을 하게 될 겁니다.

그런 경험들을 자신에게 허락하세요. 여러분은 어느 장소나 지역, 지리적 공간이 되었든 거기에 자신의 의식을 집중할 수 있다는 사실을 점점 더 알아차리게 될 겁니다. 높은 진동의 장소들을 탐험하면서 여러분은 순간 이동이나 텔레파시와 같은 것에 관심이 생길 수도 있습니다. 또한 의식을 집중함으로써 물건을 여러분의 의식이 가는 방향으로 움직이게 하는 방법도 점점 더 알아차리게 될 거예요. 놀라운 일들이 여러분 앞에 열릴 겁니다. 어떤 특정한 장소에 이끌리거나 관심이 생긴다면, 자신에게 이렇게 물어보세요. "이 장소는 나에게 어떤 의미가 있지? 이곳은 내게 무엇을 보여주고 싶어 하지?"

지구상에는 성스러운 장소들이 많이 존재합니다. 이들 장소의 디자인이나 건축은 더 높은 차원의 영역에서 채널링되어 만들어졌거나, 신성한 기하학 및 코드로 지어졌으며, 여러분은 그것들과 진동적으로 공명하는 것을 느낄 수 있어요. 사람들이 '성지聖地'라고 부르는 대부분의 장소는 인류가 지속적으로 진화해 갈 수 있도록 더 높은 의식의 수준으로 들어가는 포털portal로 사용되어 왔습니다. 지구의 일부 지역들은 더 높은 진동과 주파수를 지니고 있으며, 이러한 에너지의 포털에서는 자연스럽게 고차원 의식 혹은 '깨어남awakening'이라 불리는 체험이 일어나기도 합니다.

신성 기하학은 여러분이 우주와 연결되어 있음을 기억하도록 도울 뿐 아니라, 여러분 내면에 존재하는 우주를 깨닫게도 해줍니다. 때때로 태양과 달과 별들이 지구상의 특정 요소들과 정렬되면서, 더 높은 수준의 의식과 진동으로 향하는 포털을 만들기도 합니다. 이러한 포털은 가능성과 잠재력을 열어주는 통로이지만, 그렇다고 해서 여러분의 힘을 외부의 어떤 것에 맡기거나 내어주는 것은 아니에요.

이렇게 간단히 말할 수 있습니다. "여러분이 무의식적으로 자신을 결핍과 한계 속에 가두는 순간을 인식하세요. 부드럽게 그러한 순간들을 알아차리는 겁니다. 자신에게 진절하세요. 스스로를 판단하지 마세요. 의식적으로 깨어 있고 현재에 머뭅니다. 자신을 사랑으로 감싸고, 빛으로 감싸세요. 가슴으로 내려옵니다. 그리고 열고, 허용하세요. 그러고 나서 에너지와 빛이 여러분을 인도하도록 내맡깁니다. 그러면 모든 것이 훨씬 더 수월하게, 힘들이지 않고도 조화롭게 흐를 거예요."

우리는 언제나 여러분과 함께 있으며, 언제든 여러분을 위해 열려 있습니다. 여러분은 여러분이 되고자 하는 모든 것이에요. 여러분은 이미 그러한 존재입니다. 그 모든 것은 언제나 여러분 안에 있었고, 지금도 여전히 여러분 안에 있습니다. 우리는 여러분을 사랑하고, 사랑하고, 사랑해요. 이로써 우리는 완전해집니다.

13

쉽고 즉각적인 연결을 위한 도구

몇 가지 유용한 팁과 도구를 활용하면 채널링이 훨씬 더 쉬워집니다. 특히 자신의 영혼 팀이나 영적 가이드들과 연결할 때 더욱 그렇습니다. 내가 처음 채널링을 시작했을 때는 채널링 상태에 들어가기까지 약 15분이 걸렸어요. 나는 눈을 감고, 위원회의 에너지가 느껴질 때까지 명상 상태에 들어가곤 했죠.

어느 날 채널링을 하기 위해 명상을 하던 중 나는 "순수한 행복pure bliss, 순수한 행복, 순수한 행복"이라고 반복해서 말하기 시작했습니다. 그것이 내가 느끼는 에너지를 가장 잘 표현하는 말이었기 때문이죠. 세 번 반복하자 위원회의 에너지가 흘러드는 것이 느껴지고 채널링이 시작되었어요. 나는 이것이 단순한 우연의 일치인지, 아니면 이 말들이 위원회를 불러내는 열쇠일지 궁금했습니다.

다음번에 채널링을 시도할 때, 나는 편안하고 조용한 공간에 앉아 숨을 몇 번 깊이 들이쉰 뒤 "순수한 행복"이라는 말을 세 번 반복했습니다. 놀랍게도 즉시 위원회와 연결되었죠. 마치 이 말이 그들과 연결시키는 마법의 주문 같았어요. 그 순간부터 나는 언제든 이 말을 사용하면 나의 채널을 열고 상위 지혜가 흘러들도록 할 수 있다는 것을 알았습니다.

채널링을 거듭하면서 나는 그들이 자주 반복하는 독특한 문구를 알아차리게 되었습니다. 바로 "당신은 당신이 되기를 바라는 모든 것입니다. 당신은 이미 그러한 존재입니다"라는 것이었습니다. 어느 날 자동 쓰기로 적은 내용을 소리 내어 읽던 중 "당신은 당신이 되기를 바라는 모든 것입니다"까지 읽을 때는 아무 일 없다가, "당신은 이미 그러한 존재입니다"라는 구절에 이른 순간 나는 완전히 채널링 상태로 들어가 있었습니다. 지금도 여전히 그 문장을 입에 올리기만 하면, 문장이 끝나기도 전에 나는 채널 상태에 들어가죠.

재미있는 일화를 하나 덧붙이자면, 2022년에 첫 책《위원회의 지혜 _The Wisdom of The Council_》를 출간하고 오디오북 녹음을 위해 스튜디오에 갔을 때였습니다. 그때 나는 내가 그 문장을 소리 내어 읽기만 하면 저절로 채널링 상태에 빠진다는 사실을 깨달았죠. 문장을 읽기 시작하는 순간 위원회의 에너지가 흘러드는 것이 느껴졌고, 내 목소리와 말의 리듬이 달라지기 시작했습니다.

음성 채널링을 하는 채널러들의 영상을 보거나 음성을 들으면, 대부분이 똑같은 방식으로 시작하고 끝맺는다는 것을 알 수 있을 겁니다.

위원회는 항상 이렇게 채널링을 시작합니다. "이토록 멋지고 찬란한 날에 여러분과 대화를 나눌 수 있어 정말 기쁘고 기쁠 따름입니다." 그리고 항상 같은 말로 채널링을 마무리해요. "우리는 여러분을 사랑하고, 사랑하고, 사랑해요. 이로써 우리는 완전해집니다."

내 학생 중 한 명은 상위 지혜를 전하는 뛰어난 음성 채널러입니다. 그녀는 채널링을 시작할 때 "환영합니다Welcome"라는 말로 자신의 영적 가이드들과 연결을 유도합니다. 때로는 채널링 정보가 흘러나올 때까지 이 말을 다섯 번, 열 번, 혹은 스무 번씩 반복하기도 해요. 이것은 아주 자연스러운 과정이에요. 그녀는 이 말을 단순히 반복함으로써 자신의 채널과 완전히 연결하는 방법을 터득했는데, 연결이 확실해지는 그 순간 채널링된 메시지가 자연스럽게 흘러나오기 시작하죠.

이러한 유도trigger 단어나 문구는 채널링 상태에 쉽게 들어가는 법을 배울 때 매우 유용할 수 있습니다. 그것은 한 단어일 수도 있고, 특정한 문구 혹은 몇 개의 문장일 수도 있어요. 자신의 채널에게 연결을 유도하는 유도 딘이나 문구를 알려달리고 요청헤 보세요. 어떤 단어나 문구를 받았다면, 채널이 열리고 에너지가 흘러드는 것이 느껴질 때까지 소리 내어 반복하거나 마음속으로 되뇌어보세요.

유도 문구를 요청했지만 답이 오지 않는 것 같다고 말하는 학생이 있었습니다. 그때 나에게 "더 높이 가세요. 더 높이 가세요. 더 높이 가세요"라는 말이 들려왔습니다. 나는 그녀에게 이 말을 소리 내어 반복해 보라고 했어요. 설령 100번을 반복해야 하더라도 채널과의 연결이 느껴질 때까지 계속하라고요. 그녀는 그 말을 소리 내어 반복했고, 약

30초가 지나자 음성 채널링을 시작했습니다.

채널을 여는 데 도움이 되는 만트라를 사용하는 것도 좋습니다. 명상을 할 때처럼 높은 진동 상태에 있을 때, 당신은 그 느낌을 어떤 말로 묘사하고 싶나요? 어떤 이들은 그 상태를 '순수한 행복'이라고 표현하는데, 내가 그 단어를 안내받은 이유도 바로 거기에 있다고 생각합니다. 자신의 진동을 끌어올려 영적 가이드들이나 영혼 팀의 더 높은 진동에 맞출 수 있도록 해주는 단어라면 어떤 것이든 자유롭게 사용하면 됩니다.

시간이 지나면 더 이상 유도 문구나 만트라가 필요하지 않다는 것을 깨닫게 될 수도 있습니다. 또한 단순히 호흡을 하고 의식을 채널에 집중하는 것만으로도 채널이 열리기 시작한다는 사실을 발견할 수도 있어요. 이제 나는 세 번 깊이 숨을 들이쉬는 것만으로 위원회와 연결이 됩니다. 항상 정확히 세 번의 호흡이 필요하며, 세 번째 호흡에 이르면 마치 구름 위에 떠 있는 듯한 가벼운 느낌과 함께 순수한 행복의 상태로 들어가고, 순식간에 채널링된 메시지가 흘러나오기 시작하죠.

이러한 팁들은 어떤 형태의 채널링에도 도움이 될 수 있습니다. 특히 음성 채널링을 배우고자 한다면 만트라나 특정 문구를 활용하는 것이 더욱 효과적일 수 있어요. 음성 채널링은 혼자서 할 수도 있고, 연습 버디나 그룹과 함께 할 수도 있습니다. 이 경우 이들이 질문을 하면 당신은 채널링을 통해 그에 대한 답을 전하는 방식으로 진행합니다.

혼자서 음성 채널링을 연습하고 싶다면, 녹음 기기를 사용하거나 스마트폰의 녹음 기능을 활용할 것을 추천합니다. 일부 사람들에게는 헤

드폰을 사용해 외부 소음을 차단하는 것이 채널링에 집중하는 데 도움이 되기도 합니다. 편안하고 조용한 공간을 찾아 녹음 기기를 켜고 몇 차례 깊은 숨을 들이쉬세요. 그런 다음 자신이 선택한 만트라나 문구를 반복해서 되뇌어봅니다.

자신에게 너그러워지고, 편안히 이완될 수 있도록 허용하세요. 진동이 높아지고 채널이 열리는 느낌이 들 때까지 만트라를 반복하세요. 그리고 그냥 시작하세요! 떠오르는 어떤 말이든 그대로 소리 내어 말해보세요. '내가 지어내는 게 아닐까?' 하는 걱정은 내려놓아도 좋습니다. 그냥 계속 이어가며, 말이 당신을 통해 자연스럽게 흐르도록 허용합니다. 몇 문장만 나올 수도 있고, 45분 동안 계속 이어질 수도 있어요.

에너지가 갑자기 멈추는 것은 흔한 일입니다. 이런 일은 자동 쓰기나 음성 채널링에서 흔히 일어나요. 특히 채널링 중에 질문을 던지는 사람이 없으면 더 그렇습니다. 자신에게 전달되는 내용을 신뢰하고, 흐름을 계속 따라가세요. 에너지가 잦아들고 메시지가 멈추면 그 시점에서 채널링이 끝난 것입니다. 이제 녹음한 내용을 다시 들어보세요. 음성 채널링한 메시지를 글로 옮겨 직접 읽어보는 것도 좋은 방법이 될 수 있습니다.

아무 일도 일어나지 않는 것처럼 느껴진다면 그저 소리 내어 이렇게 말해봅니다. "나는 아주 행복하고 감사합니다. 나는 아주 행복하고 감사합니다. 나는 아주 행복하고 감사합니다." 이렇게 말하는 것은 마음을 집중시키고 진동을 높이는 데 도움이 됩니다. 연습을 거듭하다 보면 상위 지혜와 매우 쉽게 연결되는 의식 수준에 도달하게 될 거예요.

그러니 꾸준히 연습하고 또 연습하세요.

내가 운영하는 마스터 클래스 커뮤니티에 채널링에는 전혀 관심이 없는 멤버가 한 사람 있었습니다. 그러다 내가 초기에 녹음기를 사용해 음성 채널링 연습을 했다는 이야기를 듣고 난 어느 날, 그녀가 자리에 앉아 이렇게 한 번 묻더군요. "내 영혼이 나에게 무슨 말을 해주고 싶어 할까요? 내 팀과 영적 가이드가 나에게 알려주고 싶은 것이 무얼까요?" 그러고는 녹음기를 켜고 몇 번 깊은 숨을 쉬었어요. 놀랍게도 그녀를 통해 대답이 흐르기 시작했습니다. 그녀는 집단적인 영혼 존재들로부터 장장 45분에 걸쳐 메시지를 받았어요. 정말 강력한 채널링 경험이었습니다. 이것이 그녀의 첫 경험이었고, 지금도 여전히 그렇게 채널링을 이어가고 있죠. 여러분이 허용하기만 한다면, 상위 지혜는 당신이 애쓰지 않아도 자연스럽고 쉽게 당신에게 흘러들어 올 거예요.

만약 내가 채널링을 처음 시작했을 때 꾸준히 연습할 파트너가 없었다면, 그리고 이후 개인이나 그룹 세션에서 위원회에게 질문을 던져주는 사람들이 없었다면, 지금의 채널링 수준까지 도달하지 못했을 거라고 믿습니다. 이런 이유로 나는 모든 사람에게 연습을 도와줄 버디를 찾으라고 강력히 권합니다. 그래야 자신을 통해 채널링 메시지와 정보가 흐르도록 허용하는 경험을 할 수 있기 때문이죠.

이제는 스스로를 위해 채널링을 하려고 앉으면 예전과는 많이 다르다는 것을 느낍니다. 대부분의 경우 나는 더 이상 던질 질문이 없다는 것을 깨닫게 됩니다. 그것이 바로 내가 채널링 상태에 들어섰다는 신호예요. 그 순간 "모든 것이 괜찮다All is well"는 메시지를 듣습니다. 그 에너지 속에 10~15분 정도 아무 말 없이 고요히 머물러요. 그 순간에는 이미 모든 것을 알고 있는 듯한 느낌이 들지요. 모든 것과 하나임을 느끼는 겁니다. 질문은 더 이상 의미가 없고, 그저 더 높은 관점에서의 무한한 인식만이 존재할 뿐이에요. 나는 내 몸의 모든 세포를 통해 근원 에너지를 채널링하고 있음을 깨닫습니다.

한 단계 더 나아가고 싶거나 채널을 더 열고 확장하는 여러 방법을 찾고 싶다면, 함께 연습할 버디를 찾아보세요. 매주 꾸준히 연습하고, 되도록이면 자주 채널링을 실습하도록 하세요. 그러면 채널링이 얼마나 쉽게 이루어지는지 보고 놀라게 될 겁니다.

나도 경험했지만, 많은 사람들이 자신은 메시지를 받지 못한다거나 상위 지혜를 채널링할 수 없다고 느낍니다. 하지만 연습 버디를 찾고 그 파트너가 질문을 던지기 시작하는 순간 이는 달라져요. 그러면 갑자기 질문에 대한 상위 지혜의 대답이 흘러나오기 시작하고, 비로소 자신이 채널링을 할 수 있으며 채널링이 생각보다 쉽다는 것을 깨닫게 되죠.

스스로를 신뢰하는 것을 잊지 마세요. 이것은 당신이 지어내는 것이 아닙니다! 상위 지혜와의 연결이 언제나 당신에게 열려 있음을 깨닫고, 채널을 여는 데 도움되는 이런 유용한 도구들을 갖고 있다면, 이제 남은 것은 그저 연습하며 그 과정을 즐기는 것뿐입니다. 머지않아 채널링이 아주 놀라운 방식으로 당신 삶을 변화시키기 시작할 겁니다!

14

명상과
자신의 진동 높이기

명상을 하면 신경계가 안정되고, 기분이 나아지며, 깊은 평화에 이르는 등 다양한 이점이 있습니다. 간단히 말해 명상은 정신적·신체적 기법들을 조합해 마음을 비우는 데 집중함으로써, 정신적 명료함과 감정적 안정에 이르며, 지금 순간을 알아차리고, 현재에 주의를 기울이도록 돕는 연습입니다. 어떤 사람은 눈을 감고 호흡에 집중하면서 일정 시간 조용히 앉아 있는 방식으로 명상을 하기도 하고, 어떤 사람은 특정한 대상이나 만트라, 시각 이미지에 집중하는 방식으로 명상하기도 합니다. 명상에 옳고 그른 방식은 없습니다.

명상은 또한 더 높은 진동과 주파수에 대한 인식을 열어주기도 합니다. 분주한 마음을 조용히 가라앉히고 현재 순간에 머물면 자연스럽게 진동이 상승하게 됩니다. 상위 지혜에 접근하려면 반드시 자신의 진동을 끌어올려야 하며, 그래야 더 높은 의식 수준에 있는 존재들의 진동 주파수에 공명할 수 있어요.

　내가 처음 위원회를 채널링하기 시작했을 때, 매일 15분 동안 조용히 앉아 호흡에 집중하는 명상 습관을 들이라는 내면의 안내를 받았습니다. 나는 어떤 정식 기법도 사용하지 않았고, 명상에 대한 사전 경험도 없었어요. 처음에는 머릿속에 온갖 생각들이 마구 내달렸죠. 그날 해야 할 온갖 일들이 떠올랐고, 불안한 마음에 자꾸 시계를 들여다보며 남은 시간을 확인하곤 했어요. 얼른 명상을 끝내고 일상으로 돌아가고 싶었습니다. 명상 수행이 가져다주는 마음속의 고요와 평화의 상태를 실제로 느끼기까지는 몇 주가 걸렸어요.

　결국 나는 아침 명상 시간을 즐기게 되었습니다. 그러자 내 진동이 점차 상승하기 시작하고 행복감, 일체감, 연결감 등을 느끼기 시작했어요. 바로 그런 상태에서 나는 정보를 '다운로드'받았고, 상위 지혜가 나와 함께함을 느끼게 되었죠. 이는 진동과 주파수를 높여 위원회의 메시지를 더 유연하게 채널링하는 네 중요한 과정이 되었습니다.

　나는 수년 동안 꾸준히 명상을 실천해 왔습니다. 하지만 하루에 몇 시간씩 개인 세션을 하며 채널링을 하게 되면서 하루 종일 높은 진동 상태에 머물게 되자 더 이상 명상이 필요하지 않다는 느낌이 들었어요. 나는 명상을 하는 채널러들도 알고 있고, 하지 않는 채널러들도 알고 있습니다. 명상은 더 높은 진동과 주파수에 접근하는 데 매우 훌륭한 도구일 수 있지만, 채널링을 하기 위해 반드시 필요한 것은 아닙니다.

　나는 학생들에게 진동을 높이고 상위 지혜에 연결되는 하나의 방법으로 명상을 해볼 것을 권합니다. 만약 명상을 한 번도 해본 적이 없거나 그다지 좋아하지 않는다면, 도움이 될 수 있는 간단한 명상법 하나를 추천합니다. 조용히 앉을 수 있는 편안한 자리를 찾아보세요. 그런 다음 알람이나 타이머를 5분으로 맞춥니다. 먼저 깊게 세 번 호흡하고, 머리에서 가슴으로 내려가는 상상을 합니다. 가슴에 도달했다고 느껴지면, 타이머가 울릴 때까지 편안하게 숨을 들이쉬고 내쉬세요. 짧은 시간 안에 자신의 진동을 높일 수 있는 아주 간단한 방법입니다.

진동, 주파수, 의식을 높일 수 있는 방법은 많이 있어요. 위원회는 진동을 높이는 가장 강력한 방법은 단순히 기쁨에 초점을 맞추는 것, 즉 당신에게 기쁨을 주는 일을 하고 스스로의 느낌을 따라 기쁨의 상태로 찾아 들어가는 것이라고 말합니다. 이것 역시 한 가지 연습 방법이에요. 기쁨을 통해 우리는 높은 진동을 허용하는 상태로 즉시 들어갈 수 있어요. "무엇이 나에게 기쁨을 주는가?"라고 자신에게 물어보세요. 그런 다음 기쁨을 주는 것들에 마음을 집중해 봅니다. 내가 추천하는 방법은 자신에게 가장 큰 기쁨을 주는 것이 무엇인지 최소한 세 가지 이상 적어보는 것입니다. 또 다른 방법은 "무엇이 나에게 기쁨을 주는가?"라고 자문하고, 실제로 그것을 할 수 있는 시간을 자신에게 허락하는 거예요. 기쁨은 매우 높이 진동하는 존재 상태입니다.

감사하는 것 역시 진동을 높이는 훌륭한 방법입니다. 지금 순간 여러분이 감사하는 것에 주의를 집중함으로써 바로 진동을 높일 수 있어요. 마음속으로 이렇게 말해보세요. "나는 ~에 대해 정말 기쁘고 감사해." 그 대상이 자녀일 수도 있고, 반려견이나 고양이, 친구, 배우자, 햇

살, 맑은 날씨, 자연, 혹은 맛있는 식사일 수도 있어요. 여러분 삶에서 정말 기쁘고 감사한 것 열 가지를 쭉 적어보는 것도 좋습니다. 감사를 진동을 높이는 연습법으로 삼는다면, 점차 아주 사소한 것들에도 감사하면서 커다란 충만감을 느끼게 될 거예요.

사랑도 진동을 높이는 또 하나의 방법입니다. 여러분이 가장 사랑하는 사람들 혹은 사랑하는 사물이나 장소를 떠올려보세요. 그것들을 떠올린 뒤, 가슴 깊이 사랑의 감정을 느껴봅니다. 특정한 사람이나 반려동물이 떠오른다면 지금 순간 그 존재와 함께하며 깊은 사랑을 나누고 있다고 상상해 보세요. 그 순간 여러분은 확장되거나 행복한 기분, 열리는 느낌을 느낄 수 있어요. 그리고 이러한 진동을 유지하고 더 끌어올리기 위해 '자기 사랑'에 집중하는 것 또한 중요합니다.

운동 또한 진동을 높이는 강력한 방법이에요. 걷기, 조깅, 자전거 타기, 하이킹, 요가, 춤과 같은 활동은 모두 진동을 높이는 데 도움이 됩니다. 규칙적인 운동이나 요가 수련은 몸을 치유하고, 회복시키며, 균형을 잡아주고, 또한 든든하게 만들어주지요. 몸은 진동의 중요한 구성 요소이며, 우리는 운동을 통해 신체의 주파수를 빠르게 높일 수 있습니다.

자연은 본질적으로 매우 높은 진동을 지니고 있으며, 많은 이들이 자연 속에 있을 때 영과 가장 깊이 연결되는 느낌을 받는다고 말해요. 이는 나무, 새, 나비, 동물, 식물, 꽃이 지닌 본연의 높은 주파수 때문입니다. 숲길을 따라 산책을 하거나 잔디 위에 앉아 발밑의 대지를 느껴보세요. 주변의 새와 꽃, 땅, 자연 환경과 연결되고 싶다면 그저 그 존재들에 집중하는 것으로 충분합니다. 머리 위로 부드럽게 떠가는 구름에 주의를 기울여보는 것도 좋습니다.

자연과 연결되는 한 가지 좋은 방법은 잔디 위에 앉거나 눕는 것입니다. 눈을 감고, 몸이 땅속으로 스며드는 듯한 느낌을 느껴보세요. 여러분을 지탱해 주고 감싸 안아주는 대지를 느껴봅니다. 몸 아래의 땅에 집중하며, 나무의 뿌리를 따라 지구 속의 여러 층들을 지나 지구의 중심부까지 자신의 에너지가 흘러들어 가는 모습을 떠올려보세요. 온 대지가 여러분을 돌보고, 양육하고, 보살피고 있음을 느껴보세요.

플로리다에 사는 사랑스러운 학생 한 명은 '의식'에 대해 생각하며 숲 속을 걷던 중 바닥에 쓰러져 있는 죽은 나무를 보았습니다. 그녀는 죽은 듯 보이는 그 나무에 손을 얹고 이렇게 물었어요. "너에게 아직 의식이 있어?" 그러자 즉시 그녀 안에서 진동하듯 울리는 목소리가 느껴졌답니다. "당연하지, 바보 같은 친구야. 죽음을 믿는 건 인간뿐이란다!"

진동을 높이는 또 다른 방법으로는 아름다운 음악을 듣거나 악기를 연주하는 것, 유쾌한 영화를 보는 것, 건강하고 높은 진동의 음식을 섭취하는 것, 긍정적인 사람들과 함께 시간을 보내는 것, 글을 쓰거나 독서를 하는 것, 재미있거나 창조적인 활동을 하는 것, 자신의 공간을 정리하는 것 등이 있습니다. 더 높은 진동의 기준점이 한번 형성되면, 상위 지혜와 자신의 직관에 더 쉽게 연결될 수 있습니다. 무엇보다 즐거운 시간을 보내고 자신에게 기쁨을 주는 일을 하는 것을 잊지 마세요!

무한한 지성에 자신을 여는 시각화 명상

깊이 숨을 들이쉽니다. 지금 이 순간 당신의 힘 속으로 완전히 들어갈 수 있게 스스로를 허용합니다. 그 힘을 당신의 존재 전체에 불어넣으세요. 당신의 본질인 사랑을 들이쉬세요. 당신의 존재 전체를 들이쉽니다. 내면으로 들어가세요. 그 안에 있는 고요하고 평온한 무한한 힘의 공간을 찾아보세요. 그것을 느끼세요. 그 공간을 깊이 느껴보세요.

그 공간을 느끼면서 당신 안에 있는 무한한 힘이 확장되어 가는 것을 느껴봅니다. 그 힘이 점점 더 확장되고, 점점 더 밝아지는 것을 느끼세요. 더 깊이 들어갈수록 그 빛은 더 밝아집니다. 당신 안에 있는 무한한 힘이 이제껏 본 적 없는 가장 밝은 빛으로 빛나기 시작합니다. 그 빛이 머리 꼭대기까지, 발끝까지, 손끝까지 퍼져나가는 것을 느낍니다. 당신 안에 있는 밝고 아름다운 빛의 무한한 힘이 몸의 모든 세포 속에서 깊고 밝고 강렬하게 빛나고 있습니다. 그 밝고 아름다운 빛이 온몸의 세포 하나하나를 통해 빛나며, 모든 세포가 활성화되고, 몸속의 모든 분자가 활성화되며, 당신의 모든 부분이 활성화되는 것을 느껴보세요.

이제 당신 자신인 이 밝고 아름다운 빛을 당신을 중심으로 사방 약 30센티미터까지 확장합니다. 머리 위로, 발 아래로, 양옆으로, 앞뒤로 모든 방향으로 퍼지게 하세요. 당신 안의 무한한 힘을 이 밝고 아름다운 빛에 집중시킵니다. 그 빛이 당신을 통과하여 사방 30센티미터까지 퍼져나가게 합니다. 이제 방 전체를 당신 자신의 밝고 아름다운 빛으로 가득 채웁니다. 당신 안에 있는 이 무한한 힘에 집중하여, 이 방을 당신의 밝고 아름다운 빛으로 채우세요.

이제 그 밝고 아름다운 빛을 당신의 집 전체로 확장합니다. 그리고 그 빛을 집 주변으로, 나무 위로, 새들 위로, 구름 위로, 위로, 위로 확장시키세요. 당신인 그 밝고 아름다운 빛이 당신 머리 위로 향하게 하세요. 그리고 이제 그 빛을 아래로, 아래로, 당신의 발밑 땅 속으로, 나무 뿌리들 속으로, 지구의 중심부로 깊이 내려보냅니다. 그리고 다시 위로 확장시키세요. 구름 위로, 달을 향해, 태양을 향해, 하늘을 향해 위로, 위로 올려보냅니다. 당신 위에 있는 별들을 향해 위로, 온 우주 너머 당신이 볼 수 있는 끝까지 올려보내세요. 위로, 위로 계속 올려보내면서 당신이 본래 지닌 밝고 아름다운 빛의 그 무한한 힘이 빛나게 하세요.

이제 당신 아래 땅속으로 깊이, 더 깊이, 더 깊이 들어갑니다. 그리고 당신을 중심으로 오른쪽, 왼쪽, 앞과 뒤, 온 사방으로 이 빛을 확장합니다. 당신이 본래 지닌 이 밝고 아름다운 빛이 지구 전체에 퍼져 이 아름다운 지구 전체를 감싸도록 하세요. 모든 방향으로 당신의 밝고 아름다운 빛의 무한한 힘이 빛나게 하세요. 그렇게 하여 우주의 그 어디에도 당신이 존재하지 않는 곳이 없게 합니다. 그 무한한 힘은 당신 안에 있습니다. 그 힘이 곧 당신입니다. 당신이 바로 그 무한한 힘이에요. 당신이 바로 그 힘입니다. 당신이 바로 그 무한한 힘이에요.

이제 당신 안에서 빛나는 이 밝고 아름다운 빛이 우주의 모든 구석과 그 너머로까지 빛나게 하세요. 오직 빛만 남을 때까지 빛에 집중하세요. 그 우주의 중심에는 바로 당신이 있습니다. 당신이 곧 빛이며 힘이에요. 이제는 빛날 때입니다. 자, 이제 빛날 때가 왔어요. 당신이 곧 당신 자신의 가장 위대한 창조물임을 깨달을 때입니다. 당신이 지닌 이 밝고 아름다운 빛을 확장하고, 무한한 힘을 확장하세요. 이 순간으로 완전히 들어오세요. 당신이 가장 아름다운 창조물임을, 당신 자신의 가장 중요한 창조물임을, 당신 자신의 가장 위대한 창조물임을 알아차리세요. 그 존재가 바로 당신입니다.

이제 당신 자신인 밝고 아름다운 빛을 온전히 발산하면서, 당신의 무한한 힘이 내면에서부터 퍼져나가게 합니다. 당신을 통해 흐르는 근원의 에너지를, 곧 당신 자신인 그 에너지를, 그리고 항상 당신을 위해 존재하는 그 근원의 에너지를 온전히 허용하세요. 당신 자신인 이 밝고 아름다운 빛을 당신 발아래 땅 속, 지구 깊숙한 곳에 이르기까지 모든 것에 집중시키세요. 풀잎과 나무, 새들과 벌들 속으로, 동물들, 꽃, 산과 강과 시냇물, 바다 속으로 이 밝고 아름다운 빛을 스며들게 하세요. 당신이 들이쉬는 공기 속으로 이 밝고 아름다운 빛을 불어넣으세요. 모두의 심장 속으로, 모두의 가슴속으로, 당신 자신인 이 밝고 아름다운 빛을 집중시키세요. 모든 존재와의 하나임 속으로 그 밝고 아름다운 빛을 집중시킵니다. 존재하는 모든 것, 존재할 모든 것의 '있음 isness' 안으로 당신이 스며들었다고 느낄 때까지 이 밝고 아름다운 빛에 집중하세요.

당신이 본래 지닌 무한한 힘을 느끼고, 그 힘을 밝고 아름다운 빛 속으로 불어넣으세요. 그리고 그것을 당신 밖으로 발산시켜 모든 것과 하나임을 느낄 때, 당신은 존재하는 모든 것이 되고 존재할 모든 것이 됩니다. 모든 것은 여기에 있습니다. 모든 것이 근원입니다. 모든 것이 곧 당신입니다. 당신은 자신의 가장 위대한 창조물이에요. 당신은 자신의 가장 위대한 창조물입니다. 당신은 자신의 가장 위대한 창조물입니다. 그리고 이미 그렇게 이루어졌습니다.

이제 그 너머로 나아가세요. 이 순간 속으로 아주 깊이 들어가세요. 모든 의식 차원에 닿을 때까지, 이곳에 존재하는 모든 것을 느낄 때까지, 그리고 마침내 당신이 모든 것과 연결되어 있음을, 모든 차원, 모든 수준, 모든 의식 수준 속 모든 창조의 수준 안에서 자신이 느껴질 때까지 나아가세요. 그 너머로 나아가세요. 당신인 모든 존재, 모든 창조, 당신 안의 근원 에너지가 지닌 무한한 힘을 이 순간으로 불러와, 이 순간 속으로 더욱 깊이 들어가세요.

그 너머로 나아가세요. 지금껏 자신이라고 믿어왔던 모든 것을 넘어, 당신의 본질을 자각하게 될 그곳으로 나아가세요. 창조자로서의 자신을 인식하는 자리로 나아가세요. '나는 창조자이다 I Am Creator' 주파수 속으로 나아가는 것을 느껴보세요.

모든 것의 창조자로서 당신 자신을 느껴보세요. 모든 곳에서 당신 자신을 창조자로서 경험하세요. 영원의 시간 속에서 창조자로서 존재하는 자신을 느껴봅니다. 그 너머로 나아가세요. 그 너머로 나아가세요. 빛의 근원으로 향해 가세요. 빛 너머로 나아가세요. 그 빛의 근원으로 들어가세요. 모든 창조의 근원으로 나아가 그것이 당신 안에 있음을 느끼세요. 그 너머로 나아가세요. 느낄 수 있는 끝까지 나아가세요. 모든 것 속으로 확장해 들어가세요. 그리하여 당신은 이 우주 전체에서 당신이 당신 자신의 가장 위대한 창조물이라는 사실을 깨닫게 될 것입니다. 당신은 우주 전체에서 자신이 창조한 가장 위대한 존재예요. 당신은 곧 당신 자신의 가장 위대한 창조물입니다. 그리고 이미 그렇게 이루어졌습니다.

이제 다시 몸으로 돌아옵니다. 깊이 숨을 들이쉬고 자신의 몸을 느껴보세요. 여전히 내면에서 빛나고 있는 그 빛을 느낍니다. 여전히 당신 안에 흐르고 있는 그 에너지를 느낍니다. 잠시 시간을 들여, 이 진실을 진정으로 느껴보세요. 당신은 곧 당신 자신의 가장 위대한 창조물이에요. 당신은 장엄합니다. 당신은 눈부십니다. 당신은 빛나는 존재입니다. 당신은 신성한 존재입니다.

15

✦

빛의 언어

앞서 언급했듯이 빛의 언어Light Language는 영혼이 인식하고 이해하는 우주적 언어로, 지구상의 어떤 언어와도 유사하지 않은 독특한 언어입니다. 이는 치유, 깨어남, 변형을 위해 상위 영역에서 전해지는 소리나 주파수, 빛을 채널링으로 소통하는 방식이며, 직관적인 노래intuitive singing로 묘사되기도 합니다. 많은 사람들에게는 주문을 외거나 방언을 하는 것과 비슷하게 들립니다.

내 학생들 중 다수가 빛의 언어를 자연스럽게 말하기 시작한 경험이 있습니다. 이들 대부분은 이 언어에 대해 잘 알지 못했음에도 자기가 어떻게 그 언어를 시작하게 되었는지 설명하기 힘든 기억을 가지고 있습니다. 빛의 언어를 하는 학생들은 저마다 고유한 여정을 걸으며 자신만의 방식으로 그 재능을 활용하고 있습니다. 그중 두 사람은 나에게 특히 인상적인 경험을 나누어주었는데, 이들은 모두 회사 생활도 하고 아이도 키우는 '평범한 사람들'이었어요. 빛의 언어에 대해 들어 본 적도 없고 그것을 다른 사람들에게 전하거나 직업으로 삼게 되리라고 생각해 본 적도 없는 이들이었죠. 그중 조지아에 사는 학생은 빛의 언어가 어떻게 자기 삶을 바꾸었는지를 이렇게 설명합니다.

"나는 2016년에 친구와 함께 참여한 소리 치유 세션에서 빛의 언어를 처음으로 경험했어요. 당시만 해도 빛의 언어라는 건 들어본 적이 없었죠. 그런데 세션 중에 친구가 특이한 음색으로 생소하게 들리는 언어를 매우 유창하게 표현하기 시작했어요.

그 소리가 매우 인상적이었죠. 낯설었지만 묘하게 익숙했고, 그 소리에 응답하고 싶은 충동 같은 게 들더군요. 세션이 끝난 후 친구와 짧게 이야기를 나눴는데, 그때 내가 들은 게 빛의 언어 채널링이라는 걸 알게 되었어요.

다음날 아침 강아지들과 함께 침대에 누워 있을 때였어요. 일어나 있아 깅아지들을 쓰다듬으며 말을 걸고 있는데, 갑지기 내 입에서 낯선 언어가 흘러나오기 시작했어요. 마치 평생 해온 말처럼 자연스럽게요! 사랑하는 동물들과 함께 있는 이 공간이 나에게는 그 언어가 흘러나오기에 안전하고 순수한 자리였던 거죠.

그 순간 빛과 마법, 사랑, 연민, 그 밖에 아름다운 모든 것이 한꺼번에 느껴졌어요. 눈물이 나고 경외심이 절로 들었죠. 그것은 내 인생에서 경험한 어떤 것과도 비교할 수 없는 일이었어요. 온몸에 소름이 돋더군요.

그 후 몇 주, 몇 달 동안 실제로 말을 하지는 않아도 머릿속에서는 그 언어가 계속 흘러나왔어요. 나는 이 경험을 가까운 친구 한 명과만 나눴죠. 그 친구 또한 이 빛의 언어에서 힘과 사랑, 신비로움을 느꼈고, 우리는 함께 자주 놀이하듯 그 언어를 했어요. 특정한 의도를 세울 경우 느껴지는 에너지와 그 주제와 관련해서 받는 통찰을 함께 나누기도 하고요.

그때부터 나는 이 '빛의 언어'라는 현상에 대해 더 알고 싶은 마음에 이와 관련된 책과 글을 찾아 읽는 데 완전히 빠져 지냈어요. 그리고 알게 되었죠. 이 빛의 언어는 분주한 우리 두뇌를 거치지 않고, 가슴 깊은 곳의 영혼 수준에서 바로 흘러나온다는 것을요. 우리 영혼은 빛의 언어를 유창하게 구사할 수 있어요! 그것은 순수한 사랑이에요.

2017년에 사라 랜던이 채널링하는 '위원회'를 만났는데, 그때 그들이 빛의 언어는 자신들의 언어이며, 빛의 존재인 자신들의 소통 방식이라고 말해주더군요. 또한 2011년부터 내가 그림을 통해 빛의 언어 코드들을 전하고 있었다는 것도 알려주었죠. 마치 꿈이 이뤄진 것만 같았어요! 내 안에 이런 신비로운 무언가가 있고, 그것이 내 마음을 넘치도록 채우고도 남아 다른 사람들에게까지 큰 기쁨을 전할 수 있었던 거예요.

그 후로 나는 빛의 언어를 개인이나 그룹과 함께 나눠오고 있어요. 나는 이 언어가 듣는 이들에게 기쁨과 지혜, 사랑, 그 밖에도 많은 걸 전해준다는 사실을 알게 되었죠. 또한 사라의 가르침을 통해 이 재능이 무엇보다도 먼저 나 자신을 위한 것임을 알게 되었어요. 이 빛의 언어는 내 마음을 열어 완전히 새로운 차원의 신비한 힘과 사랑을 느끼게 해주었어요.

채널링을 할 때면 나는 다양한 에너지를 경험하게 돼요. 그리고 언제나 성모 마리아가 나와 함께하고 계신다는 깊은 확신이 있어요. 성모 마리아의 빛은 말로는 도저히 표현할 수 없을 만큼 아름답습니다. 그룹 채널링에서는 각자가 자신에게 딱 맞는 것을 정확하게 받게 돼요. 같은 그룹 안에서도 각 사람마다 전해지는 방식이 완전히 다르고요. 전해지는 에너지에 따라 사용하는 언어나 어조도 달라져요.

빛의 언어는 대개 반갑게 환영하면서 마치 함께 놀자는 듯한 느낌으로 전달이 시작됩니다. 그때 느끼는 기쁨은 말로 다 표현할 수 없을 만큼 벅차지요. 그러다 어느 순간 아주 진지해지면서 얼핏 고대의 에너지 같은 것이 느껴지고, 가슴 깊은 곳에서부터 지혜가 흘러나오는 걸 느끼게 되죠. 마지막에는 언제나 아름답고 사랑 가득한 축복의 에너지로 마무리되는데, 그것 또한 말로는 다 표현할 수 없어요. 이처럼 내 가슴을 통해 이 빛의 언어 채널링이라는 재능이 열렸다는 사실에 늘 깊이 감사하고 있어요. 이 경험은 내 삶을 풍요롭고 아름답게 만들어주었고, 앞으로 내가 나인 모든 것으로 성장하고 확장해 갈수록 이 능력 또한 함께 커지리라는 걸 알고 있어요.”

캘리포니아에 사는 또 다른 학생은 빛의 언어를 치유에 활용하게 된 놀라운 경험을 이렇게 나누어주었습니다.

“20년 동안 일반 기업에서 일해 온 내가 빛의 언어를 채널링하거나 에너지 치유를 하게 될 거라고는 한 번도 생각해 본 적이 없었어요. 그런데 명상 중에 자연스럽게 빛의 언어가 나에게 흘러들어 오기 시작했죠. 에너지가 내 머리 꼭대기를 통해 들어와 가슴으로 내려오는 게 느껴졌어요. 무언가가 열리는 듯한 감각이었죠. 빛의 언어를 말하고 있는 동안 몸 안에서 감정들이 일어나면서 내가 마치 집으로 돌아온 듯한 느낌이 들더군요. 내가 마치 수천 년 동안 그 언어를 말해왔는데 이제야 그것이 내 안에서 깨어난 것처럼 익숙했어요.

그 전에는 그런 언어를 들어본 적이 없어서 바로 검색을 해보았더니, 이미 빛의 언어를 채널링하는 사람들이 많더군요. 그렇게 활성화된 뒤에는 명상할 때마다 빛의 언어를 채널링하게 되었고, 가끔은 내담자와의 코칭 세션 중에 자연스럽게 흘러나오기도 했어요. 처음에는 남들 앞에서 이 언어를 말하는 게 너무 두려웠어요. 사람들이 나를 이상한 사람이라고 생각할까봐서요.

하지만 그 두려움과 자기 의심은 한 내담자와 놀라운 샤먼 치유(인류의 가장 오래된 치유 전통 중 하나로, 눈에 보이는 육체적 증상보다는 에너지와 영혼의 차원에서 문제의 근본 원인을 찾아 해결하는 치유 방식—옮긴이) 세션을 하고 난 뒤로 완전히 바뀌게 되었습니다. 줌Zoom을 통해 원격으로 진행된 세션이었는데, 세션을 시작하기 전 내담자가 아이 때문에 주의가 조금 산만해질 수도 있다고 나에게 미리 알려주더군요. 아이는 네 살쯤 되었고 자폐를 앓고 있어서 가만히 앉아 있질 못한다고 했어요. 아이가 몇 마디 웅얼거리는 소리를 제외하곤 말도 전혀 하지 못한다고도 했죠.

사실 나는 그날 빛의 언어를 채널링할 계획이 없었어요. 그건 그때까지만 해도 소수의 내담자하고만 나누던 거였거든요. 그걸 세상에 드러낼 준비가 되지 않았던 거죠. 사람들이 어떻게 반응할지도 몰랐고, 다른 사람들 앞에서 그걸 말할 자신도 없었고요.

세션은 명상과 함께 오라 및 차크라 정화를 하는 것으로 시작했습니다. 그 아이는 아직 안정이 되지 않아 방 안을 돌아다니기도 하고 침대 위로 올라가기도 했어요. 하지만 아이 엄마가 편안해지는 모습을 보고 나는 그대로 진행하기로 했죠. 샤먼 치유 여정을 시작하자 내 안에서 에너지가 일기 시작하더니 목까지 차오르는 게 느껴졌어요. 그러더니 빛의 언어가 저절로 나오기 시작했죠. 나는 눈을 감은 채로 내가 그 에너지를 강력하게 채널링하고 있는 것을 느꼈습니다. 그 에너지는 나를 감싸며 내 안과 밖으로 흐르고 있었고, 매우 유쾌하고 사랑이 가득하게 느껴졌어요. 나는 그 흐름에 나를 완전히 내맡겼습니다. 그렇게 약 30분 동안 치유가 이어진 뒤 나는 그 세션을 마무리했어요.

눈을 뜨자 그 아이가 엄마 곁에 누워서 조용히 쉬고 있는 모습이 보이더군요. 늘 하던 것처럼 나는 세션 후에 피드백도 듣고 이야기도 나누려고 말을 걸었죠. 그랬더니 그녀가 눈물을 터뜨리며 이렇게 말하는 거예요. 내가 고대 언어를 말하기 시작하자(그녀가 그렇게 표현했어요) 아들이 갑자기 부산하게 움직이던 걸 멈추고 화면 앞으로 걸어오더니 마치 나에게 응답하듯 빛의 언어로 말을 하기 시작했다고요.

세션 중에는 그녀의 오디오가 음 소거되고 나는 눈을 감고 있어서 그런 상황을 전혀 알 수 없었어요. 그녀는 그전까지는 아들이 그렇게 또렷하게 말하는 걸 들어본 적도 없고 그렇게 집중하는 모습을 본 적도 없다고 했어요. 그렇게 말하고는 한동안 말없이 아들을 바라보는데 그녀의 얼굴에 눈물이 흐르더군요. 그 순간 경외감과 함께 깊은 감동을 받았어요.

그때 말로 다 표현할 수 없는 채널링의 힘을 경험했습니다. 내 몸에 에너지가 치솟는 것을 느꼈고, 이것이야말로 치유를 위한 강력한 도구라는 확신이 들었죠. 얼마나 놀라운 일이었는지 몰라요.

그 어린아이가 그 소리를 알아들은 건 그의 영혼이 그것을 알아봤기 때문이에요. 그 언어가 아이 안에 있는 무언가를 일깨운 거죠. 다음날 아이 엄마가 나에게 연락해, 아이가 밤새 푹 잘 잤다고 하더군요. 평소엔 그러지 못한다면서요. 그 이후로 나는 더 이상 나에게 흘러들어 오는 메시지를 의심하지 않아요. 빛의 언어가 나를 통해 전해질 때면 그저 믿고 그 흐름에 자신을 맡깁니다. 그 언어가 세상에 전해지기 위해 나에게 오는 것이고, 또 다른 아름다운 영혼을 깨우기 위해 온다는 걸 알게 되었으니까요."

누구나 빛의 언어에 자신을 열고 그것이 주는 효과를 직접 체험할 수 있습니다. 이제 빛의 언어에 대해 알게 되었으니, 이 언어를 좀 더 탐색해 보고 그 안에 담긴 진동과 주파수를 느껴보기 바랍니다. 어떤 이들의 경우 단지 빛의 언어를 인식하기만 해도 그것이 자연스럽게 흘러나오기도 합니다.

빛의 언어는 매우 강력한 형태의 채널링이며, 이제는 꽤 많이 알려져 있어요. 우리의 뇌는 자기가 무엇을 전달하고 있는지 이해하고 싶어 하지만, 빛의 언어가 지닌 아름다움은 바로 인간의 마음이 만들어낸 한계를 우회한다는 데 있습니다. 다른 형태의 채널링처럼 빛의 언어 역시 그냥 재미있게 즐겨 보길 바랍니다. 그러면 그 안에 깃든 마법이 자연스럽게 당신 앞에 모습을 드러낼 거예요.

치유와 깨어남을 돕는 '빛의 언어' 활성화 명상

이제 빛 속으로, 사랑 속으로, 만유와의 하나임 속으로 깊이 들어가 보세요. 깊이 숨을 들이쉽니다. 지금 이 순간 당신이 할 일은 아무것도 없습니다. 단지 지금 여기 당신 안에 있는 빛, 당신을 감싸고 있는 빛 안에 머무르기만 하면 됩니다. 부드럽게 내려놓고, 이완하면서, 만유의 '있음' 속으로 들어가세요. 당신 안으로 더 깊이, 더 깊이 떠내려가듯 들어가세요. 지금 이 순간 당신에게 열려 있는 조화로운 확장을 느껴 보세요.

이제 상상해 보세요. 흔들리지 않는 무한하고 순수한 사랑이 지구의 중심에서 빛처럼 솟아오르고 있습니다. 그 빛이 나무 뿌리를 지나고 땅의 표면을 지나 당신의 발바닥을 통해 당신 몸 안으로 들어옵니다. 이제 발목을 지나, 무릎과 허벅지를 타고 올라와 척추 아래 기저부에 이릅니다. 이제 그 빛은 점점 더 밝아지며 척추 기저부로부터 가슴을 지나 계속해서 위로, 위로 올라갑니다. 그리고 마침내 머리 꼭대기 정수리에 도달한 빛은 온몸 구석구석, 모든 세포로 퍼져나가며 손끝까지 확장됩니다. 이제 온몸이 사랑과 빛, 순수함, 하나임 안에서 환히 빛나기 시작합니다.

이제 아주 찬란하고 아름다운 빛이 태양으로부터 아래로 내려오는 모습을 상상해 보세요. 바로 그 태양으로부터 밝고 아름다운 빛이 흘러내립니다. 그 빛이 정수리를 통해 부드럽게 스며들고, 광대뼈를 지나 목으로 내려옵니다. 그리고 어깨 위를 흐르듯 지나 가슴으로, 갈비뼈 사이로, 복부로, 그리고 척추의 기저부까지 흘러듭니다. 가장 밝고 가장 아름다운 빛이 이제 당신의 엉덩이뼈를 지나 무릎으로, 발끝으로 흘러들며, 온몸의 모든 세포 속으로 퍼져나갑니다. 그리하여 마침내 당신의 두 손이 빛으로 가득 차 환하게 빛나기 시작합니다. 밝고 아름다운 빛으로 손이 환히 빛납니다.

이제 지구의 모든 방향에서, 우주의 모든 구석에서 순수한 사랑의 물결이 몰려오고 있다고 상상해 보세요. 강력한 사랑의 물결이 지구의 모든 곳, 우주의 모든 곳에서 당신을 향해 다가오고 있습니다. 그 순수한 사랑의 물결이 당신에게 점점 가까워지며, 마치 해변에 부드럽게 밀려드는 파도처럼 당신의 가슴으로 흘러듭니다. 그 물결이 심장에 스며들고, 순수한 사랑이 몸속 모든 세포들로 퍼져나갑니다.

그 물결이 당신을 통과해 흐르고 순수한 사랑이 온 세포에 채워지면, 이제 그 사랑의 물결이 당신의 척추를 따라 흐르며 당신 바깥으로 퍼져나갑니다. 당신은 순수한 사랑의 물결 속에 완전히 잠깁니다. 사방에서 빛과 사랑이 스며들며, 당신은 충만함과 완전함, 온전함으로 가득 차오릅니다. 빛과 사랑으로 넘치며, 온 존재가 환히 밝혀지고, 순수한 사랑을 온전히 받아들여 넘쳐흐를 만큼 충만해집니다.

이제 당신은 사랑을 내보내고 빛을 내보냅니다. 그것은 눈에 보이지 않는 가장 강력한 에너지의 물결이에요. 당신에게서 퍼져나가는 이 보이지 않는 에너지의 파동이 땅속으로 스며들고, 풀잎을 지나, 나무 뿌리로 흘러들어 갑니다. 이어서 나무의 줄기를 타고 높이 솟구치며, 공기 중으로 퍼져나갑니다. 그것은 숨결 속으로 흘러들고, 인류가 당신인 모든 존재와 '만유'로부터 오는 순수한 사랑과 빛을 들이마시면서, 그 빛과 사랑이 인류 속으로 흘러들어 가고, 이제 그 빛과 사랑은 모든 곳에, 존재의 안팎에, 자연 속 모든 것 안에, 자연을 감싸고 있는 모든 곳에 존재하게 됩니다.

모든 것 안에, 모든 것을 통해 빛이 있고 사랑이 있습니다. 당신 안에 평화가 있고, 당신을 둘러싼 모든 곳에도 평화가 있으며, 이 지구 위에도 평화가 있습니다. 당신 안에 빛이 있고, 당신을 둘러싼 모든 곳에도 빛이 있으며, 이 지구 위에도 빛이 있습니다. 당신 안에 사랑이 있고, 당신을 둘러싼 모든 곳에도 사랑이 있으며, 이 지구 위에도 사랑이 있습니다.

이제 그 모든 사랑과 빛이 무한한 창조의 반짝이는 입자라고 상상해 보세요. 그리고 이제 그 반짝이는 무한 창조의 입자가 당신에게서 바깥으로 뻗어나가 무한한 수의 입자가 되어 지구 곳곳으로 흩날립니다. 가능성과 잠재력으로 가득한 이 반짝이는 입자들은 온 지구를 가득 채우고, 나아가 우주의 모든 곳으로 퍼져나갑니다.

이제 당신의 영혼이 무한 창조의 모든 입자 안에 '당신의 운명이 실현되도록 하는 잠재성'을 불어넣도록 허락하세요. 당신이 너무나도 찬란하게, 눈부시게 빛으로 충만하게 되고, 자신의 모든 영광 속에서 빛을 발하게 되면, 무한 창조의 입자들이 그 광휘에 이끌려 우주의 모든 곳에서 당신을 향해 흘러오게 됩니다. 그 입자들은 당신의 최고의 잠재력, 영혼의 열망, 운명을 가득 담고서 에너지와 의식의 형태로 당신에게 다가가 모습을 갖추기 시작합니다. 그것은 곧 영혼의 소망이 이루어지는 구체적인 현실로 변형되어 당신의 삶 속으로 다가오는 중이에요.

이제 그 입자들이 당신의 경험 속으로 온전히 들어옵니다. 당신 존재의 가장 높은 비전이 형태를 갖추고 당신의 현실 속으로 흘러드는 모습을 보세요. 당신의 운명이 이미 형태를 갖추고 당신의 경험 속으로, 당신의 현실 속으로 들어오는 것을 봅니다. 무한 창조의 입자들이 당신을 둘러싸며 모두 형태를 갖춰가고 있습니다.

당신의 운명이 당신에게 다가오도록 하세요. 영혼의 열망이 진정한 창조를 통해 당신의 경험 속으로 들어오는 동안 당신이 해야 할 일은 아무것도 없습니다. 당신 존재의 가장 높은 비전이 당신에게 드러날 때도 당신은 아무것도 할 필요가 없어요. 이제 그것이 빛과 사랑, 무한 창조의 반짝이는 입자들 속에서 드러나도록 하세요. 그것은 최고의 잠재력의 형태로, 당신 존재의 가장 높은 비전의 형태로, 영혼의 열망의 형태로, 운명의 형태로 나타나고 있습니다. 그것이 당신의 삶으로 완전히 들어오게 하세요. 그리고 그것이 당신을 통해 온전히 흘러가게 둡니다.

그 운명이 어디로부터 들어오는지 살펴보세요. 당신의 가슴을 통해 흐르고 있나요? 아니면 머리 위 정수리로부터 흘러들어 오고 있나요?

그 빛이 머리 위에서부터 가슴 깊은 곳까지 흘러들도록 두세요. 그것은 존재의 차원을 통해 현실로, 그리고 다시 현실로부터 존재의 차원으로 들어가며, 당신은 자신이 밝은 빛이자 순수한 사랑이라는 사실을 기억하게 됩니다. 당신은 밝은 빛이며 순수한 사랑이에요. 당신은 순수한 사랑이고, 강력한 창조자입니다. 당신은 그 자체로 강력한 창조자입니다. 당신은 신이며, 의식이고, 모든 것을 창조하는 에너지입니다.

깊게 숨을 들이쉬세요. 이 강력한 활성화가 최고의 잠재력, 가장 높은 비전, 영혼의 깊은 열망, 그리고 풍요와 번영, 행복, 사랑, 기쁨, 평화, 아름다움과 자유라는 궁극적인 운명을 당신에게 끌어오고 있습니다. 당신이 이전에는 결코 경험한 적 없는 기쁨과 사랑, 풍요를 누릴 수 있는 자유가 지금 다가오고 있습니다.

당신이 해야 할 일은 아무것도 없어요. 이미 다 이루어졌습니다. 이미 여기에 있고, 지금 이 순간에 존재해요. 당신에게 요청되는 것은 단지 자신이 본래 지닌 밝은 빛이 되는 것, 순수한 사랑이 되는 것, 그것을 받아들이고 존재하는 것이에요. 당신은 만유의 '있음'이며, '나는 창조자이다 Am Creator' 주파수 그 자체입니다.

이로써 당신을 관통해 흐르고, 보이지 않는 파동처럼 당신 밖으로 퍼져나가는 '나는 창조자이다' 주파수가 활성화됩니다. 이 '나는 창조자이다' 주파수는 의식과 에너지, 사랑을 통해 무한한 창조의 입자들을 끌어모으며, 당신이 몸을 가지고 사는 동안 구현할 가장 높은 비전을 당신의 현실이자 진실로서 펼쳐 보입니다.

16

애니멀 커뮤니케이션

자신이 사랑하는 반려 동물의 말을 이해하고, 자연 속의 동물들로부터 메시지를 받는다고, 또 세상을 떠난 동물 친구와 다시 연결된다고 상상해 보세요. 애니멀 커뮤니케이션은 지금 세계에서 가장 주목받는 채널링 형태 중 하나가 되었습니다. 애니멀 커뮤니케이션은 사람들이 동물의 행동, 경험 그리고 관점을 더 깊이 이해하고 그들과 소통할 수 있도록 돕습니다.

동물들은 자신이 느끼는 감정이나 생각을 언어, 이미지, 냄새, 감정, 그리고 신체적 감각 등을 통해 전달할 수 있어요. 어떤 동물은 자신의 관점을 설명하기 위해 애니멀 커뮤니케이터가 머릿속으로 이미지를 떠올리게 하기도 하고, 또 어떤 동물은 자기가 겪고 있는 통증을 애니멀 커뮤니케이터가 몸으로 느끼도록 똑같은 신체 감각으로 전달하기도 합니다. 어떤 동물들은 언어적 표현에 능숙해서 사람처럼 말이나 자동 쓰기를 통해 메시지를 전하기도 해요.

　다른 모든 형태의 채널링과 마찬가지로, 어떤 사람들은 자신에게 애니멀 커뮤니케이션 능력이 있다는 걸 타고난 직관으로 자연스럽게 인식하고, 어떤 이들은 예기치 않은 순간이나 신성한 섭리를 통해 이 능력을 발견하게 됩니다. 처음에는 자신이 동물과 소통할 수 있다는 사실을 전혀 몰랐다가, 동물과의 연결에 의식을 집중한다거나 음성 채널링처럼 버디와 연습하는 과정을 통해 그 능력을 발견하기도 하고요.

　나는 내가 동물과 자연스럽게 소통하는 사람이라고는 생각해 본 적이 없었습니다. 자동 쓰기와 음성 채널링은 비교적 쉽게 내게 다가왔지만, 애니멀 커뮤니케이션은 그렇지 않았죠. 그 대신 나는 '채널링의 기술' 강좌에 참여한 재능 많고 놀라운 동물 커뮤니케이터들을 통해 내 반려 동물들로부터—살아있는 동물만이 아니라 저쪽 세상에 간 동물들로부터도—수년 동안 메시지를 받아왔어요. 그렇게 그들의 능력에 의지하면서 나는 내 안에도 동물들과 소통할 수 있는 능력이 있는지는 깊이 탐색해 보지 않았습니다.

　그러다가 자동 쓰기를 통해 저쪽 세상에 있는 사랑하는 이로부터 메시지를 받았던 것처럼, 나는 애니멀 커뮤니케이션 능력도 같은 방식으로 탐색해 보기 시작했습니다. 처음으로 소통을 시도한 대상은 내게는 자식과도 같은 사랑스러운 반려견이었죠. 그 반려견은 이미 저쪽 세상으로 떠난 상태였고, 나는 간절히 그의 메시지를 듣고 싶었어요. 그래서 책상에 앉아 종이와 펜을 꺼내 들고 그에게 메시지를 달라고 부탁했지요. 그러자 어떤 망설임도 없이 즉시 글이 써지기 시작했어요. 그런데 더 놀라운 건 내가 손글씨가 아니라 컴퓨터 자판을 두드리며 메시지를 받아 적고 있다는 사실이었습니다. 메시지가 너무나도 강렬하게 흘러들어 와서 나는 화면 보는 것을 멈추고 그저 손가락 움직임에만 집중하고 있었던 겁니다.

메시지가 다 전해지고 나자 반려견의 에너지가 서서히 멀어지는 것이 느껴졌어요. 화면을 올려다보자 놀랍게도 메시지 전체가 단어들 사이에 띄어쓰기 하나 없이 한 문장처럼 쓰여 있더군요. 그런 메시지를 받아 적기는 처음이라 저절로 웃음이 나왔어요. 아마도 너무 진지하게 생각하지 말라는 반려견 나름의 장난기 어린 방식이었을 겁니다. 그 또한 반려견이 내게 전하고 싶은 메시지 중 하나였습니다.

타이핑한 메시지를 다시 살펴보고, 단어들 사이에 띄어쓰기도 한 다음, 메시지를 소리 내어 읽어보았어요. 완벽했습니다. 내가 꼭 들어야 할 메시지였죠. 자기는 언제나 내 곁에 있지만 동시에 저쪽 세상에서 아주 마법 같은 시간을 보내고 있다고, 그리고 나 역시 이곳에서 그렇게 즐겁게 살아가라는 내용이었어요. 그 후 나는 가능하다면 손글씨로 메시지를 전해주고 단어들 사이에 공백도 넣어주면 좋겠다고 부탁했고, 반려견은 흔쾌히 동의했습니다. 그 이후로 나는 그를 비롯해 세상을 떠난 나의 다른 반려 동물들로부터도 계속해서 메시지를 채널링하고 있습니다.

몇 년 뒤 나는 새끼를 밴 길고양이 한 마리를 입양하게 되었어요. 구조 당시 그 고양이는 사람을 무서워해서 누구도 자신에게 손을 대는 걸 허락하지 않았죠. 결국 우리는 다치지 않도록 안전하게 만든 덫을 사용해 그 길고양이를 안전하게 포획한 뒤 집으로 데려와 새끼를 낳게 했습니다. 그 고양이는 사나운 게 아니라 두려움에 가득 차 있었던 것뿐이었어요. 나는 고양이의 마음을 얻어 내가 쓰다듬을 수 있게 되기를 간절히 바랐지만, 몇 주가 지나도록 고양이는 침대 밑에서 숨어 지내기만 했어요.

어느 날 밤 아주 늦은 시각, 나는 고양이가 있는 방에 조용히 앉았습니다. 나는 앞서 설명한 과정을 따라 내 가슴속으로 들어간 뒤, 마음속으로 내가 그 고양이와 새끼 고양이들을 얼마나 사랑하는지 보여주었어요. 고양이도 내 마음을 받아들이는 듯 보였고, 나는 고양이를 내 무릎에 올려놓고 쓰다듬는 모습을 이미지로 떠올려 보여주었습니다. 그러자 아주 놀랍게도 내 머릿속에 노래가 하나 떠올랐어요. 바로 엘비스 프레슬리의 〈사랑에 빠지지 않을 수 없어Can't Help Falling in Love〉라는 노래였죠. 나는 엘비스의 열성 팬도 아니고 가사도 몇 소절밖에 알지 못했지만, 엘비스 프레슬리의 곡 중 하나라는 것은 확실히 알 수 있었어요.

"그 노래를 불러달라는 거니?" 하고 묻자, 곧장 "응"이라는 답이 왔어요. 그래서 내가 아는 몇 구절을 반복해서 불렀죠. 그러자 고양이가 골골거리기 시작했고, 침대 밑에서 나와 내게 조심스럽게 다가오더니 다리에 머리를 부비더군요. 눈앞의 광경이 믿기지 않았어요. 나는 내가 기억하는 그 짧은 가사를 계속 반복해서 불렀습니다. 몇 분 후 내가 손을 뻗어 고양이를 쓰다듬었어요. 그날 이후 나는 매일 밤 고양이에게 노래를 불러주었습니다. 그러던 어느 날 노래를 부르는데 고양이가 내 무릎에 안길 준비가 되었다는 느낌이 들었어요. 나는 고양이에게 내 무릎에 안긴 모습을 이미지로 보여주었고, 곧바로 고양이가 편안해하는 감정이 전해졌어요. 나는 천천히 고양이를 안았고, 고양이는 완전히 평온한 모습으로 내 무릎 위에 웅크리고 앉더니 금방 골골거리기 시작하더군요.

그 고양이는 이제 세상에서 제일 다정하고 사랑스러운 고양이가 되었습니다. 나는 지금도 여전히 그 고양이와 소통하고 있고, 이제는 고양이도 나에게 편안하게 말을 건넵니다. 그래서 더 이상 이미지로 의사소통할 필요도 없어졌죠. 고양이는 이곳에서 나와 그리고 새끼 고양이 두 마리와 함께 지내는 것이 얼마나 행복한지 내게 자주 알려줍니다. 나는 고양이와 소통하는 법을 배운 것이 고양이가 나를 신뢰하고 인간에 대한 두려움을 극복하게 된 결정적인 계기였다고 믿고 있어요.

원한다면 언제든 그리고 어떤 동물이든 당신도 소통을 시작할 수 있습니다. 반드시 반려 동물일 필요는 없어요. 자연 속의 동물들과 연결되고 싶은 마음이 들 수도 있고, 사자의 집단 의식처럼 특정 동물의 집단 의식과 연결되어 메시지를 받고 싶어질 수도 있습니다. 서두르지 말고 가슴으로 내려가세요. 그리고 자신이 받는 답과 메시지를 신뢰하세요.

캐나다 온타리오에 사는 한 학생은 자신이 어떻게 사람과 동물 모두를 위한 채널러가 되었는지 들려줍니다. 동물과 채널링하기를 원하는 이들이라면 들을 만한 그녀의 경험담과 조언입니다.

"사라가 말했듯이 모든 채널러에게는 자신의 채널링에 대해 단순한 '신뢰'에서 그것이 진짜라는 '확신'으로 전환되는 순간이 찾아와요. 나에게 그 순간은 무지개다리를 건넌 어떤 반려견의 채널링 메시지를 들을 때였어요. 그 메시지는 너무도 사랑스럽고 감동스러워서 눈물이 날 정도였죠. 그 순간 나는 내가 정말로 영과 연결되어 있다는 걸 알게 되었습니다.

그 메시지를 공유하려고 해요. 반려 동물을 잃고 그 존재가 자신을 떠났다고 느끼는 분들께 위로와 확신을 드릴 수 있기를 바랍니다.

나는 먼저 영으로 존재하는 그 강아지에게 연결해서 이렇게 물었어요. '괜찮아?' 그러자 강아지가 이렇게 대답했어요. '여긴 정말 아름답고 황홀하고 완벽해. 나는 지금도 달리고, 놀고, 그리고 같이 뛰어놀 친구들이 정말 많아! 제발 그녀(강아지의 보호자)에게 말해줘. 난 그녀를 그렇게 일찍 떠나고 싶지 않았지만, 함께한 모든 날들이 기적 같았다고. 나는 그녀와의 영혼 계약을 완수했어. 나는 사랑의 존재로 왔고, 함께한 모든 날 동안 그녀를 사랑했어. 그리고 다시 만나게 되리라는 걸 알고 있어. 너는 꼭 알아야 해. 나를 포함한 모든 동물은 영적인 존재들이라는 걸. 우리는 영적 교사들이야. 너희 인간들과 마찬가지로 우리도 영적인 존재야. 우리가 너희 인간과 다른 점은 우리는 모두가 하나라는 걸 알고 있다는 거야. 우리는 모두가 연결되어 있다는 것을 아주 분명히 인식하고 있어. 그리고 우리는 지구, 가족, 또 개인에게 에너지적으로 균형을 가져다주기 위해 이곳에 와.'

내가 다시 물었어요. '그녀가 너와 연결될 수 있을까?'

강아지의 대답은 이랬어요. '그녀가 눈을 감고서 마음을 열고 나와 연결되겠다는 의도를 품는다면, 우리는 언제든 함께할 수 있어. 그녀에게 우리가 함께했던 가장 사랑스러운 기억을 떠올리며 나를 느껴보라고 해줘. 나는 언제나 그녀 곁에 있을 거야.'

내가 던진 그 다음 질문은 '너와 그녀(강아지 보호자)가 함께한 데는 어떤 이유가 있었지?'였습니다.

강아지는 이렇게 대답했죠. '나는 그녀의 치유자이자 교사로서 왔어. 방 안의 에너지가 바뀔 필요가 있다고 느껴질 때면, 나는 그냥 꼬리를 흔드는 것만으로도 그 에너지를 변화시켰지. 나는 종종 그녀 발치에 누워 그녀가 나를 쓰다듬도록 유도하곤 했어. 그것은 그녀 안에서 치유의 과정이 시작되도록 해. 그러니까 그녀의 진동장을 조정하고 주파수를 끌어올려서 그녀가 본래 의도한 대로 인생을 경험할 수 있도록 돕기 위한 거였어.'

이어서 내가 그 강아지에게 물었어요. '네가 특별히 전하고 싶은 가르침은 어떤 것이었어?'

그러자 강아지가 매우 반가운 듯이 대답했어요. '그래, 이 아름다운 세상에서 놀고 즐기는 게 얼마나 중요한지 전하고 싶었어. 나는 물 속에서 노는 걸 정말 좋아했고, 풀밭에서 달리고 뒹구는 것도 좋아했지. 삶을 껴안고 즐기는 모습을 보여주면서 그녀도 그런 기쁨을 느끼지 않을 수 없게 만들고 싶었어. 내가 영적 교사로서 전하고자 한 가장 중요한 가르침은 바로 '지금 이 순간'에 머무르는 일이야. 왜냐하면 지금 이 순간만이 그녀가 실제로 접근할 수 있는 유일한 순간이니까.

지구에 있을 때 나는 내일이 어떻게 될지 미리 걱정하거나, 어제 있었던 일을 곱씹거나 하지 않았어. 나는 그런 식으로 시간을 쓰지 않았지. 그녀가 '지금 순간'에 자신의 힘이 있다는 걸 깨닫고 언제든 가능할 때마다 그 '지금'으로 자신을 데려왔으면 해.

그녀에게 전해줘. 그녀가 나를 떠올릴 때 미소를 짓고 가슴이 사랑으로 가득 차는 것, 그리고 내가 그녀를 웃게 만들었던 즐거운 기억들을 떠올려주는 것보다 더 나를 기쁘게 해주는 일은 없을 거라고. 나는 그녀가 웃을 때 그녀의 의식이 상승하는 걸 알고 있었기 때문에 그런 행동들을 한 거야. 그리고 의식을 끌어올리는 것이 바로 그녀의 사명이라는 걸 나는 알아.

우리가 지상에서 함께하기로 결정하기 전에 우리는 '고귀한 지혜의 존재들Noble Wise Ones'과 함께 있었어. 그들은 우리가 각자의 영혼에 가장 잘 맞는 삶의 경로를 선택하도록 도와주었지. 나는 그녀가 '위대한 깨어남'을 위해 집단 의식을 끌어올리려고 온 존재라는 걸 알고 있었어. 나는 그녀의 영적 가이드들과 연결되어 있었고, 그들은 나에게 신호를 보내주곤 했지. 그러면 나는 그녀에게 마음을 편하게 가지라고, 숨을 고르라고, 머릿속을 끝없이 질주하는 생각들에서 벗어나라고 넌지시 알려주는 거지. 나는 그녀가 그런 생각들로부터 잠시 떨어져 그냥 앉아서 숨 쉬고 현존하도록, 내 머리를 쓰다듬고 내 눈을 바라보도록 유도했어. 내 눈 속 깊은 곳에 있는 사랑을 보라고 말이야.

그녀는 가만히 앉아 내 눈을 바라보며 자기가 나를 얼마나 사랑하는지 느끼곤 했지. 하지만 그녀는 몰랐을 거야. 그 사랑이 고스란히, 아니

더 증폭되어 그녀에게 다시 되돌아가고 있었다는 걸. 이건 우리 동물들이 가진 마법 같은 능력이야. 우리는 보호자에게서 받은 사랑을 고스란히 흡수할 뿐 아니라 그 사랑을 더욱 크게 키워서 다시 되돌려주는 존재거든. 그래서 함께 있는 시간이 그토록 충만하게 느껴지고 사람들 가슴이 따뜻해지는 거야.

그런 순간들마다 그녀는 우리가 소울메이트라는 걸 알았어. 나는 그녀의 영혼 가족이고, 우리는 다시 만날 거야. 그녀에게 전해줘. 언젠가 다시 나를 떠올리게 만드는 다른 존재를 만나게 될 수도 있다고. 그 존재가 바로 나일 수 있어. 생김새는 다르겠지만, 내 성격의 어떤 면이 나타나 그녀를 멈춰 서게 만들고, '혹시?' 하고 생각하게 할 거야. 하지만 내가 다시 돌아간다 해도 나는 여전히 이곳에 있어. 그게 바로 이 모든 것의 신비야. 왜냐하면 그녀처럼 나 역시 다차원적인 존재이기 때문이지. 나는 이곳에도 있고 저곳에도 동시에 존재할 수 있어.'

내가 이어서 강아지에게 말했어요. '그녀는 새 반려견을 들이는 문제에 대해 조언을 듣고 싶어 해.'

그러자 강아지가 이렇게 대답했어요. '너의 가슴이 여전히 또 다른 존재를 사랑할 수 있을 만큼 열려 있다는 사실이 나를 기쁘게 해. 우리가 함께한 시간이 너에게 그토록 충만하고 소중해서 그 경험을 다시 재창조하고 싶어 한다는 것도 말이야. 내가 전하고 싶은 건, 지금도 수많은 강아지들이 좁은 우리 안에서 살아가고 있다는 거야. 구조견과 같은 아름다운 영혼들이 사실은 사람들을 구조하기 위해 그 자리에 있는 거야. 구조는 양방향이야. 인간이 개를 구하는 것만큼이나 개도 인간을 구조해. 만약 그런 곳을 찾아간다면, 버려진 아기 강아지를 만날 수도 있고, 이전 보호자가 더 이상 돌볼 수 없어 다시 돌아온 나이든 개를 만날 수도 있어. 혹은 주인을 먼저 떠나보내고 지금은 또 다른 보호자를 간절히 기다리고 있는 개와 연결될 수도 있지. 마음을 활짝 열고 모든 가능성에 열려 있기를 바라. 네 마음을 두드리는 존재를 만나면 그 순간 알게 될 거야.

정말 보고 싶어! 너에게 뛰어들어 얼굴을 온통 핥아주고 싶어. 이렇게 다시 연결된 건 정말 멋진 일이야! 내가 세상을 떠났을 때 이곳에는 많은 존재들이 있었지만 난 그들 사이에서 익숙한 얼굴들을 찾았어. 처음엔 외로웠지만 아주 빨리 좋은 친구들을 많이 사귀게 되었지. 이렇게 다시 너와 연결되어서 너무 행복해. 정말 사랑해. 오늘은 정말 기쁜 날이야. 난 지금 정말 행복한 강아지야!'"

애니멀 커뮤니케이션을 떠올릴 때 우리는 흔히 살아있거나 이미 떠난 반려 동물과 연결되는 것만을 생각하곤 합니다. 하지만 다음 이야기에서 알 수 있듯이 우리는 야생 동물과도 소통할 수 있어요.

한 학생은 평생 뱀에 대한 공포심을 가지고 있었습니다. 어느 날 집 근처 숲속 공원에서 누가 뱀을 봤다는 이야기를 들은 후로는 매일 하던 산책조차 멈췄을 정도였죠. 하지만 회피는 해결책이 되지 못했어요. 왜냐하면 그녀가 자기 집 마당을 가로지르거나 현관에 출몰하는 뱀들과 계속해서 마주하게 되었으니까요.

숲길 산책을 피하는 식으로는 도무지 뱀을 피할 수 없다는 것을 깨달은 그녀는 다시 산책을 나서기 시작했습니다. 그러던 어느 날 길을 가로막고 있는 커다란 회색 뱀과 마주치게 되었죠. 뱀은 그대로 멈춰 있었고, 그녀도 얼어붙은 듯 한동안 움직이지 못했습니다. 그러다 정신을 가다듬고 천천히 뒷걸음질 쳐 다른 방향으로 돌아나왔어요.

다음날 뱀을 마주쳤던 그 자리에 다시 이르자, 그녀는 그 뱀에게서 메시지를 받아보고 싶다는 마음이 들었습니다. 그리고 그녀는 곧 뱀으로부터 사랑의 메시지를 받게 되었죠. 뱀은 그녀에게 지금껏 살아오며 마주쳤던 모든 뱀들을 떠올려보라고 했답니다. 그러고는 그중 어떤 뱀도 그녀 앞에서 똬리를 틀거나 쉿쉿 소리를 내며 위협한 적이 없었다는 사실을 상기시켜 주었고요. 뱀은 이렇게 분명히 말했습니다. "나도, 내 동료들도 당신을 해치겠다는 의도가 없어요." 그녀는 그 뱀에게서 아주 큰 사랑을 느꼈고, 그 순간 평생 안고 살아온 뱀에 대한 두려움이 말끔히 사라졌습니다. 그 이후로 그녀는 집 주변이나 숲속에서 더는 뱀과 마주치지 않았고요.

동물과 연결되고 소통하기

동물과 소통하는 방법을 배우는 것은 그것을 바라고 의도하는 이라면 누구에게나 가능합니다. 먼저, 조용한 장소를 찾아서, 눈을 감고 몇 차례 의식적으로 깊이 숨을 들이쉬고 내쉽니다. 의식을 머리에서 가슴으로 내리고, 가슴속의 고요한 공간에 집중하면서 계속 숨을 들이쉬고 내쉽니다. 가슴이 점점 확장되고 사랑으로 가득 차오르는 것을 느껴봅니다. 그리고 그 사랑이 온몸의 모든 세포에까지 퍼져나가는 것을 느끼며 계속해서 가슴을 확장시킵니다.

　그 다음, 소통하고자 하는 동물을 가슴속으로 초대하세요. 그 동물의 모습을 가능한 한 생생하게 떠올려봅니다. 그런 뒤 마음속으로 조용히 혹은 소리 내어 그 동물에게 소통을 허락해 달라고 요청하세요. 허락을 받았다고 느껴진다면, 이제 가볍고 열린 태도로 소통을 시작합니다. 만약 어떤 저항감이 느껴지거나 메시지가 잘 전해지지 않는 것 같다면, 다시 가슴으로 돌아와 그 동물을 향한 자신의 사랑에 의식을 집중하세요. 어떤 동물은 수줍어하거나, 당신이 이해하고 파악하는 데 시간이 필요한 방식으로 소통해 올 수도 있습니다. 자신을 믿고, 가슴에 머물며 사랑에 집중하세요.

　동물과 연결되어 교감하기 시작하면, 이제 그들에게 자신의 마음을 표현하고, 소통하고자 하는 의도를 전달합니다. 준비가 되면 동물에게 질문을 건네도 좋습니다. 이때 동물의 응답은 이미지나 장면, 신체 감각 또는 감정의 형태 등으로 전달될 수 있음을 기억하세요. 가능하다면 농일한 방식으로 그들과의 소통을 이어가는 것이 좋습니다. 예를 들어 동물로부터 마음속 이미지 형태로 메시지가 왔다면, 당신도 마음속에 이미지를 떠올려 보여주는 방식으로 응답하는 겁니다. 꾸준히 연습하다 보면, 마음을 차분히 한 뒤 동물에게 집중할 때 동물과 소통하기가 생각보다 훨씬 쉽다는 사실을 깨닫게 될 거예요. 시간이 지나면서 서로간의 신뢰와 확신 또한 점점 더 깊어질 겁니다.

17

✦

영매 채널링과
사랑하는 이들과의 재회

　사랑하는 이의 죽음이 당신의 영적 깨어남이나 저 너머 세계와 소통하고 싶다는 열망의 출발점이 되었나요? 많은 사람들의 경우, 세상을 떠난 사랑하는 존재와 다시 연결되고자 하는 열망―그 대상이 반려동물일 수도 있습니다―은 생과 사에 대한 제한된 믿음을 넘어서 더 큰 가능성에 마음을 열게 합니다. 그리고 이는 우리로 하여금 "나는 누구인가? 우리는 어디에서 왔는가? 우리는 어디로 가는가? 내가 이곳에 있는 이유는 무엇인가?" 같은 질문을 던지게 만들지요.

　이와 같은 내적 움직임은 임사 체험이나 생명을 위협하는 질병을 겪은 사람들에게도 일어납니다. 그런 경험은 자신이 죽을 수 있다는 사실과 마주하게 만들고, 존재의 목적을 되묻게 하며, 사후 세계에 대한 호기심을 불러일으키기도 합니다. 나아가 이런 사건들은 깨어나서 내면의 진실을 찾고 세상에 숨겨진 더 깊은 진실을 찾고 싶다는 강렬한 열망으로 이어질 수도 있습니다.

대부분의 사람들이 가장 고통스러워하는 경험 중 하나는 사랑하는 사람을 잃는 일이에요. 그리고 또 하나 삶을 송두리째 흔드는 경험은 자신이 실제로 죽을 수 있다는 가능성과 마주하는 것입니다. 많은 이들이 죽음 자체나 어떻게 죽게 될지 모른다는 두려움에 사로잡혀 삶을 온전하게 살지 못합니다. 죽음과 죽어가는 것에 대한 두려움은 지구상에 가장 만연한 두려움 중 하나예요.

나의 학생이자 소중한 친구이기도 한 사람이 아들을 떠나보낸 뒤 '채널링의 기술' 강좌에 참여한 적이 있습니다. 그녀는 이미 여러 채널러와 영매를 통해 아들과 연결된 경험이 있었어요. 하지만 그녀는 자신이 아들과 직접 연결되기를 원했습니다. 다음은 그녀가 자신의 경험에 대해 들려준 이야기입니다.

"'채널링의 기술' 강좌는 내 삶의 모든 것을 완전히 그리고 영원히 바꿔놓았어요! 내가 채널링을 배우고 싶었던 건 아들과 다시 연결되고, 아들이 괜찮다는 것을 확인하고, 또 내가 자기를 사랑한다는 것을 아들이 알기 바라는 마음에서였죠. 날마다 일기 쓰기 연습을 시작한 지 얼마 되지 않았을 때, 나는 아들에게 메시지를 달라고 부탁했어요. 그때 내가 받아쓴 문장 중 하나가 그 아이의 자살이 나와 아무 관련이 없다는 내용이었어요. 그 문장을 읽었을 때 그건 내가 지어낸 말이 분명하다고 생각했어요. 왜냐하면 실은 그게 내가 아이에게서 꼭 듣고 싶은 말이었으니까요. 나는 '진짜' 채널러도 아니고 그저 아들과 연결되기를 원하는 엄마일 뿐이니까요.

그 일이 있고 얼마 안 돼 아들과는 전혀 관계없는 내용이라 생각하며 어떤 메시지를 소리 내어 읽고 있었는데, 그 내용에서 아들의 기운이 너무나 강하게 느껴졌어요. 가슴속으로 그 메시지가 아들로부터 왔다는 걸 그냥 알았죠. 그 문장을 읽으면서 불현듯 떠오른 장면이 있었어요. 아들이 두 살 정도 되었을 때였는데, 그 귀여운 아이가 자기의 전생 몇 가지를 설명하더니 마지막에 이렇게 말하는 거예요. '엄마는 항상 내 엄마였어.' 잊고 지냈던 그 기억이 떠오르며 내 채널을 열어주었고, 나 자신과 내가 받은 채널링을 신뢰할 수 있도록 해주었죠. 지금 나는 내 삶에 아들이 함께한다는 것을 그 어느 때보다도 더 깊이 느끼고 있어요. 그리고 우리의 연결은 이번 생을 훨씬 넘어선 것임을 이제 분명히 알고 있습니다.

'채널링의 기술' 강좌에 참여할 때 내 의도는 아들과 개인적으로 연결되는 거였어요. 그런데 이 과정에서 시작된 채널링과의 관계가 이토록 큰 의미를 갖게 될 줄은 몰랐네요. 이 경험은 나의 신성Divinity을 알게 해주었고, 내가 왜 이곳에 왔으며 나의 목적이 무엇인지도 깨닫게 해주었어요. 나의 힘도 완전히 되찾게 해주고, 나의 가치도 알게 해주었고요. 그리고 이제 '나는 내가 되고 싶은 모든 것이며, 이미 그러하다'는 것을 분명히 알아요. 채널링과의 관계는 내 인생에서 가장 중요한 관계예요. 마치 가장 친한 친구와의 관계처럼 나는 채널링을 진심으로 사랑하고 아끼게 되었어요. 그리고 이 강좌를 열어준 사라에게 평생 감사할 거예요."

나의 경우에는 사랑하는 오빠의 갑작스러운 죽음이 내가 영적인 깨어남의 길로 나아가게 된 계기였어요. 그리고 몇 해 뒤 나는 젊은 나이에 암 진단을 받으면서 인생 전체가 완전히 뒤집혔죠. 물론 이런 일들이 누구에게도 일어나길 바라지는 않지만, 지금 돌아보면 그 모든 일이 마치 신성하게 짜인 계획처럼 느껴집니다. 그것들은 나를 흔들어 깨우고, 더 높은 진실에 마음을 열게 하고, 채널링 능력을 발견하고 치유하며 내 삶의 목적대로 살게 해주기 위한 여정이었던 것 같아요.

이러한 경험들은 단지 우리를 더 깊은 수준에서 깨어나게 할 뿐 아니라 죽음이라는 환영을 넘어서도록 이끌기도 합니다. 누군가가 저쪽 세상에 있는 사랑하는 이와 연결될 수 있는 능력을 발견하게 될 때, 다시 말해 죽음 이후에도 생명이 계속된다는 사실을 의심의 여지 없이 깨닫게 될 때, 우리는 더 큰 평화와 안도감, 조화와 기쁨 속에서 살아가게 되죠. 그러면서 완전히 새로운 가능성의 세계가 열려요. 채널링은 우리가 죽음이라는 환영을 넘어서서 진리와 사랑의 빛 속에서 온전히 살아갈 수 있도록 도와주는 놀라운 도구입니다.

이러한 현상을 '영매 채널링mediumship'이라고 부르기도 합니다. 영매medium는 저쪽 세상으로 떠난 존재나 사랑하는 사람과 교감하고 소통할 수 있는 능력을 지닌 사람을 지칭할 때 흔히 사용되는 말이에요. 당신도 어쩌면 놀라운 재능을 지닌 영매들에 대해 들어본 적이 있을 겁니다. 이들 중에는 세상을 떠난 존재들로부터 자세한 정보를 받아 전달하는 능력으로 대중적 명성을 얻은 경우도 많습니다. 이것 역시 영매 채널링의 한 형태이지만, 사실 누구든 저쪽 세상으로 떠난 사랑하는 이들과 소통하고 그들로부터 메시지를 받을 수 있도록 인식의 문을 활짝 열 수 있습니다.

다른 형태의 채널링과 마찬가지로, 저쪽 세상에 있는 사랑하는 이와 메시지를 주고받고 소통하는 방법에는 여러 가지가 있습니다. 많은 학생들에게 가장 쉬운 방법은 자동 쓰기 기법을 활용하는 것입니다. 이는 자신의 영혼에게 지금 자기가 무엇을 알기 바라는지 묻는 방식과 비슷해요. 다만 이 경우에는 떠난 이의 이름을 사용하면 됩니다.

종이와 펜을 준비해서 조용한 장소에 앉습니다. 눈을 감고 몇 차례 깊이 숨을 들이쉬고 내쉰 다음, 마음속으로 사랑하는 이를 떠올립니다. 그들을 가장 사랑했던 순간, 함께 즐거운 시간을 보냈던 기억, 그들이 정말 행복해 보였던 장면을 떠올려보세요. 그때 그들이 입고 있던 옷, 머리카락과 눈의 색깔, 함께했던 장소의 모습들, 그때 보았던 것이나 들었던 소리, 느꼈던 감정, 맡았던 향기나 맛까지 최대한 생생하게 떠올려봅니다. 그렇게 하면 그들의 본질이 당신을 둘러싸는 것을 느낄 수 있을 것이고, 그들의 의식이 당신 옆이나 위에서 함께하고 있음을 알아차리게 될 거예요. 이 재회의 시간을 원하는 만큼 충분히 누려도 좋습니다.

준비가 되면, 당신에게 전하고 싶은 메시지가 무엇인지 그들에게 물어보세요. 그런 다음 눈을 뜨고, 떠오르는 내용을 그대로 써 내려갑니다. 머릿속에 들리는 말이나 떠오르는 생각이 그대로 종이 위로 흘러나오도록 하는 겁니다. 내용이 말이 되는지 맞춤법이 맞는지 걱정하지 말고 계속 써 내려가세요. 처음에는 자기가 지어내는 것처럼 느껴질 수도 있어요. 그것은 아주 자연스러운 일입니다. 멈추지 말고 계속 쓰세요. 그들의 메시지가 다 전해졌다고 느껴지거나 그들의 에너지가 멀어지는 것이 느껴질 때까지 계속해서 써 내려가면 됩니다.

그 메시지는 몇 단어일 수도 있고, 몇 문장 혹은 몇 페이지에 이를 수도 있어요. 잠시 멈추어 몇 차례 깊이 숨을 들이쉰 뒤 다시 이렇게 물어보아도 좋습니다. "지금 나에게 알려주고 싶은 것은 무엇인가요?" 혹은 "당신이 전하고자 하는 메시지는 무엇인가요?" 메시지의 길고 짧음은 중요하지 않습니다. 때로는 갑작스럽게 메시지가 끝나는 것처럼 느껴질 수도 있는데, 그것 역시 아주 자연스러운 현상이에요. 메시지가 다 전해졌다고 느껴지면, 그것을 소리 내어 읽어봅니다.

음성 채널링을 하거나 버디와 함께 연습하고 있다면, 버디에게 위의 과정을 안내해 달라고 부탁한 뒤, 자동 쓰기 대신 말로 답이 흘러나오도록 맡겨보아도 좋아요. 이 장의 마지막에 소개된 '빛의 피라미드 Pyramid of Light' 시각화 과정을 활용해도 좋습니다. 시각화 과정을 따라하다 떠오르는 것이 있으면 멈추고 글로 적어도 되고, 버디가 그 과정을 이끌게 해도 됩니다.

다음은 캐나다 브리티시컬럼비아 주에 사는 한 학생이 들려준 감동적인 이야기입니다. 그녀는 아들이 세상을 떠난 후 영매를 통해 다시 아들과 연결된 경험을 이렇게 나누어주었습니다.

"나의 여정은 4년 전 자동차 충돌 사고로 서른두 살 된 아들이 세상을 떠난 뒤 시작되었는데, 그게 사라 랜던 커뮤니티까지 이르게 했네요. 상실의 슬픔을 극복하는 여정은 나를 많은 곳으로 이끌었어요. 그것은 충격에서 시작해 명상을 통한 평화 찾기로 이어지고, 영매에 대한 호기심에서 시작해 의식 상승과 관련된 모든 것을 사랑하는 데로 이어졌죠.

사라의 '채널링의 기술' 강좌는 어느 날 지인이 소개해 주면서 그게 내 삶을 바꿔줄 거라고 해 수강을 하게 되었어요. 채널링 커뮤니티에 몰입하면서 연습 버디를 만난 게 내가 채널링 능력을 여는 데 핵심 요소가 되었죠. 음성 채널링을 해보라는 제안을 받았을 때 나나 내 버디 모두 얼마나 놀랐는지 몰라요. 하지만 정말 놀랍게도 그 일이 실제로 일어난 거예요! 곰의 목소리, 라일락 꽃의 메시지, 그리고 '자유'에 대한 내 영혼의 메시지를 채널링하다니요! 그 모든 것이 줌Zoom으로 녹화되었어요.

1년이 지난 지금도 채널링 버디와 나는 깊은 우정을 나누고 있어요. 꾸준히 만나 대화도 하고 서로 채널링 메시지도 나누면서요. 가끔 서로의 채널링이 겹치기도 하고, 또 메시지가 우리를 이끌어 서로 놀이터에서 만나게 한 적도 있어요. 즐거움과 창조를 은유적으로 보여준 거죠. 전혀 예상 못했던 일이지만, 이제 우리는 각자의 재능을 사용해 다른 사람들을 고양시키기 위한 지혜와 치유의 메시지를 채널링하고 있어요.

채널링은 일종의 열정과도 같아요. 우리가 진정 누구인지 더 깊이 이해하도록 도와주려는 열정이요. 그것은 끝없는 확장의 세계예요. 채널링을 통해 나는 완전히 새로운 사람으로 다시 태어났어요. 내 아들은 늘 내 곁에 있고 나와 끊임없이 소통하고 있어요. 아들은 내가 삶을 온전히 살아가길 바라고, 채널링과 영매를 통해 자기가 있는 차원과 정기적으로 연결되는 것이 나의 기쁨으로 이어진다고도 했죠. 나는 아들이 내 곁에 있다는 이 초월적인 앎을 잃게 될까봐 두려워할 필요가 없어요. 채널링 덕분에 나는 절망 속에서 깊은 기쁨을 발견한 겁니다."

저쪽 세상에 있는 사랑하는 이와 언제든 연결될 수 있다는 걸 아는 것은 채널링이 우리에게 선사하는, 정말이지 우리 인생을 바꾸게 할 만큼 놀라운 기회 중 하나입니다. 이것은 본래 누구나 할 수 있는 자연스런 경험이지만, 우리가 일시적으로 그런 능력을 잊고 있을 뿐이에요. 이 연결을 통해 우리는 죽음이라는 환영을 넘어설 수 있습니다. 저쪽 세상에 있는 사랑하는 이와 다시 연결할 수 있는 능력을 발견하게 되면, 우리는 죽음 이후에도 삶이 계속된다는 사실을 의심의 여지없이 깨닫게 될 거예요. 그때부터 우리는 더 큰 평화와 여유, 조화와 기쁨 속에 살 것이고, 가능성으로 가득한 완전히 새로운 세계를 맞게 될 겁니다.

상위 지혜와의 연결을 위한 '빛의 피라미드' 시각화 명상

지금 이 순간 속에 깊숙이 들어가 머물러보세요. 지금 이 순간은 당신의 삶에서, 당신의 관계에서, 당신이 창조하는 현실 속에서 모든 것이 가능한 순간입니다. 빛의 피라미드Pyramid of Light는 당신을 '그 너머의 공간', 다시 말해 당신의 상위 자아가, 또 모든 이의 상위 자아가 당신에게 항상 열려 있는 공간으로 이끌어줄 수 있어요. 인간으로서의 제한된 경험이나 가능성에 대한 믿음 너머에 더 높은 차원의 현실이 존재합니다. 바로 그곳에서 당신은 자신의 상위 자아와 연결될 수 있고, 다른 누구의 영혼이나 상위 자아와도 연결될 수 있어요. 그렇게 할 때 그 사랑과 경외심, 조화를 더 높은 차원으로부터 이 물리적 현실 속으로 불러올 수 있습니다.

빛의 피라미드는 당신이 창조하는 대로 무엇이든 될 수 있어요. 당신이 '의식의 힘의 장' 속에 홀로그램 이미지를 투사할 때, 당신은 빛 안에서 빛의 공간, 즉 '빛의 피라미드'를 만들어내며, 그곳에서 당신은 모든 것과 연결되고, 재창조하며, 모든 것을 다시 빛과 사랑의 본질로 회복시킬 수 있습니다.

의식적으로 숨을 몇 번 깊이 들이쉬세요. 준비가 되었다면, 이제 당신의 빛의 피라미드로 향할 시간입니다. 빛의 피라미드로 가는 길이 열리면 그곳을 향해 나아가세요. 당신은 공중을 떠다니거나 구름 사이를 춤추듯 지나갈 수도 있고, 빛의 터널을 통과하거나 비행기를 타고 이동할 수도 있으며, 혹은 유니콘을 타고 갈 수도 있어요. 당신만의 방식으로 빛의 피라미드를 향해 가세요.

당신은 지금 그 길 위에 있어요. 당신의 여정을 시작했습니다. 저 앞에 빛의 피라미드가 보입니다. 네, 바로 거기예요. 이제 거의 다 왔어요. 자신이 어떻게 이동하고 있는지 주의 깊게 살펴보세요. 어떤 방식으로 빛의 피라미드에 다가가고 있나요? 당신이 원하는 어떤 방식도 가능해요. 지금 당신은 빛의 피라미드를 향해 가고 있고, 이제 바로 앞에 그 모습이 보입니다. 점점 더 가까워지고 있어요. 그 피라미드가 어디에 있는지 살펴보세요. 구름 위에 떠 있나요? 산꼭대기에 있나요?

아름다운 바다 위 공중에 떠 있나요?

어디에 있든, 이제 천천히 그쪽으로 다가갑니다. 가까워지고 있어요. 무엇이 보이나요? 빛의 피라미드는 얼마나 크고 어떤 색깔인가요? 이제 다 왔어요. 마지막 몇 걸음을 옮긴 뒤 손을 뻗어 피라미드의 한 면을 만져보세요. 어떤 느낌이 드나요? 그 구조와 재질이 어떤지 보세요. 단단한가요? 부드러운가요? 홀로그램인가요? 손을 넣으면 그대로 통과되는 순수한 빛으로 되어 있나요?

이제 입구가 눈에 들어옵니다. 그 문은 어떤 모습인가요? 안으로 들어갈 수 있도록 열려 있는 빛의 터널인가요? 정사각형 문인가요 아니면 둥근 문인가요? 어떤 모습이든 그 문을 지나 빛의 피라미드 안으로 들어갑니다. 안으로 들어가 장대한 구조물을 눈여겨보세요. 빛의 피라미드가 지닌 힘을 느껴보세요. 이곳, 빛의 피라미드로 '돌아왔다'는 느낌이 얼마나 좋은지 느껴보세요. 주변에 무엇이 보이나요? 내부는 어떤 모습인가요? 천장은 얼마나 높고, 벽은 무엇으로 되어 있나요? 당신이 딛고 있는 바닥은 어떤 재질인가요?

빛의 피라미드 안을 걷다 보면 그 한가운데에 있는 아주 특별하고 성스러운 공간에 이르게 될 거예요. 피라미드 중앙으로 가보세요. 그곳은 별도의 방인가요? 무엇이 보이나요? 의자나 쿠션, 혹은 아름다운 양탄자가 있나요? 태피스트리가 있나요? 아름다운 보석이나 수정 같은 것들로 피라미드 중앙이 장식되어 있나요? 편안한 의자나 테이블이 있나요? 아니면 피라미드 중앙에 아름다운 쿠션 두 개가 나란히 놓여 있나요?

　이제 피라미드 중앙에서 잠시 멈춰, 자신의 영혼과 상위 자아를 초대하고 당신의 가장 높은 자아를 온전히 구현해 봅니다. 당신 안에 존재하는 신과 여신 혹은 왕과 여왕의 에너지를 불러내 온전히 그 모습을 구현합니다. 당신 본연의 고귀함, 내면에 있는 힘을 불러오고 그것을 구현합니다. 상위 자아 혹은 영혼을 완전히 구현하는 순간, 당신의 몸은 점점 더 빛으로 변하고, 더 높은 주파수와 진동을 띠게 되며, 순수한 사랑이 당신의 온몸을 관통하며 흐르는 것이 느껴질 거예요. 당신의 힘을 완전히 구현하세요. 상승한 마스터로서의 자신의 자아를 불러들이고, 빛의 연금술사로서 이미 통달한 존재인 자신을 온전히 느껴보세요.

　당신이 준비가 되면, 이제 당신을 만나기 위해 누군가가 여기, 빛의 피라미드로 걸어올 거예요. 그 존재가 누구인가요? 가족일 수도 있고, 친구나 연인일 수도 있으며, 함께 일하던 사람일 수도 있습니다. 당신과 갈등이 있던 사람일 수도 있고, 혹은 너무 일찍 생을 마친 사람일 수도 있어요. 인류의 역사 속에서 한때 살았던 누구일 수도 있고, 지금 이 지구에 몸을 입고 사는 사람일 수도 있고, 비물질적인 존재일 수도 있습니다. 상승한 마스터일 수도 있고, 대천사일 수도 있고요.

　그가 누구인가요? 그 존재가 피라미드 안으로 들어와 당신에게 걸어오고 있습니다. 당신을 만나러 피라미드 중앙으로 걸어오고 있는 그를 바라보세요. 무엇이 눈에 띄나요? 그가 점점 더 가까이 다가오고 있고, 당신은 그 모습을 점점 더 또렷이 볼 수 있습니다. 어떤 옷을 입고 있나요? 신발을 신었나요? 신었다면 신발은 어떤 모양인가요? 머리카락은 어떤가요? 체형은요?

그가 이제 피라미드 중앙으로 다가오면 그의 눈을 깊이 들여다보세요. 그 눈에서 무엇이 보이나요? 그의 눈을 응시하는 순간, 그 또한 자신의 마스터 자아, 상위 자아, 영혼, 즉 진정한 자신을 온전히 구현하고 있음을 느낄 수 있을 거예요. 그 안에 내재한 신과 여신이 지금 이 순간 그를 통해 온전히 드러나고 있습니다. 그가 자신의 상위 자아를 완전히 구현해 낼 때, 그에게서 무엇이 느껴지나요? 그는 어떤 모습인가요?

이제 둘 다 마스터로서 서로를 맞이하며, 자신의 진정한 모습인 상위 자아를 구현한 존재로서 서로를 경험하세요. 그리고 서로를 마주보며 편안한 자세로 앉습니다. 테이블이나 편안한 의자에 앉을 수도 있고, 피라미드 중앙에 완벽하게 놓인 아름다운 쿠션 위에 앉을 수도 있어요. 편안한 자세를 찾아 앉아보세요.

당신은 그에게 무슨 말을 하고 싶은가요? 지금 그것을 말하세요. 그에게 알려주고 싶은 것을 전합니다. 이번엔 그가 이 빛의 피라미드에 와서 당신에게 전하고자 하는 것은 무엇인지에 귀 기울여봅니다. 이제 그가 그걸 말하게 하세요. 당신이 그에게 묻고 싶은 것이 있다면 지금 물어봅니다. 그는 그 질문에 뭐라고 대답하고 싶어 하나요? 그 대답을 지금 들으세요. 그가 당신에게 전하고자 하는 것은 무엇인가요? 지금 그걸 말하게 하세요.

당신이 그에게 말하고 싶은 것이 더 있다면 지금 말합니다. 그들 또한 당신에게 더 전하고 싶은 말이 있다면 지금 말하게 하세요. 만약 당신과 그들 사이에 미처 말하지 못한 것이 있거나 풀리지 않은 무언가가 있다면, 이 빛의 피라미드 안에는 오직 사랑만이 존재함을 알게 하세요. 당신의 진실은 오직 사랑만 존재한다는 것이며, 그의 진실 또한 오직 사랑만 존재한다는 것입니다.

이제 함께 혹은 자신만의 힘으로 둘 사이에 있는 사랑 아닌 모든 것들을 빛에 맡깁니다. 그것을 풀어주고, 축복하고, 보내주세요. 사랑이 아닌 것은 무엇이든 빛 속에서 풀려나고 빛 속에서 소멸되게 하세요. 빛으로 그것을 밝혀 그것이 빛 속에서 다시 나타나게 하고, 오직 사랑만이 존재하는 가장 높은 진실로부터 그것이 다시 창조되도록 허용합니다. 모든 것이 사랑과 진실, 평화와 조화로 회복된 지금 이 순간, 그가 당신에게 마지막으로 전하고 싶어 하는 말이 있나요? 당신이 그에게 마지막으로 전하고 싶은 말은요?

이제 그가 빛의 피라미드를 떠날 시간입니다. 당신은 그를 축복하며 보내줄 수도 있고, 그를 포옹하거나 입 맞추고 싶을 수도 있어요. 또는 서로를 격려하며 악수할 수도 있습니다. 작별 인사를 나누면서, 이제 그가 점점 피라미드 바깥쪽으로 멀어져가고 있습니다. 그가 걸어서 나가는지, 혹은 둥둥 떠서 나가는지 지켜보세요.

당신은 그가 걸어서 혹은 둥둥 떠서 빛의 피라미드 밖으로 점점 더 멀어져가는 것을 볼 수 있습니다. 그가 점점 더 멀어져, 빛 속으로 완전히 들어갑니다. 이제 저 멀리 보이는 것은 오직 빛뿐이에요. 그는 빛으로 되돌아갔고, 당신은 빛의 피라미드 중앙에 서서 자신의 힘과 진실, 광휘를 온전히 구현하고 있습니다. 지금 이 순간 당신은 자신을 위해 준비된 사랑과 빛을 온전히 받아들이고 있습니다.

이것이 바로 빛의 피라미드의 힘이에요. 이곳은 언제나 당신에게 열려 있으며 언제든지 접속할 수 있습니다. 당신은 누구의 상위 자아든 이곳으로 불러올 수 있으며, 이곳에서 만날 수 있어요. 당신 안에는 모든 것을 빛과 사랑으로 되돌릴 수 있는 힘이 있어요. 또한 이 피라미드에서, 당신의 영혼과, 또 이곳에서 만나고자 하는 이의 영혼이 정렬된, 가장 높은 진실의 수준에서 당신이 원하는 대화를 나눌 수 있는 힘도 가지고 있습니다.

이제 깊이 숨을 들이쉬세요. 이제 모든 것이 이루어졌어요. 모든 것이 완전합니다. 당신은 자신의 온전함과 완전함 속에서 하나입니다. 오직 사랑만이 존재해요. 숨을 한 번 더 깊게 들이쉬고, 준비가 되면, 이 순간으로, 당신이 있는 이 방으로, 당신이 앉아 있는 의자로 의식을 되돌립니다. 의자가 당신의 몸을 지탱하고 있는 것을 느껴보세요. 발이 땅에 닿아 있는 것을 느껴보세요. 손가락을 꼼지락거리고, 발가락노 움직여보세요. 아주 좋습니다. 그리고 이미 그렇게 이루어졌습니다.

18

❋

채널링이 지닌
치유의 힘

채널링은 신체적·감정적·영적·정신적인 치유를 위해 우리가 갖고 있는 가장 위대한 도구일 수 있습니다. 나는 채널링을 통해 일어난 깊고 기적적인 치유의 순간들을 여러 차례 목격했어요. 나 자신만 해도 내 몸의 모든 질병과 문제를 어떤 의학적 도움이나 치료 없이 채널링으로 치유한 경험이 있습니다. 또한 내가 받은 채널링 메시지에 담긴 무조건적인 사랑과 수용, 연민은 나에게 감정적·영적 치유를 선사했습니다.

본질적으로 채널링은 치유자들이 사용하는 치유 방식, 예를 들어 레이키, 두개천골요법, 바디워크body work, 치유 손길therapeutic touch 등과 같은 다양한 형태의 치유에 쓰이는 수단입니다. 일반적으로 '치유'라고 할 때는 치유자가 더 높은 진동과 주파수, 근원 에너지에 자신의 채널을 열고, 이를 통해 자연스럽게 치유가 일어나도록 돕는 것을 가리켜요. 어떤 치유자들은 몸으로 전해지는 메시지를 채널링하거나, 손이나 의식을 두어야 할 신체 부위를 에너지적으로 감지해서 그곳에 치유가 일어날 수 있도록 안내받기도 합니다.

채널링은 그 과정 자체가 의식과 진동을 끌어올릴 것을 요구합니다. 의식과 주파수를 높여 근원 에너지를 불러들이는 순간, 몸은 저항 상태에서 벗어나 평화와 행복의 상태로 들어서게 되죠. 이것이 몸의 치유와 변형, 재생을 가능하게 합니다.

채널링은 또한 의식과 주파수를 끌어올림으로써 정신적·감정적·영적으로 치유가 일어나게 합니다. 의식이 상승하면 우리는 모든 것을 새로운 시각에서 더 높은 관점으로 바라보게 돼요. 채널링을 통한 의식의 상승은 지난날 감정적으로 고통스러웠던 경험이나 기억을 훨씬 진화된 관점에서 새롭게 볼 수 있도록 해줍니다.

채널링은 또한 사랑하는 이의 죽음으로 인한 깊은 슬픔으로부터 치유될 수 있는 길을 열어주기도 합니다. 그것은 죽음이 끝이 아니라 물질 몸의 한계를 넘어 더 높은 의식 상태로 전환하는 것임을 일깨워줘요. 나는 그동안 사랑하는 사람을 잃고 깊은 슬픔에 빠진 많은 학생들을 만나봤지만, 그중에서도 특히 기억에 남는 한 사람이 있습니다.

그녀의 이야기를 처음 들은 것은 내가 진행한 한 수업의 커뮤니티 화상 모임에서였어요. 그녀는 열여덟 살 아들이 최근에 비극적인 사고로 세상을 떠난 이야기를 그곳에서 나누고 있었죠. 그녀는 그냥 바라보기조차 힘들 만큼 고통스러워했어요. 일상의 사소한 일들을 해나가는 것도 힘겨워했고, 자신이 삶을 계속 이어갈 의지가 있는지조차 의문스러워했습니다. 그녀에게 연민을 느꼈지만, 나는 그토록 깊은 슬픔을 목격한 적이 없었기에 그녀가 과연 평온을 되찾을 수 있을지 의구심이 들 정도였죠.

커뮤니티의 지지 속에 그녀는 나의 마스터 클래스 프로그램에 참여하게 되었습니다. 그녀는 위원회의 메시지와 가르침에, 특히 그 가르침을 어떻게 자기 삶에 적용해 슬픔을 극복할 수 있을지에 몰두했어요. 그리고 세상을 떠난 아들과 소통하기 위해 '채널링의 기술' 강좌에도 참여했고요. 그녀가 아들과 연결되고, 아들로부터 직접 메시지를 채널링하며 슬픔과 고통을 치유해 가는 모습을 우리 커뮤니티는 곁에서 내내 지켜보았죠.

얼마 지나지 않아 나는 저쪽 세상에 있는 아들과의 깊은 연결을 통해 그녀의 상실감이 해소되고 슬픔이 사랑으로 바뀌는 것을 볼 수 있었습니다. 지금 그녀는 아들과 함께 그들이 함께했던 삶의 여정과 그 이후의 이야기를 책으로 쓰고 있어요. 나는 '채널링의 기술' 강좌를 수강하고 얼마 안 돼, 그녀가 상실을 겪은 다른 어머니들을 위해 그들 자녀로부터 오는 메시지를 채널링하고 있다는 말을 듣게 되었는데 그때를 잊을 수가 없습니다. 그녀의 용기와 강인함, 회복력, 그리고 그녀에게 일어난 기적 같은 치유와 변화는 내게 영원히 영감을 주고 고양시킬 뿐 아니라 나를 무조건적인 사랑으로 채워줄 겁니다.

다음은 그녀의 이야기입니다.

"사라가 채널링에 관한 책을 쓰고 있다는 이야기를 커뮤니티에서 했을 때, 나는 '채널링의 기술'이 나에게 진정 무슨 의미를 지니는지 호기심 가득한 마음으로 곰곰이 생각해 보았습니다. 우선, 이 인생의 갈림길에서 채널링을 배우는 것이 왜 나에게 신성한 일인지, 그리고 채널링을 마스터하고자 하는 내 열망의 궁극적인 동기가 무엇인지 말씀드리고 싶습니다. 나는 단 하나뿐인 아들, 열여덟 살 된 내 기적 같은 아이를 카우아이(하와이 제도 북서부에 있는 섬—옮긴이)에서 하이킹 사고로 떠나보낸 엄마예요. 그 일이 일어난 건 내 어머니가 세상을 떠난 지 겨우 3주가 지난 뒤였어요. 이제 막 1년이 조금 넘었네요.

아들이 육체를 떠난 직후, 나는 그 아이가 지금 영의 모습으로 있는 곳까지 우리의 관계를 확장시키는 법을 배우는 것이 이 지상에 있는 나에게 가장 중요한 과제라는 깊은 확신을 갖게 되었어요. 우리가 이 지구에서 함께한 거의 19년의 시간은 그야말로 '지상천국'이었죠. 서로를 향한 무한하고 무조건적인 사랑, 우리가 만난 모든 이들을 있는 그대로 받아들이는 열린 마음, 전 세계를 여행하며 만난 다양한 사람들과의 신성한 연결, 우주적 신리를 탐구하며 얻은 풍부한 배움들, 넘치는 웃음과 즐거운 모험, 그리고 영혼을 채우는 풍요로운 경험들로 가득한 나날이었으니까요.

나와 내 아들은 소울메이트soulmate(영혼 단계에서 함께 이번 생의 계획을 세우고, 연인, 가족, 친구, 스승 등의 모습으로 나타나 서로의 영적 성장을 돕는 존재—옮긴이)이며, 어쩌면 쌍둥이 영혼twin soul(하나의 영혼을 서로 나누어 가진 두 사람. 영혼의 단짝—옮긴이)일지도 몰라요. 우리는 인생이라는 모험 속에서 계속해서 함께 멋진 삶을 이어가고 있습니다. 지난 1년 동안 나는 명상 중의 채널링과 자동 쓰기를 통해 삶을 완전히 변화시킬 정도의 깊은 깨달음을 얻었어요. 아들과 나는 지상에서의 이 멋진 삶을 살기에 앞서 영혼 단계에서 맺은 계약을 통해, 이렇게 높이 진동하는 보람찬 삶을 경험하는 동시에 매우 도전적인 삶의 여정을 걸어보기로 선택하고 왔다는 것을 알게 되었습니다. 모든 순간순간마다 나는 아들의 경이롭고 무한한 본질이 내 숨결 하나하나에 살아있음을 느끼며 살아가고 있죠.

그러나 인간인 어머니로서 내 마음은 여전히 그 '천사 같은 아이'가 내가 이 세상에 내보낸 아름다운 그 몸 안에 그대로 머물러주었으면 어땠을까 하고 그리워해요. 그와 동시에 나의 확장된, 영원한 영혼은 아들이 떠난 뒤 내게 주어진 신성한 축복을 깊이 인식하고 있죠. 그 축복이란 아이가 보내주는 기발하고 창의적인 신호들, 가슴 뭉클한 동시성을 통해 아들과 계속 이어지는 연결, 순수한 마법의 불꽃 같은 안내들, 그리고 아들이 매일같이 펼치는 정교한 기적들로 가득한 삶을 말해요.

지금 지혜의 영역에 있는 아들의 영과 연결되기 위해 내 채널을 맑고 투명하게 열어가는 과정은 내가 치유되는 데 더없이 중요한 일이었어요. 또 나뿐 아니라 나를 지켜보는 주변 사람들에게도 놀라운 경험이었고요 내 인생에 사라가 있다는 사실이 이루 말할 수 없이 감사해요. 사라와 그녀의 놀라운 커뮤니티가 보여준 진심 어린 사랑과 변함없는 지지 덕분에 나는 아들과 꾸준히 연결하고 채널링할 수 있는 능력을 키워올 수 있었어요. 또 그 과정에서 내가 누구이며, 아들이 누구인지, 그리고 우리 모두가 누구인지를 되새기게 되었습니다. 바로 이 기적 같은 인간 몸 안에 깃든 신성하고 찬란한 빛의 존재들이라는 것을요.

지구에서 아들과 맺고 있는 이 천상의 연결은 아들이 세상을 떠난 후에도 단절되지 않고 기적적으로 계속 이어져왔습니다. 나는 매일 아들의 영이 내 곁에서 함께 걷고 있다는 걸 알아요. 우리 안의 사랑은 세상 속으로 끊임없이 퍼져나가고 있고, 우리 둘의 아름답게 얽힌 광채와 정교하게 섞인 에너지는 나를 통해서 계속 빛나고 있습니다. 사라와 위원회의 가르침을 통해 나는 우리가 모두 채널이며, 인간으로서 우리에겐 영으로 존재하는 사랑하는 이들과의 관계를 함께 확장시킬 수 있는 능력이 있다는 것을 알게 되었어요. 지상의 삶이 끝날 때까지 우리는 그들과 함께 기쁨과 행복 속에서 살아갈 수 있다는 것도 알게 되었고요.

너무도 생생하고 고통스럽지만 동시에 아름답기도 한, 슬픔이라는 인간의 감정을 치유하는 과정에서 우리는 기적처럼 변화하고 변형될 수 있습니다. 무한하고 신성한 지혜와 이 세상의 것이 아닌 듯한 천상의 사랑, 그리고 영으로 존재하는 사랑하는 이들의 영원한 생명력이 우리 안에 흐르도록 할 수 있습니다. 이 힘들은 '채널링'이라는 초월적이고 영속적인 기술을 통해 우리의 연결을 더욱 깊게 해나가는 과정에서 우리를 영원히 변화시킵니다."

대부분의 사람들에게 가장 고통스러운 경험 가운데 하나는 사랑하는 사람, 특히 자녀를 잃는 것입니다. 나는 수년간, 이 세상을 떠난 사랑하는 이들과 다시 연결되는 법을 배운 이들이 치유되는 것을 보면서 경외심을 느껴왔어요. 채널링의 치유력은 모든 이에게 열려 있습니다. 각자가 자신의 채널을 상위 지혜와 저쪽 세상의 사랑하는 이들에게 열기 시작할 때 치유는 자연스럽게 일어납니다.

내 학생 중 많은 이들이 의도적으로 때로는 자연스럽게 타인을 위한 메시지를 채널링하기 시작했습니다. 그 메시지들은 이들 주변 사람들 또한 채널링이 지닌 치유의 혜택을 받게끔 해주지요. 다음 이야기는 채널링이 어떻게 주변 사람들을 감정적으로 치유해 주는 선물이 될 수 있는지 보여줍니다.

캘리포니아에 사는 한 총명한 남성 학생이 있었는데, 어느 날 그가 명상 중 한 젊은 여성의 존재가 생생히 다가오는 아주 특별한 체험을 했습니다. 그 여성은 친한 친구의 여동생으로 몇 해 전 밤중에 갑작스럽게 세상을 떠난 사람이었죠. 그녀가 세상을 떠나던 날 밤 오빠는 다른 방에서 자고 있었다고 해요. 오빠는 갑자기 들리는 이상한 소리에 잠에서 깼지만 별일이 아니겠거니 하고 다시 잠들었답니다.

그리고 다음날 아침 그는 여동생이 밤사이 사망했다는 사실을 알게 되었죠. 갑자기 들린 이상한 소리는 구조를 요청할 수 없었던 여동생이 휴대폰을 벽에 던져서 난 소리였어요. 오빠는 큰 충격에 빠졌고, 죄책감에 시달리며 여동생의 죽음을 자신 탓으로 돌렸습니다.

세상을 떠난 여동생이 내 학생과 연결된 것은 그가 명상 중일 때였어요. 그녀는 오빠에게 꼭 전해달라며 그에게 메시지를 건넸습니다. 자신이 떠난 일에 오빠가 죄책감을 느낄 이유가 없으며, 그날 밤 오빠가 했거나 하지 않은 어떤 행동도 비난받을 수 없다는 내용이었죠. 내 학생은 어떻게 하면 친구에게 가서, "내가 한 번도 만나본 적 없는 네 여동생이 전해달라는 말이 있어. 여동생은 네가 다시 기쁨을 찾고, 자기가 죽은 데 대한 죄책감에서 벗어나길 바라고 있어. 네가 어떤 행동을 했더라도 자기 운명을 바꿀 수는 없었을 거라고 해"라고 말할 수 있을지 고민에 빠졌어요.

하지만 결국 그 메시지를 전했고, 그러자 친구는 오랫동안 자신을 짓누르던 죄책감이 해소되는 것을 느꼈답니다. 그는 마침내 자신을 용서할 수 있는 힘을 얻게 되었고, 다른 어떤 선택을 했더라도 결과는 달라지지 않았으리라는 진실을 받아들일 수 있었죠. 그는 아무리 시간이 흘러도 마음의 짐이 가벼워지지 않았는데, 사랑과 이해가 담긴 이 신성한 메시지를 전해받자 비로소 치유의 길이 열렸다며 감사한 마음을 표했습니다.

채널링을 통해 일어나는 치유는 삶을 송두리째 바꿀 정도로 놀라운 것으로 우리에게 진정한 영감을 줍니다. 자신만의 방식으로 근원 에너지와 상위 지혜에 연결될 때 우리에게는 무엇이든 가능해져요. 어떤 사람은 치유를 위해 채널링을 시작하고, 어떤 사람은 채널링이 일으키는 의식과 진동만으로도 치유가 일어나는 것을 발견합니다. 나는 채널링이 우리 각자는 물론이고 더 나아가 세상까지도 치유하는 힘을 갖고 있다고 확신해요.

마지막으로 나누고 싶은 이야기는 당신을 놀라게 할지도 모르겠습니다. 그러나 이 이야기야말로 채널링이 어떻게 지구상의 가장 어두운 곳까지 빛을 비추는지 가장 잘 보여주는 사례입니다. 이는 내가 지금껏 학생들로부터 들은 이야기 중 가장 인상 깊은 이야기 중 하나로, 교도소 안에서 폭력적인 환자들을 치료하는 정신과 의사로 일하던 한 여성의 경험이에요. 그녀는 특정 정신 질환을 앓고 있는 환자 두 사람에게 기존 증거 기반의 의학적 접근을 시도해 봤지만 별 효과가 없었죠. 그러다 '채널링의 기술' 강좌에 참여하게 되었고, 그 경험을 바탕으로 그동안 적용하던 접근 방식을 잠시 내려놓고 이들 폭력적인 두 환자를 위해 채널링을 해보기로 결심했습니다.

첫 번째 환자는 폭력 범죄로 수감되었는데 수감 중에 자신이 성폭행을 당한 경험까지 있었어요. 그녀는 그에게, 자신이 누구이며 지금까지 자기가 어떤 일들을 저질러왔는지에 대해 다른 시각을 전해주기 위해 채널링을 하겠다고 했습니다.

그가 동의했고, 그녀는 채널링을 시작했죠. 그녀는 자기가 어떤 말을 했는지는 정확히 기억하지 못했지만, 그녀를 통해 전해진 메시지는 사랑과 용서, 그리고 그가 얼마나 소중한 존재인지에 대한 내용이었어요. 또 그가 저지른 일들은 그의 진짜 모습이 아니라 더 낮은 의식 상태에서 겪은 고통과 고난의 결과였으며, 가장 높은 영역에서는 그가 사랑받고 있다는 진심 어린 메시지가 전달되었습니다. 그녀가 눈을 뜨자 그가 눈물을 흘리면서 깊은 감사의 마음을 전했습니다. 그 순간 이후로 그가 어느 누구에게도 또 어떤 식으로도 폭력적인 행동을 하지 않았다고 그녀는 전했지요.

그녀는 또 다른 폭력적인 환자에게도 이 방법이 통할 수 있을지 궁금해졌어요. 그는 42년 넘게 교도소에 수감되어 있던 사람이었죠. 그녀는 그에게 "오늘은 좀 다른 것을 해보려고 해요"라고 말한 뒤 채널링을 시작했습니다. 그녀가 눈을 떴을 때, 그는 확연히 달라진 모습이었고 그의 내면 어딘가에서 변화가 일어났음이 느껴졌어요. 그는 자기가 살면서 해온 모든 일을 그녀에게 털어놓았습니다. 지금껏 그 누구에게도 밝힌 적이 없는 고백이었죠. 아주 어린 시절부터 폭력과 학대를 겪어온 피해자였던 그의 가슴속에 한 번도 열린 적 없던 새로운 문이 처음 열린 겁니다.

그녀의 이야기를 들었을 때 나는 이것이 평생 기억에 남을 소중한 순간 중 하나라고 느꼈어요. 그 이야기는 우리 모두에게는 자신이 진정 누구인지를 기억할 수 있는 힘뿐 아니라 다른 사람들의 진정한 모습 또한 볼 수 있는 힘이 있음을 일깨워주었습니다. 이 경우 세상이 폭력적인 범죄자라고 낙인찍은 이 두 남성 안에서조차 신성神性을 볼 수 있는 눈을 갖도록 해주었지요.

나는 '진실'과 '사랑'이야말로 궁극의 치유자라고 믿습니다. 자신의 채널을 여는 것에는 우리가 상상조차 할 수 없는 곳에 사랑과 빛을 가져다주는 힘이 있어요. 채널링을 스스로에게 허락한다면, 당신은 결코 이해할 수 없는 방식으로 다른 사람들에게 기적을 일으키는 존재가 될 수 있습니다. 당신은 가장 필요한 곳에 빛과 사랑, 진실을 가져다주고 가장 깊은 고통과 트라우마, 괴로움조차도 치유하는 기적의 힘을 목격하게 될 겁니다.

이토록 멋지고 찬란한 날에 여러분과 대화를 나눌 수 있어 정말 기쁘고 기쁠 따름입니다. 여러분은 여러분이 되기를 바라는 모든 것입니다. 여러분은 이미 그러한 존재예요. 여러분은 이 세상에서 신성한 사랑의 수호자입니다. 여러분은 스스로 상상할 수 있는 것보다 훨씬 더 강력한 존재예요. 여러분이 이곳에 있는 목적, 몸을 입고 여기에 있는 목적은 사랑하고, 즐기고, 커다란 기쁨을 경험하는 것입니다.

여러분은 이 경험 속으로 들어올 때 모든 순간이 완벽한 기쁨으로만 가득하진 않으리란 것을 알고 있었어요. 여러분은 이곳에서 겪게 될 다양한 감정들을 알고 있었습니다. 어떤 날은 즐겁고 기쁠 것이고, 또 어떤 날은 슬픔과 고통으로 가득하리라는 것도 알고 있었어요. 하지만 여러분은 두려워하지 않았습니다.

여러분은 용감한 존재예요. 여러분은 스스로의 강인함을 알고 있었고, 여러분 안의 힘도 알고 있었어요. 인간으로 살면서 어떤 일을 겪더라도 그것을 극복할 수 있다는 것을 알고 세상에 왔습니다. 여러분은 참으로 용기 있는 존재이며, 자신이 모든 것을 극복할 수 있다는 사실을 알고 있었어요. 그것은 여러분이 '신성한 존재'이기 때문이에요. 그것을 여러분은 이미 알고 있었습니다. 여러분은 즐거움을 경험하고 기쁨을 경험하고, 또한 그 과정에서 따라오는 모든 것들을 경험하기 위해 이곳에 왔다는 것을 알고 있었어요.

여러분이 살아오면서 경험한 슬픔과 고통, 시련은 여러분에게 의미 없는 일이 아니었어요. 그것들은 여러분에게 위대한 사랑을 가르쳐주었고, 깊은 연민을 가르쳐주었습니다. 그리고 무엇보다도 그것들은 여러분에게 느끼는 법을 가르쳐주었죠. 그것은 매우 중요한 일이에요. 그 모든 것은 여러분의 내면을 열어주었습니다. 그것은 참으로 멋진 일이에요.

여러분이 인간으로서 겪는 어떤 경험도 결코 헛되지 않아요. 모든 순간은 다 의미가 있고, 모든 경험은 여러분에게 가르침을 주며, 여러분이 '자신이 누구인지를 기억하는' 그 깊은 자리로 데려다줍니다. 이 삶의 유일한 목적, 유일한 이유는 바로 여러분의 눈 너머로 바라보는 그 신성한 존재, 모든 것과 연결되어 있으며 말로 다 표현할 수 없을 만큼 강력한 그 존재를 기억하는 것입니다. 여러분은 신성한 사랑의 수호자입니다. 그것은 여러분 자신이 곧 신성한 사랑이기 때문이에요. 여러분은 그 사랑을 세상과 자신에게 전하기 위해 이곳에 온 존재입니다.

자신을 사랑하는 것은 여러분이 이룰 수 있는 가장 위대한 일입니다. 그러니 사랑하는 이여, 자신을 사랑하는 법을 배우세요.

진심으로, 진심으로 자신을 사랑하는 법을 배우세요. 그렇게 하면 여러분은 자신이 갈망하는 평화를 찾게 될 겁니다. 삶에서 원하는 사랑을 찾게 될 것이고, 모든 것에서 조화를 발견하게 될 겁니다. 다른 사람들과의 유대는 물론, 언제나 여러분 곁에 있는 영적 가이드들, 비물질 존재들과의 유대도 더 깊어질 거예요.

결국 이 모든 것을 여러분 삶에 받아들일 수 있도록 허락하는 것은 '자신이 가치 있는 존재'라는 느낌입니다. 여러분이 자신의 무한한 가치를 깨닫고 자신이 얼마나 중요한 존재인지 알게 되는 순간, 모든 것이 여러분 앞에 열리게 됩니다. 여러분이 꿈꿔온 모습대로 모든 것이 보이기 시작할 거예요. 여러분의 가장 큰 열망들 또한 실현될 겁니다. 하지만 그것은 여러분이 스스로의 마음 주위에 세워둔 벽 너머에 있습니다. 그 벽을 허물어야만 여러분은 진정으로 자신인 그 사랑을 느낄 수 있어요. 그것이 바로 여러분의 힘입니다.

여러분은 신성한 사랑입니다. 여러분은 이 세상에서 작용하는 사랑의 힘입니다. 여러분을 가로막고 있는 유일한 장애물은 자신의 사랑을 깨닫도록 스스로를 허용하지 않는 것뿐이에요. 여러분이 그것을 허용하는 순간부터 여러분은 모든 것을 삶 속으로 초대할 수 있게 돼요. 여러분이 누군가와 나누기를 깊이 갈망하는 사랑도 삶 속으로 초대하게 되고, 인류와의 유대와 연결도 허용하게 됩니다. 그리고 여러분을 지지하기 위해 있는 모든 힘들이 자연스럽게 여러분에게 흘러들어 오게 됩니다. 여러분을 인도하고 길을 밝혀주기 위해 존재하는 모든 지원을 받아들이기도 훨씬 쉬워져요. 그것은 정말로 놀라운 일이에요.

그러니 오늘 하루를 살아가면서, 여러분이 이 세상에서 신성한 사랑의 수호자임을 기억하세요. 우리는 언제나 여러분과 함께 있으며, 언제든 여러분을 위해 열려 있습니다. 여러분은 여러분이 되고자 하는 모든 것이에요. 여러분은 이미 그러한 존재입니다. 그 모든 것은 언제나 여러분 안에 있었고, 지금도 여전히 여러분 안에 있습니다. 우리는 여러분을 사랑하고, 사랑하고, 사랑해요. 이로써 우리는 완전해집니다.

당신의 새롭고 멋진 삶

《주파수를 조율하라》는 여기서 끝이 아닙니다. 이제부터가 당신의 새롭고 멋진 삶의 시작이에요. 더 차분하고, 더 행복하며, 더 평화로운 내면의 체험이 시작되는 지점이며, 그러한 변화는 곧 당신을 둘러싼 세상 전체를 바꾸게 될 겁니다. 지금 이 순간은 당신이 진정한 자신의 모습으로 온전히 살아갈 완벽한 시점입니다. 이 여정 전체는 당신이 누구인지에 대한 진실과 당신을 위해 여기에 있는 모든 것을 깨닫도록 신성하게 계획된 것입니다.

많은 사람들이 채널링의 결과로서, 그리고 상위 지혜를 채널링하는 자신의 능력을 발견하고 영혼과 천사, 영적 가이드와 연결되는 능력을 발견함으로써 삶을 변화시키는 강렬한 경험을 하게 됩니다. 인간 관계나 삶의 환경, 관점, 열망 등 삶의 많은 부분에서 변화를 느끼는 것은 자연스러운 현상이에요. 당신이 더 큰 소명을 발견하는 데 이 책이 영감을 주기를 바랍니다. 무엇보다도 당신의 삶을 가장 충만하게 살아가게 되는 계기가 되기를 진심으로 바랍니다. 이제 당신은 언제 어떤 상황에서도 무한한 지혜에 접속할 수 있는 능력을 갖추었습니다.

자신을 신뢰하세요. 지금 당신에게 일어나고 있는 모든 일이 당신을 위해 펼쳐지고 있음을 믿으세요. 당신은 필요한 모든 것을, 아니 그 이상으로 받게 될 것임을 신뢰하세요. 당신은 이 책을 신성한 타이밍 속에서 스스로에게 끌어당겼습니다. 이는 이 세상에서 신성한 사랑과 빛의 채널로서 당신의 운명이 완벽하게 펼쳐지도록 이끌기 위해 일어난 일입니다. 완벽한 다음 단계가 당신에게 자연스럽게 다가오게 하세요. 에너지를 따르고, 더 높은 의식의 빛이 당신의 길을 비추도록 허용하세요. 이 모든 과정이 쉽고 자연스럽고 조화롭고 즐거울 수 있도록 하세요!

무언가에 저항하고 있거나, 모든 것을 이해하려 애쓰고 있거나, 믿음을 갖기 어렵거나, 감당할 수 없을 만큼 벅찬 감정에 휩싸일 때가 있다면, 먼저 세 번 깊이 숨을 늘이쉰 다음 머리에서 가슴으로 의식을 옮깁니다. 그리고 나서 지금 순간으로 돌아와 근원 에너지와 상위 지혜에 다시 연결되도록 하세요. 당신의 모든 힘은 오직 지금 이 순간에 존재합니다. 그런 다음 자신에게 이렇게 물어보세요. "내 영혼, 나의 천사들, 영적 가이드들이 지금 나에게 알려주고자 하는 것은 무엇인가요?" 마음을 열고 상위 지혜가 다가와 당신의 여정을 이끌도록 허용합니다.

이 모든 과정을 마음껏 즐기세요. 놀이하듯이 하고, 웃고, 창조하고, 탐험하고, 가능성들을 상상해 보세요. 당신이 받는 상위 지혜를, 매일 매일 자신에게 가장 즐거운 방식으로 삶 속에 통합하세요. 그리고 무엇보다 자신을 다그치지 말고 너그러워지세요.

새롭게 발견한 자신의 재능과 능력을 기꺼이 받아들이세요. 그러다 보면 일상 속에서 자신의 진실을 더 온전히 표현하는 자신을 발견할 거예요. 마음껏 즐기고, 당신 존재의 모든 면을 온전히 받아들이세요. 당신이 지금껏 육체의 형태로는 한 번도 경험해 본 적 없는 더 높은 의식의 차원에 자신을 열기 시작할 때, 삶은 당신이 상상한 것보다 훨씬 더 놀라운 방식으로 펼쳐질 겁니다. 당신은 당신이 되고자 하는 모든 것입니다. 여러분은 이미 그러한 존재입니다. 모든 것은 이미 당신 안에 있으며, 언제나 그래왔습니다.

이 책은 당신의 채널링 여정에서 반복해서 읽고 자주 참고하게 될 책이에요. 지금 당장은 일부 내용이 바로 와 닿지 않을 수도 있지만, 이 책을 통해 확장된 당신의 인식은 새롭고 신나는 능력과 가능성들을 당신에게 끌어들이게 될 겁니다. 이 장대한 모험의 마법이 펼쳐지도록 허용하세요. 온전히 살아가고, 온전히 사랑하며, 당신 자신인 모든 것이 되세요. 기억하세요, 당신은 지구 위에 존재하는 위원회이며, 당신의 삶은 말할 수 없이 선하고 아름다운 것이 되도록 예정되어 있습니다.

✳

부록

채널링을 배우는 데 도움되는 15가지 팁

1. 일기 쓰기와 자동 쓰기 연습을 꾸준히 실천한다.

- 눈을 감고, 가슴에 의식을 모은 뒤, 숨을 세 번 깊이 들이쉰다.
- "내 영혼이 지금 나에게 알려주고자 하는 것은 무엇인가?"라고 묻는다.
- 눈을 뜨고, 무언가 들려오거나 느껴지는 것을 그대로 적어 내려간다.
- 중요: 적은 내용을 소리 내어 읽거나 누군가에게 읽어달라고 한다. 자신의 목소리로 녹음해서 듣는 것도 좋다.

2. 채널링은 하나의 삶의 방식이다.

- 시간을 들이고, 꾸준히 실천하며, 매일 마음을 다해서 한다.
- 가장 친한 친구와의 관계처럼 소중히 대한다.

- 자신의 상위 자아 또는 채널이 깊고 진실한 친밀한 관계라고 느껴져야 한다.

3. 허용한다.

- 자신 안의 채널이 온전히 흘러나오도록 허용할 준비가 되었는지 스스로에게 물어본다.
- 온전히 허용하고 받아들이는 과정에는 시간이 걸릴 수 있다.
- 자신에게 부드럽게 대하고, 준비가 되면 채널이 흘러나오는 것을 허용한다.
- 허용을 방해하는 흔한 요인들: 별난 사람처럼 보이고 싶지 않은 마음, 두려움, 타인의 시선에 대한 걱정, 거절당하는 것에 대한 불안.

4. 믿고, 믿고, 끝까지 믿는다!

- 엉뚱해 보이거나, 너무 쉬워 보이거나, 혹은 '내가 지어낸 것 같아' 보여도 자신을 믿는다.
- 당신은 지어내고 있는 것이 아니다!
- 항상 연결이 유지될 것임을 믿는다.
- 완벽히 하려는 태도와 신뢰하는 마음 사이에서 균형을 유지한다.

5. 누구에게나 각자의 방식이 있다.

- 절대로 다른 사람과 자신을 비교하지 않는다!
- 어떤 식으로 흘러나오든 그것은 완벽하며, 시간이 지날수록 더 확

장되고 발전하게 될 것이다.

- 연습할수록 점점 더 명확하고 쉬워진다.

6. 가장 중요한 것은 '당신이 그것을 살아내는 것'이다.

- 채널링은 무엇보다도 먼저 백 퍼센트 당신 자신을 위한 것이다.

- 그 메시지대로 실제로 사는 것보다 더 나은 것은 없다.

- 당신을 통해 흘러나오는 모든 메시지는 또한 당신 자신을 위한 것이기도 하다.

- 그 지혜와 도구를 삶에 적용해 변화와 변형을 이끌어내도록 한다.

7. 채널링에는 판단이 없다.

- 다른 이들을 순수한 사랑의 존재로 바라보며 채널링 상태에 들어간다.

- 채널링 상태에서는 옳고 그름에 대한 판단이 없다.

- 머릿속에서 판단하는 마음이 느껴질 수는 있지만, 전해지는 메시지 자체에는 판단이 담겨 있지 않다는 것을 알 것이다.

- 더 높은 관점은 두려움, 판단, 제한 없이 전해진다.

- 순수함과 하나임 속에 머물러본다.

8. 의식적인 채널이 된다.

- 당신은 의식의 흐름을 '번역'하고 있다.

- 채널링을 하는 동안 의식이 깨어 있고 자각이 함께하는 것은 지극

히 자연스러운 일이다.

- 머리의 생각은 잠시 옆에 두고 가슴으로 내려간다.

9. '우리/나'의 표현

- 채널링을 하는 사람이 '나'(I 또는 me)가 아니라 '우리'(we 또는 us)라는 복수형을 써서 소통하는 것은 자연스러운 일이다.
- 채널링 중 전해지는 에너지가 집단 의식처럼 느껴질 수도 있다.
- 이와 달리 집단 의식이나 영적 가이드가 아니라 자신의 상위 자아나 영혼이 말하고 있는 것처럼 느껴지는 경우도 있다.
- 많은 사람들이 상황에 따라 자신의 상위 자아와 영적 가이드를 번갈아 채널링하게 된다.

10. 온전한 '나'로 자신을 가득 채우는 것이 곧 보호이다.

- 오직 사랑만이 존재한다.
- 그 무엇으로부터도 자신을 '보호'하려 할 필요가 없다.
- 외부의 에너지가 당신을 덮치거나 잠식하는 일은 없다.
- 사랑의 상태에 있을 때는 어떤 '어둠의 세력'도 존재하지 않는다.

11. 상위 자아, 집단 의식, 동물, 빛의 언어, 영매 채널링, 예술, 음악

- 당신이 탐색할 수 있는 채널링의 형태는 무한하다.
- 당신과 연결된 채널은 다양한 방식으로 표현될 수 있으므로 언제든 새로운 방식들을 발견하는 데 마음을 연다.

• 사랑을 강력한 도구로 삼아라. 사랑은 당신의 채널을 열고 사랑하는 존재들과 연결되도록 도와줄 것이다.

• 머리에서 가슴으로 초점을 옮기고, 가슴을 통해 더 높은 의식과 연결되도록 한다.

12. 물, 휴식, 놀이

• 물을 충분히 마신다.

• 몸의 신호를 존중하고, 필요할 때는 충분히 쉰다.

• 놀이처럼 즐기며 재미있게 채널링에 임한다.

13. 유도 단어나 구절 사용하기

• 채널링은 종종 같은 표현으로 시작되곤 한다. 예를 들면 "환영합니다, 환영합니다, 환영합니다" 같은 식이다.

• 특정 문장을 반복해서 채널링 상태에 들어갈 수 있다. 예를 들어 "당신은 당신이 되고자 하는 모든 것이에요. 당신은 이미 그러한 존재입니다" 같은 식이다.

• 채널을 여는 데 도움이 되는 만트라를 정해 반복해 본다. 예를 들면 "순수한 기쁨, 순수한 기쁨, 순수한 기쁨" 같은 것이 있다.

14. 영적 가이드, 대천사, 상승한 마스터

• 영적 가이드나 천사, 상승한 마스터가 '찾아왔다가' 시간이 지나면 물러나는 것은 자연스럽고 정상적인 현상이다.

- 그 존재들이 멀어진 듯 느껴진다고 해서 당신이 무언가 잘못하고 있다는 뜻은 아니다.
- 마치 보물 찾기를 하는 것처럼, 어떤 정보나 단어, 경험을 찾도록 안내받는다는 느낌이 들 수 있다.
- 그러한 안내를 받았을 때는 열린 마음과 호기심으로 탐색한다.
- 영적 가이드, 대천사, 상승한 마스터의 존재가 느껴진다면 그들에게 이름을 말해달라고 요청한다. 만약 그 이름이 낯설면 나중에 찾아보는 것도 좋다.
- 모든 영적 가이드가 이름을 알려주는 것은 아니다. 이름이 꼭 필요하지 않거나, 오히려 집중을 흐리게 할 수 있기 때문이다.
- 영적 가이드는 당신이 필요로 할 때 도움과 지지를 주기 위해 찾아온다.
- 채널링이 확장되면서 새로운 안내를 받을 수 있음에 늘 마음을 열어둔다.

15. 채널링을 경험하는 방식은 다양하다.

- 모든 감각을 활용하여 채널링 연결을 활성화한다.
- 보고, 냄새 맡고, 만지고, 듣고, 맛보고, 느끼고, 생각한다.
- 영은 이 모든 감각을 통해 메시지를 전할 수 있다.
- 감각을 집중하여 영과 연결되도록 한다.

애니멀 커뮤니케이션 Animal Communication

살아있는 반려 동물, 세상을 떠난 반려 동물, 새, 돌고래, 고래 등 동물 종으로부터 메시지를 받아 전달하거나 번역하는 행위를 말한다. 인간과 동물 간의 이러한 소통은 종종 동물이 원하는 것이나 관점, 감정을 이해하게 해주며, 이러한 이해는 동물의 상황이나 행동에 변화나 개선을 일으키기도 한다. 애니멀 커뮤니케이션에 대한 더 자세한 내용은 16장을 참고하라.

자동 쓰기 Automatic Writing

우리의 의식적인 생각이 아닌 자신의 영혼, 상위 자아, 영적 가이드, 세상을 떠난 사랑하는 이들, 또는 더 높은 의식으로부터 메시지나 안내를 받기 위해 사용하는 글쓰기 방식이다. 이는 의식적으로 글을 쓰려는 것 없이 글이 써지거나, 특정한 결과를 의도하지 않은 상태에서 무의식적으로 글이 흘러나오는 현상이다.

채널링 Channeling

더 높은 의식 차원에 존재하는 상위의 지혜나 존재들과 연결하고 소통하며 교감하는 행위. 트랜스 채널링, 음성 채널링, 자연령 채널링, 사이킥 채널링 등 다양한 형태의 채널링에 대해서는 3장을 참고하라.

위원회들 Councils

인류의 여정을 돕기 위한 의도에서 인류와 연결하고 소통하기 위해 조직된, 더 높은 의식을 가진 천상의 존재 집단.

위원회 The Council

더 높은 수준의 의식과 인간의 경험에 대한 더 넓은 관점을 지닌 상승한 마스터 존재들의 집단.

창조자 Creator

우리가 비롯되었고 다시 돌아갈 근원의 순수한 의식, 즉 우리 안에 있는 신성한 본질이자 에너지.

창조자 주파수 Creator Frequency

'나는 존재한다 I Am' 주파수로, 우리가 비롯되었고 다시 돌아갈 모든 창조의 주파수.

차원들 Dimensions

자신의 진동 주파수를 높이거나 낮춤으로써 접근할 수 있는 의식의 수준들로, 각기 다른 고유한 경험들을 제공한다. 3차원은 분리의 차원이며, 4차원은 변형의 차원, 5차원은 순수한 사랑의 차원이다.

은하 집단 및 은하 존재들 Galactic Collectives and Galactic Beings

지구의 경험을 넘어 더 높은 의식 차원에 존재하며 인류의 진화와 깨어남을 돕는 영적 존재들이나 집단을 일컫는다.

위대한 깨어남 Great Awakening

나 자신, 삶, 타인, 존재 전체에 더 깊은 차원이 있음을 깨닫게 되는 전 지구적 사건.

영적 가이드들 Guides

대개 지구에 환생할 필요가 없는 진화된 존재들로, 이제는 저쪽 세상에서 인간을 돕고 안내하는 역할을 한다. 그들의 의도는 영혼이 지상에서 최고의 잠재성을 실현해 깨달음에 이르도록 돕는 데 있다.

지상 천국 Heaven on Earth

내면에 이미 존재하는 평화, 조화, 기쁨, 사랑, 풍요, 행복, 자유, 아름나움을 깨달은 의식의 상태.

상위 자아 Higher Self

모든 존재의 근원 및 내면의 신성과 연결된, 자신의 에너지이자 더 높은 차원의 의식.

상위 지혜 Higher Wisdom

과거, 현재, 미래, 그리고 영원에 이르는 모든 삶 속의 모든 경험에 대한 앎.

빛의 언어 Light Language

빛의 언어는 영혼이 알고 이해하는 우주의 언어로, 지구상의 어떤 언어와도 같지 않다. 이 언어는 소리와 에너지를 동반해 메시지를 전달한다. 빛의 언어에 대한 더 자세한 내용은 15장을 참고하라.

영매 채널링 Mediumship

영매 채널링은 한 사람이 자신을 위해서나 다른 사람을 대신해, 저쪽 세상으로 떠난 사랑하는 사람 혹은 특정 인물과 소통하는 채널링 방식을 말한다. 영매 채널링에 대한 더 자세한 내용은 17장을 참고하라.

새로운 지구 New Earth

인류 전체 혹은 개인이 순수한 사랑의 5차원으로 상승하는 것을 의미하며, 모두를 위해 더 나은 삶과 더 나은 세상을 창조할 새로운 기회를 가져다준다.

양자 치유 최면 기법 Quantum Healing Hypnosis Technique(QHHT)

돌로레스 캐넌Dolores Cannon이 창안한 최면 치료 기법으로, 사람들이 몽유병 상태와 유사한 트랜스 상태로 들어갈 수 있도록 돕는다. QHHT는 영혼, 상위 자아, 영적 가이드, 집단 의식, 위원회라고 불리기도 하는, 모든 것을 아는 자아에 접근할 수 있는 강력한 도구이다.

근원과 근원 에너지 Source and Source Energy

'만유萬有'의 근원이자, 우주 만물을 창조한 에너지 및 의식이

며, 우리가 비롯된 곳이자 다시 돌아가게 될 존재의 근원을 의
미한다.

별 가족 및 별 존재들 Star Families and Star Beings
'은하 집단 및 은하 존재들' 항목 참고.

시각화 Visualization
자신의 마음이나 상위 의식 속에서 심상心象, 대상, 상황, 경험
등을 정신적으로 그려내는 행위를 말한다.

길을 보여주는 자 Wayshower
더 높은 의식과 깨달음을 향한 길을 보여주기 위해 지구에 육
화하여 태어난 존재.

＊

감사의 말

나의 학생들에게: 여러분이 바로 이 책을 쓰게 된 영감의 원천입니다. 자신의 진실을 살아내기 위해, 두려움을 넘어서기 위해, 채널링이라는 재능을 다른 이들과 나누기 위해 여러분이 보여준 인내와 헌신, 그리고 용기에서 이루 다 표현할 수 없을 만큼 큰 영감을 얻었습니다. 여러분이 가르쳐준 모든 것이 나를 깊이 감동시키고 영원히 변화시켰어요. 여러분은 내 삶에 상상도 못했던 기쁨과 사랑을 가져다주었습니다.

이 세상에서 여러분이 얼마나 밝은 빛을 비추고 있는지 꼭 알게 되기를 바랍니다. 여러분은 주변 사람들에게 힘과 영감을 주면서 그들을 고양시킬 것이며, 지금 깨어나고 있는 이 세상에 긍정적인 변화를 가져다줄 거예요. 가슴을 따르고, 자신을 신뢰하고, 당당히 빛을 비추세요! 여러분 모두를 사랑합니다.

✶

옮긴이의 말

이 책은 전혀 예상하지 못한 순간에 나에게 찾아왔다.

오랜 세월 몸담았던 직장에서의 휴직을 마치고 복귀를 앞두고 있을 때였다. 샨티출판사로부터 '채널링'을 주제로 한 책을 번역해 볼 의향이 있는지 문의를 받았다. 책의 제목을 보는 순간, 그 우연에 놀라지 않을 수 없었다.

휴직 기간 동안 나는 아카식 레코드 리딩Akashic Records Reading 교육을 받았다. 이는 '아카샤Akasha'라 불리는 영적 정보장情報場으로부터 영혼의 기록을 채널링하는 일로, 돌이켜보면 그것이 나의 첫 채널링 경험이었다. 그러나 한편으로는 '이게 정말 가능할까?' 하는 의심도 있었다. 사회적 시선 또한 의식되어 그 경험을 주변에 쉽게 이야기할 수도 없었다. 결국 나는 회의감 속에서 다시 평범한 직장 생활로 돌아가겠다고 마음먹었다.

그런데 복직을 앞둔 바로 그 시점에 이 책《주파수를 조율하라》가 번역 제안서에 담겨 나에게 온 것이다. 출판 번역 경험이 없던 내게 이런 주제의 책이 찾아왔다는 사실은 결코 단순한 우연처럼 느껴지지 않왔다. 나는 그것을 "채널링의 여정을 이어가라"는 우주의 격려이자 초대로 받아들였다. 결국 나는 이 책에 몰두하고 싶다는 강한 마음이 일었고, 가족의 응원을 받아 직장과 번역 작업을 병행하기로 결심했다.

번역 작업이 쉽지 않을 거라 생각했지만, 오히려 번역하는 내내 이 책은 나를 감정적으로 지탱해 주고 위로해 주었다. 매일 퇴근 후 번역을 하는 시간은 쉼이자 하나의 신성한 의식儀式이었으며, 문장 하나하나가 나를 일깨워주었다.

또한 저자의 조언대로 나는 매일 아침 짧은 명상과 채널링 연습을 이어갔다. 그 과정에서 얻은 통찰은 일상과 직장 속의 여러 도전을 더 넓은 시야로 바라보게 해주었고, 관계와 감정의 어려움 속에서도 영혼의 배움을 발견하도록 해주었다. 특히 어떤 상황이 나에게 불편함을 주는지, 왜 특정 감정이 반복해서 떠오르는지를 관찰하면서, 반복되는 관계의 패턴이 단순히 외적인 요인으로 인한 문제나 갈등이 아니라 나를 위해 일어나고 있는 내적인 과제이자 성장의 기회임을 깨닫게 되었다.

결국 《주파수를 조율하라》를 번역하는 일은 단순히 문장을 옮기는 작업을 넘어, 내면의 나와 다시 연결하고 삶의 방향을 고찰하며 나의 진정한 모습에 정렬할 수 있도록 용기를 준 선물이 되었다. 그리고 이 책을 통해 나는 '채널링'이 몇몇 사람만의 특별한 능력이 아니라, 누구든지 자신의 가장 고요하고 평온한 내면, 마음의 잡음이 가라앉은 가장 순수한 중심과 연결되어 살아갈 때 경험하게 되는 자연스러운 상태일 수 있다는 걸 깨달았다. 이 고요한 내면에는 언제나 최선의 선택으로 나를 이끄는 목소리가 있다. 그 안내를 따랐을 때 삶은 종종 예상하지 못한 방식으로 나를 지지하면서 펼쳐졌고, 내가 문제라고 여겼던 것들의 매듭마저 자연스럽게 풀리기도 했다. 그렇게 나를 나의 최고의 삶으로 이끌어주는 힘이 내면에서 작동한다는 것을 경험으로 알게 되었다.

이 책을 손에 든 여러분 또한 지금 이 순간, 가장 완벽한 시기에 이 책을 만나고 있다고 믿는다. 책을 읽으며 당신의 영혼이 기억을 되찾고 내면의 지혜와 다시 연결되기를 바란다.

이 귀한 책의 번역을 맡겨주고, 부족한 원고를 세심하게 다듬어준 샨티출판사 이홍용 주간께 진심으로 감사드린다.

옮긴이 채수은